Schule Schloß Salem

Schule Schloß Salem

Chronik Bilder Visionen

Geschichte und Geschichten
einer Internatsschule

Schule Schloß Salem
Chronik   Bilder   Visionen
Geschichte und Geschichten einer Internatsschule
geschrieben von
Ilse Miscoll, Bernhard Bueb, Heike Bueb, Christian H. Freitag,
Martin Kölling, Gertrud Kupffer, Dieter Plate und Hartmut Rahn

© Schule Schloß Salem, Salem 1995
Alle Rechte vorbehalten
Printed in Germany
Umschlag und Layout: Manfred Muraro
Redaktionelle Betreuung und Herstellung: Peter Schmidt
Gesetzt aus der Times-Antiqua,
gedruckt auf säurefreiem und holzfreiem Werkdruckpapier
von KLETT DRUCK H.S. GmbH, Korb
ISBN 3-00-000418-1

Grußwort

In Zeiten der Krise, der Neuorientierung oder des Aufbruchs zu neuen Ufern beginnen Menschen, ihre Vergangenheit zu interpretieren, um Gegenwart und Zukunft besser verstehen zu können. Dies gilt auch für Institutionen wie Universitäten, Unternehmen und Schulen. Salem befindet sich in einer Situation der Neuorientierung. Ich begrüße es daher, daß der Versuch gemacht wird, einen Abriß der Vergangenheit Salems als Internatsschule zu liefern. Das vorliegende Buch soll für sich selbst sprechen. Es erscheint im 75. Jahr der Schulgründung und wird für uns und spätere Generationen ein wichtiges Dokument zur Interpretation Salems bieten. Ich danke Frau Miscoll, die die Betreuung dieses Werkes übernommen hat, und allen weiteren Mitarbeitern an diesem Buch für ihre Arbeit — und wünsche mir viele Leser, besonders unter den Altsalemern.

Eberhard von Kuenheim

Inhalt

Vorwort

Eine Geschichte Salems, beinahe ausschließlich von Salemern verfaßt, gerät notgedrungen subjektiv. Der vorliegende historische Abriß ist daher unsere Sicht der Vergangenheit Salems — und „unsere" ist noch einmal eine Einschränkung: Es ist die Sicht einzelner Salemer.

Anlaß dieses Rückblicks sind die 75 Jahre Salem, aber auch unser Auszug aus dem Kloster Salem. In diesem Jahr ist endgültig klar geworden, daß es kein Zurück mehr gibt; denn alle Versuche, einen Verbleib der Schule in Salem zu erreichen, sind gescheitert.

Es gibt bisher keinen gesamten Überblick über die Geschichte Salems. Einzelne Episoden oder Perioden wurden beschrieben, vielfach ist Kurt Hahn dargestellt worden, vor allem sind viele Anekdoten über ihn im Umlauf. Es schien daher sinnvoll, eine chronologische Übersicht zu bieten, umrahmt von Anekdoten, mit Streiflichtern auf die Vorgeschichte unserer Zweigschulen und ergänzt durch den einen oder anderen nachdenklichen Artikel. In diesen zusätzlichen Artikeln werden einzelne Aspekte der Geschichte Salems ausführlicher dargestellt, vor allem die internationale Orientierung Salems und unser Weg in die Zukunft.

Historische, aber auch aktuelle Fotos sollen den Leser ermuntern, in diesem Abriß einer Schulgeschichte zu blättern und die eine oder andere Periode genauer zu studieren. Die Auswahl der Bilder ist subjektiv, aber auch davon abhängig, was es überhaupt gab. Denn erst seit vor etwa 30 Jahren Jocelin Winthrop-Young begann, ein Archiv aufzubauen, wird systematischer gesammelt und dokumentiert.

Ilse Miscoll als Initiatorin, Verfasserin der Chronologie und Sammlerin der Anekdoten hat versucht, als erfahrene Historikerin den Abriß der Geschichte sine ira et studio zu erstellen. Mein Beitrag hingegen ist vor allem Interpretation und schon deswegen sehr verdächtig, weil ich Salems Geschichte betrachte als einer, der selbst für einen Teil dieser Geschichte verantwortlich zeichnet. Das kann nicht sine ira et studio gelingen. Aber im Kontext mit Ilse Miscolls klarer Darstellung wird der geneigte Leser in der Lage sein, sich der historischen Wahrheit anzunähern.

Bernhard Bueb

10

Burg Hohenfels

Im Hohenfelser Wohnzimmer war es am schönsten. Hier gab es Musik, von Volksliedern bis zur Waldsteinsonate. Einmal las Hahn aus Homer „Hectors Abschied von Andromache“. Ich konnte nicht alles verstehen, aber der Rhythmus und das Gefühl drangen durch. Ich war begeistert, und als er aufstand, um sich mit anderen Schülern zu unterhalten, ging ich zum Tisch, um die Stelle nochmals zu lesen. Da sah ich zu meinem Erstaunen, daß er direkt aus dem Griechischen übersetzt hatte.
(J. Winthrop-Young)

11

Christian H. Freitag

Vom Rittersitz zum Landschulheim

Hohenfels ist alt — aber so alt wie ein erst kürzlich beim Ägyptischen Museum Kairo aufgefundenes und jetzt im Hohenfels-Museum ausgestelltes Papyrusfragment mit dem hieroglyphischen Wort „Hohenfels" glauben machen will — nein, so alt denn wohl doch nicht. Aber so um die 700 Jahre, oder gar 800 Jahre Hohenfelser Geschichte kommen schon zusammen, je nach dem, ob man von Neu- oder von Alt-Hohenfels spricht. Nun der Reihe nach, Schritt für Schritt und von vorn . . .

Auf einer Burg am Bodensee oberhalb von Sipplingen und unterhalb des Haldenhofs saß seit dem 12. Jahrhundert das Ministerialengeschlecht derer von Hohenfels, einflußreiche Leute, die die Nähe der Bischöfe von Konstanz suchten und auf solche Weise viel politische (und damit auch wirtschaftliche) Fortune bewiesen.

Ein wohl eher künstlerisch angelegter Sproß dieses Stammes war der Minnesänger Burkhart von Hohenfels, der immerhin neben einem Minnesänger-Star wie Walther von der Vogelweide Aufnahme in die ehrwürdige wie maßgebliche Heidelberger Liederhandschrift fand und vor ein paar Jahren der Deutschen Bundespost sogar eine Sonderbriefmarke wert war. Am bekanntesten wohl seine — späterer Pädagogik auf Hohenfels seherisch vorgreifenden — Zeilen:

„Ich kann Dinge ohne gleichen,
ich kann jagen, schießen, schwimmen,
ich kann alle Ritterschaft,
Sterne selbst kann ich erreichen,
ich kann werfen, rennen, klimmen,
ich besitze List und Kraft."

Im Laufe der Zeit wurde die recht beengt auf einer Kuppe stehende Burg für die immer größer

Blick auf Hohenfels, Aquarell um 1830. 1806 übergab Napoleon das Deutschordensschloß Hohenfels dem Hause Hohenzollern-Sigmaringen. Bis zum Ersten Weltkrieg stand die Burg meist leer; nur ab und zu gastierte hier eine fürstliche Jagdgesellschaft

werdende Familie zu klein, die Lebensbedingungen wurden immer unerträglicher, die Spannungen bei denen von Hohenfels wuchsen.

So kam es Ende des 13. Jahrhunderts zu einer — soweit wir wissen — gütlichen Trennung: Ein Teil der Familie blieb auf dem nun „Alt-Hohenfels" genannten Anwesen am See, der andere Teil bekam nördlich der Straße von Owingen nach Stockach auf einem Bergsporn eine Burg gebaut, die 1292 als „Hohenvels nova" erstmals in einer Urkunde erwähnt wird. Allerdings ist — schon wieder muß Wasser in den Wein — dieses Dokument nur in einer Abschrift in einem Copialbuch des Klosters Salem aus späterer Zeit überliefert, ergo ist auch dieses Schriftstück — quasi die Geburtsurkunde von Neu-Hohenfels — nicht ganz zweifelsfrei. Die Anfänge liegen also in uneindeutigem Dunkel, ganz Genaues weiß man nicht, wie schön!

Jedenfalls rentierte sich diese Neubau-Investition allerdings kaum, da bereits nach etwa 60 Jahren der nach hier umgesiedelte Teil der Familie ausstarb. Die Burg mit den dazugehörigen Dörfern und Höfen kam an die Herren von Jungingen, eine in der Nähe ansässige Adelsfamilie. Anfang des 16. Jahrhunderts erlosch die männliche Linie dieser von Jungingen, nach den Usancen der Zeit bedeutete dies den Konkurs des Familienbetriebs. Die Liquidatorin Edelfrau Rothofer, geb. von Jungingen, verkaufte 1506 Neu-Hohenfels für 12 000 Gulden an den Deutschen Orden in Altshausen, der Burg und Herrschaft als Obervogtei in seine Ballei Elsaß und Burgund eingliederte.

In den folgenden drei Jahrhunderten baute der Ritterorden Hohenfels vielfach aus, um und — nach Blitz und Krieg — auch ganz wieder auf. Mitte des 18. Jahrhunderts wurde die Schloßanlage in vielen Teilen (vor allem die Kapelle) barock-

Das Schloß Hohenfels

kisiert, namentlich unter der Regentschaft des ob seines Finanzgebarens als „Schlemmergraf" in die Geschichte eingegangenen Landkomturs Christian Moritz Graf von Königsegg. Danke, Euer Hochgeboren!

Was wäre noch alles zu erzählen aus den 300 Jahren Hohenfelser Deutschordensgeschichte? Natürlich wäre zu berichten über den Ritter, der wegen seines unregelmäßig gemachten Weinkeller-Amts lebendig eingemauert wurde und seitdem als Schloßgeist umgeht — Spuki, ein pädagogischer Traditionsträger?! Weiter natürlich über die ersten Ordensschulen, die bereits im 17. Jahrhundert mit auch uns durchaus zeitgemäß erscheinenden „Schul-Reguln" für die Eleven aufwarteten:

In der Schul sollen sie nicht unruhig seyn, noch herum gaffen, schwätzen oder lachen, sondern dem lernen abwarten, auch ohne des Schulmeisters Bewilligung nit ausgehen. Die Tisch, Bänk, Thür oder Wände nicht zeichnen, bemackeln oder ungestalt machen.

Zu erzählen wäre über festliche Besuche der Landkomture, die drückenden Zehntabgaben für

Mohntafeln für Schulkinder

Um des häufig auftretenden Hungergefühls Herr zu werden, hatten wir (Hohenfelser Nachkriegskinder) eine freundschaftliche Beziehung zum Eigentümer der Neumühle hergestellt, der uns auf Wunsch mit hartgepreßten Mohntafeln versorgte.
Erst sehr viel später habe ich erfahren, daß Mohn in derartiger Konzentration der Gesundheit nicht so sehr zuträglich sein soll. *(Horst Jäger)*

Hohenfels und Salem in einer Karte des 18. Jahrhunderts

Der Kartenausschnitt zeigt „SVEUIA" (Schwaben) am Nordufer des „Lacus Podamicus" (Bodensee): Am nördlichen Ufer des Überlinger Sees (mit der Insel Mainau) sieht man „Goldbach" westlich von der Stadt Überlingen (dort befindet sich heute der Spetzgarter Schulhafen); Spetzgart am Berghang darüber ist nicht eingetragen! Im Hinterland „Salmansweyler" (Salem) am „Ach-Fluß" und weiter gen Westen „Hochenfels" (Hohenfels)

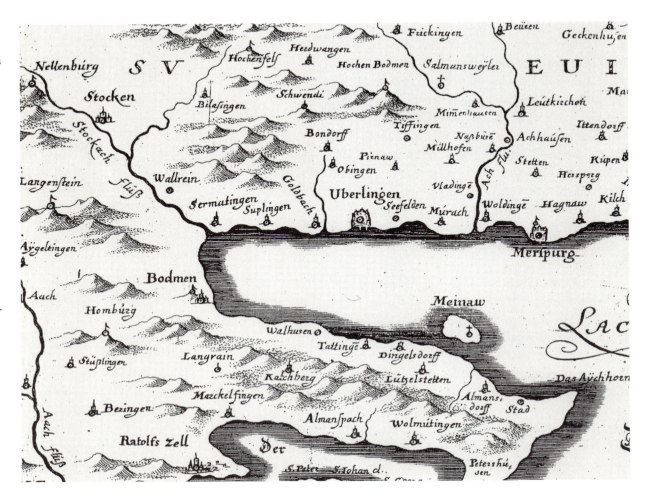

14

die Bauern, das Essen und das Trinken der Schloßbewohner, deren über die Zeiten wechselnde, aber stets reichhaltige Speisekarte wir aus den Funden der alten Küchenabfallgrube im Kapellenturm kennen, über den gar nicht freundlichen Besuch „schwedischer Soldateska" im 30jährigen Krieg, desgleichen die Visite französischer Revolutionssoldaten Ende des 18. Jahrhunderts, über das bewegte Schicksal der Hohenfelser Glokken durch die Jahrhunderte, kurz: über viel Gutes und weniger Gutes, viel Menschliches, Allzumenschliches.

Hier ist dafür nicht Zeit und Ort, also weiter: 1806 löst Napoleon den Deutschen Orden auf, verteilt den Besitz an ihm politisch und/oder familiär nahestehende hohe und erhöhte Häuser und Geschlechter. So kommt Hohenfels an das Fürstentum von Hohenzollern-Sigmaringen, mit diesem geht es Mitte des 19. Jahrhunderts an Preußen und fällt in einen vieljahrzehntelangen Dornröschenschlaf.

Nur fürstliche Jagdgesellschaften beleben von Zeit zu Zeit das alte Gemäuer, ansonsten ist das Spukschloß für die Dorfjugend ein beliebt-gefürchteter Ort für nächtliche Mutproben aller Art.

Nach dem 1. Weltkrieg und folgender Inflation kann und will der Fürst Hohenfels nicht mehr halten. Kurt Hahn bekommt Wind von dem zum Verkauf stehenden Schloß, nach einigem Hin- und Herverhandeln kommt es, wie es bei Hahns Faible für „alte Kästen" kommen mußte: 1931 unterschreibt der Schulverein der Schule Schloß Salem den Kaufvertrag, bald beleben die ersten Salemer diesen sonderbaren Ort, der seitdem Generationen von Schülern und Erziehern fasziniert und mit seinem genius loci immer wieder zum Forschen, zum Entdecken und Begreifen herausgefordert hat. □

Hohenfels 1929 . . .

„Wir kamen im Mai . . . Das Deutschordensschloß, unerweckt durch viele, viele Frühlinge, hatte auf uns gewartet, das merkte man. Schon war der chaotische Übergang vom Rittersitz zum Landschulheim vorbei, und nun waren die Kinder da und mit ihnen das Leben. Das Unvergleichliche allen Anfangens, wir haben es recht genossen, die Großen und die Kleinen. Wir haben geforscht und entdeckt . . . Gerade jetzt graben wir in der Kapelle. Draußen vor dem Gartentor stießen wir unvermittelt auf ein altes Mauerstück. Vom unterirdischen Gang träumen wir oft. Niemand zweifelt, daß dem Galgenhügel noch ein Geheimnis entlockt wird . . .".

(W. Kuchenmüller)

Hermannsberg

Gertrud Kupffer
Die alte Kapelle auf dem Hermannsberg

Hermannsberg

Bereits 1920 fand Kurt Hahn auf einer seiner ausgedehnten Wanderungen den Hermannsberg und beschloß sogleich, ihn zu kaufen. Zuständig dafür war der Pfarrer von Großschönach. Ein Bauer warnte Hahn: „Passen's ja uff, der Pfarrer is' a Jud'!"

Ansicht der barocken Anlage des Franziskaner-Nonnenklosters Hermannsberg um 1710. Die drei Flügel — zwei Wohnflügel und die Kirche — „noviter et eleganter aedificata" — auf einem Stich von 1803, dem Jahr der Säkularisation und Aufhebung des Klosters. Später wurde bis auf einen Wohnflügel alles abgerissen

Als Kurt Hahn den Hermannsberg 1920 kaufte, da war dort ein leerstehendes Gemäuer, Schweine die einzigen Bewohner, denn ein Bauer hatte im Inneren seinen Schweinekoben untergebracht. Bereits 1924 war er wieder soweit hergerichtet, daß man ernsthaft überlegte, Salem dorthin zu verlegen. Doch dazu kam es dann doch nicht, statt dessen wurde der Hermannsberg Juniorenschule und blieb es — mit einigen Unterbrechungen — bis 1975, als er verkauft wurde. Kurt Hahn nahm nach seiner Rückkehr von Gordonstoun 1953 auf dem Hermannsberg seinen Ruhesitz, wo er 1974 starb.

Über die Geschichte des Nonnenklosters Hermannsberg von 1360 bis 1872 hat Frau Dr. Gertrud Kupffer, langjährige Leiterin der Juniorenschule, 1952 den folgenden kleinen Aufsatz mit dem Titel „Die alte Kapelle auf dem Hermannsberg" für die Salemer Hefte verfaßt.

In diesem Jahr ist das Hermannsberger Leben dadurch sehr bereichert worden, daß wir die Erlaubnis erhalten haben, die alte Kapelle wieder für den Gottesdienst in Gebrauch zu nehmen. Noch haben wir sie zwar nicht häufig benutzen können, dennoch empfinden wir alle sie plötzlich als zugehörig und vertraut; die Quartaner haben sich durch Messungen, Zeichnungen, Aufnahmen, Entzifferungen usw. alle Einzelheiten des kleinen Bauwerkes zu eigen gemacht, und es erscheint wie aus langem Schlaf zu neuem Leben erwacht.

Diese Kapelle gehört zum ältesten Bestand des Hermannsberges. Wann zuerst an dieser Stelle — einem dicht bei dem alten Klostergebäude gelegenen Hügel — ein Kirchlein erbaut worden ist, wissen wir nicht. Die Chronik berichtet uns, daß im Jahre 1360, da Hermannsberg dem Deutschen Orden gehörte, der Ordenskomtur vier Klausnerinnen gestattete, sich auf dem Berge Hermannsberg niederzulassen. 24 Jahre später scheint es, daß es nicht nur eine Klause, sondern auch in der Nachbarschaft hausende einzelne Klausnerinnen gegeben hat, denn Frau Verena von Klingenberg vermacht *in die Klosen zen Hermansperg fünf Pfund und den Klosnerinnen die ze Hermansperg uswendig der Klosen uf dem berg wonhaft sind, ihren blawen Rock und grawen Mantel.* Auch späterhin nimmt sich Verena von Klingenberg zusammen mit ihrem Gemahl Eglof von Breiten-Landenberg der Hermannsberger Klausnerinnen an, ja, sie erbauen ein kleines festes Haus *für sechs erbare Jungfrawen, die ein geistliches Leben führen wellen.* Für dieses kleine Haus wird eine Frau Mutter eingesetzt, und zwar die Klausnerin, welche *in der alten Klosen neben der Kirche* hauste. Daraus entnehmen wir, daß es damals schon eine kleine Kirche auf dem Hermannsberg gegeben hat. Das Klösterlein festigt sich, wird geweiht, bekommt einen Altar geschenkt und nimmt die Regel des Hl. Franziskus an. Später lesen wir, daß die kleine Kirche eine Leutkirche genannt wird und Lippertsreuthe unterstellt wird; sie ist der Hl. Brigida geweiht. — Lange hören wir nichts mehr vom Hermannsberg, bis das Jahr 1634 Kummer und Sorgen bringt: die nach Überlingen durchziehenden Schweden plündern das Kloster, wobei eine Nonne den Tod findet. Ob auch die kleine Leutkirche geplündert worden ist, wissen wir nicht, doch geht aus Auktionsverzeichnissen hervor, daß später von dort stammende Kunstwerke im Handel waren. — 50 Jahre nach dem Schwedenüberfall wird die Kirche renoviert, und wir müssen annehmen, daß sie damals ihre jetzige Gestalt bekommen hat. Sie blieb als Leutkirche bestehen, während nebenan das unscheinbare Kloster bald zu großen Ehren kam und sich seine eigene Kirche schuf: im Jahre 1713 heißt es *Monasterium et eccelesia noviter et eleganter aedificata.* Dieses „neue und elegante" Klostergebäude ist es, in dessen letztem Teil wir jetzt hausen. Auf einem Bilde, das in der alten Kapelle hängt, sehen wir deutlich, wie das Gebäude damals ausgesehen hat: es bestand aus drei Flügeln, von denen zwei zum Wohnen bestimmt waren, der dritte aber die Kirche bildete. —

So muß der Gebäudekomplex, von einer hohen Mauer umgeben, fast 100 Jahre gestanden haben: von 1713 bis 1811. Dann begann der Zerfall. Denn nachdem unser Kloster im Jahre 1803 im Zuge der Säkularisation aufgehoben worden war und die Nonnen fortgezogen waren, wechselte das Haus mehrfach seine Besitzer, geriet immer mehr in Verfall, und 1811 wurde die Umfassungsmauer und die Kirche abgerissen. Die Steine kamen nach Aahäusle und wurden zum Bau eines Ökonomiegebäudes verwendet. 1872 wurde auch noch der eine von den beiden Wohnflügeln abgebrochen, und seitdem steht nur der eine Flügel des Hauses noch da.

Dieser Überrest des Klosters erfuhr dann mannigfaltige Schicksale; er wurde Brauerei, Wirtschaft, Altersheim, und verfiel indessen immer noch mehr, bis Herr Hahn bei seinen Rundfahrten auf das sich immer wieder von verschiedenen Seiten her herrlich auf dem Berge darbietende Gebäude aufmerksam wurde und es erwarb.

Während also das eigentliche Kloster ein trauriges Schicksal erfuhr und nur durch den letzten Kauf vor völligem Ruin bewahrt worden ist, blieb die alte kleine Leutkirche verschont. Sie verlor zwar völlig an Bedeutung; eine Zeitlang wurde noch einmal im Jahre dort Messe gelesen, aber auch das schlief ein, und das kleine Bauwerk mit seinem morschen Turm, seinen verwitterten Grabsteinen und schiefen Eisenkreuzen überwuchs immer mehr und wurde auch immer mehr vergessen. Nur die Stimme der Glocke ließ sich dreimal täglich hören und rief die Leute des benachbarten Bauernhofes Hornstein zu den Mahlzeiten. Eines Tages während des Weltkrieges hörte auch das auf: die Glocke mußte heruntergeholt werden und wurde auf ein Auto verladen und fortgefahren, um eingeschmolzen zu werden. An diesem Tage ist uns bewußt geworden, wie sehr wir, ohne es zu wissen, doch mit dem alten Gebäude verwachsen waren. Wir sahen die Glocke zum ersten Mal aus der Nähe; es war eine schöne Glocke, die zuerst in der Klosterkirche gegangen hatte und bei deren Zerstörung in die Leutkirche gekommen war; sie trug eine Inschrift: „Anno Domini 1627 goß mich Valentin Allgeyer zu Konstanz." Alle Hermanns-

19

Hermannsberger
Junioren im
Klassenzimmer mit
der Schulleiterin,
Frau Dr. Otto,
geb. von Levetzow

berger Kinder umstanden damals das Auto und trauerten um die Glocke. — Aber im Jahre 1947 kehrte sie wider alles Vermuten zurück, sie war doch nicht eingeschmolzen worden, nur der Klöppel fehlte. Vor Freude über die heimgekehrte Glocke ließ der Besitzer, der Bauer Hornstein, den Glockenturm erneuern; ja, er tat noch mehr, indem er sich damit einverstanden erklärte, daß die kleine Kirche von den Hermannsbergern für den evangelischen Gottesdienst in Gebrauch genommen wurde. Und da auch der Pfarrer von Groß-Schönach seine Einwilligung gegeben hat, ist die

vergessene alte Kirche jetzt schon gewissermaßen in die „Umfassungsmauern" des Hermannsberges hineingezogen worden. In der Weihnachtszeit hat Pastor Otto dort mit der etwa 30 Menschen zählenden Feriengemeinde den Weihnachtsgottesdienst gehalten, und in der Neujahrsnacht hat die heimgekehrte Glocke die Hermannsberger zu einem Mitternachtsgottesdienst gerufen und das neue Jahr eingeläutet. □

. . . und im Wohn-
zimmer (um 1953)

Dieter Plate
Hermannsberger Skizze

Die Hermanns-
berger Ziege

Zu viert fuhren die
Hohenfelser mit
Herrn Kuchenmüller
auf den Hermanns-
berg: „um aus dem
Tierpark der ‚Feinde'
etwas zu rauben . . ."
Wiprecht, unser
bester Tierkenner,
durfte die Beute
auswählen. Er kam
bald mit einer
schönen Ziege
zurück, die
schneeweiß durch
die Mondnacht
schimmerte und mit
zärtlich leisem
Meckern für ihre
Befreiung dankte.
Um jede Gefahr
eines Befreiungs-
versuches der
Hermannsberger
auszuschließen, ließ
Wiprecht die Ziege
keinen Moment von
seiner Seite. Sie
schlief in seinem
Zimmer, begleitete
ihn zum Frühstück,
ja sogar in den
Unterricht, und das
tagelang! Schließlich
gaben wir das schöne
Tier wieder heraus,
aus reinem Mitleid.
(Dr. Kuchenmüller)

1984 verfaßte Dieter Plate für die Salemer Hefte eine „Hermannsberger Skizze". Er wirft einen wehmütigen Blick zurück auf die Zeit, in der er — junger Student und Referendar — als Lehrer auf dem Hermannsberg unterrichtete und Kurt Hahn dort lebte.

Ich denke oft an den Hermannsberg, jener gegenüber dem Hohenfels immer ein wenig zweitrangig wirkenden Juniorenschule, die vor gut zehn Jahren ihre Tore schließen mußte.

Als ich im Herbst 1964 als unfertiger Praktikant meine Salemer Tätigkeit „dort oben" begann, konnte ich noch etwas von der archaisch anmutenden Atmosphäre spüren, die die Bewegung der Landerziehung am Beginn des 20. Jahrhunderts auszeichnete: eine Mischung aus einer Skepsis gegenüber zivilisatorischen Zwängen, einer romantisch-eskapistischen Sehnsucht nach Einheit von Natur und Geist — was das sein könnte, war sowohl bei Lietz und Wyneken als auch bei Geheeb und Hahn rational nicht faßbar —, einer Verspieltheit, mit der gänzlich unprofessionell, ja dilettantisch das pädagogische Geschäft betrieben wurde, und vor allem einer Ernsthaftigkeit, die den jungen Schüler und den Mitarbeiter aufforderte, nach dem Satz „Du kannst, denn Du sollst" zu leben, wobei nie recht klar war, was man denn können mußte und ob das Sollen mehr war als ein mythisches Relikt. Ich war fasziniert, und ich erinnere mich gern.

Wer damals von Salem kommend die Altheimer Steige hochkam, dann Heiligenholz und Katzensteig rechterhand liegen ließ und beim Kreuz in den Wald hinabtauchte, hatte das Gefühl, einem geheimen Ort auf die Spur zu kommen, so wie die Romantiker einst durch den dichten Wald ziehend an die Lichtungen der Seele gelangten. Man kam zunächst an den Häuschen zweier alter Frauen vorbei, die dort ihre späten Tage verbrachten, von den Hermannsbergern versorgt und die Hermannsberger mit ihrem Rat und ihren Geschichten versorgend. Gertrud Kupffer, eine der großen Frauengestalten aus den Anfängen Salems, die zurückgezogen etwa die Malkunst Dürers oder die florentinischen Kirchen den staunenden Kindern schilderte, und Eva Weiher, die zum freudigen Entsetzen der Quartaner so leicht in Ohnmacht fiel und herrlich auf dem Klavier zu spielen wußte. Dann sah man links den Hof des Bauern Hornstein und rechts hoch am Weg die alte Kapelle liegen, wo ich — damals noch Theologiestudent — die evangelischen Andachten zu halten hatte. Diese kleinen Kirchen wirken ja oft so, als ob sie schon vor Gotik und Romanik das Wort Gottes beherbergt hätten, eine Wahrheit, die sie den sich spreizenden modernen Gotteshäusern voraushaben (heute soll die Hermannsberger Kapelle zur Ruine verkommen. So schnell geht das).

Das im Grunde häßliche Haupthaus konnte der ankommende Besucher nicht gleich erkennen. Es schien sich, trotz seiner Größe, hinter hohen Apfelbäumen zu verstecken, so als ob es sich schämte, wie ein grober Kasernenbau zu wirken. Nun, die Kastanien und der Scheunenbau, der Lehrer und weitere Mitarbeiter beherbergte, milderten die militaristische Wirkung, die ebensowenig symbolisch für die Hermannsberger Erziehung genommen werden sollte wie die Tatsache, daß der Bau Überrest einer einst stattlichen Klosteranlage war und später eine Fabrik beherbergte. Eher mag erheiternd und bedenklich wirken, daß der Schulbau, den auch der Leiter Phil Surfleet und seine Familie bewohnten, versteckt weiter unten

lag, ein — wie ich fand — gut konstruierter Bau im Stil der späten fünfziger Jahre: In Salem lag die Schule früher ja immer ein wenig abseits. (Dagegen kämpfte damals vehement der Studienleiter, Herr Dr. Glunk, dessen liebevoll-strenger Beobachtung ich viel verdanke.) Sichtbare Einrichtungen waren das von Kindern und Mitarbeitern angelegte Freibad und der weite Sportplatz, rings abgegrenzt von Wiesen, Wald, Tobeln und dem Aachtal.

Die sechzig bis siebzig Kinder, die hier heranwuchsen, waren meist nicht besonders begabt, manchmal schwierig oder gar verwahrlost; um so größer aber war die Freude, wenn sie reagierten, ihre Chance erfaßten und sich formten und oft änderten. Mir gefiel die Hermannsberger Mischung aus Spaß und Ernst, Freiheit und Strenge, auch wenn sie nicht allen bekam. Diese relativ offene Pädagogik kann nur wirken, wenn jedes Kind seinen Erzieher in einer bunten Menge von Älteren findet und die Pädagogen sich untereinander gut verstehen. Das traf zu jener Zeit — scheint mir — zu. Eine wahrhaft beeindruckende Lehrerschaft wirkte damals in dieser fernen Ecke der Landerziehung, wie sie nicht einmal Mutter Salem im Tal, geschweige denn eine Staatsschule zu beschäf-

23

tigen wagte. Wen soll ich nennen? Frau Chmilew-
sky fällt mir ein, mit ihrem halbblinden Dackel
Julchen, sie stand Küche und Keller mit Berliner
Witz und Strenge vor und wußte, was den Kindern bekam; oder Irmgard Zeischegg, die die
Kunst und die Kranken betreute und beides glücklich mischte — medizinisch und ästhetisch frag-
würdig, pädagogisch aber begeisternd erfolgreich;
oder Phil Surfleet, der mit anglistischem Humor
und liberalem Katholizismus die „Chapels" im
Wohnzimmer unnachahmlich gestaltete; die Ruck-
teschells faszinierten nicht nur mich, ihr wunder-
bares Haus in Großschönach und die noch wun-
derbareren Geschichten, die sie erzählten, prägten
die Kinder mehr als zahllose routiniert erteilte Unterrichtsstunden. Auch wer von außen kam,
brachte oft Besonderes mit, so Monsignore Wal-
per mit seinem ungarisch geprägten Religionsun-
terricht oder Herr Wolpert, ein echter und dazu
noch erfolgreicher Komponist, oder das alte Fräulein Köppen, Hahns eiserne Lady der ersten
Stunde, die mit dem Krückstock klopfend den
Deutschschülern zeigte, wie die „Übergabe von
Breda" stattfand. Daß mir damals der Sportunter-
richt oblag, ist sicherlich ein Witz, der mir mehr
lustigen Verdruß bereitete als den Kindern. Und
doch paßt auch das in das Bild dieser so herrlich
unzeitgemäßen Schule, die damals schon ihre Zukunft hinter sich hatte, auch wenn sie unter
Jacques Doucet als Nachfolger von Phil Surfleet
noch eine kleine Blütezeit erlebte. Nicht nur Gertrud Kupffer hatte sich den Hermannsberg als Alterssitz gewählt, sondern auch der hochinteres-
sante Erich Meissner, der damals gerade sein
Lietz-Buch „Asketische Pädagogik" abgeschlossen
hatte und an einem Geheimwerk über Thomas
Manns „Doktor Faustus" arbeitete, „Marcion im

Lande Luthers", ein Dokument, das nun in den
Archiven im Salemer Schloß vergessen liegt —
Meissner starb, ohne das Buch vollenden zu können. Er lebte gern in polemischem Kontrast zu seinem Freund Kurt Hahn und gehörte doch zu den
bedeutendsten Denkern der Salemer Schule mit
unschätzbarem Verdienst in den dreißiger Jahren.
Wer entdeckt das Werk eines Mannes neu, der
ganz bewußt auch seine letzten Jahre in der Nähe
Kurt Hahns verbracht hat?

Die Nähe Kurt Hahns — jeder auf dem Hermannsberg ließ sie auf sich wirken. Wer dort lebte,
lebte im Hause Kurt Hahns. Der alte Herr residierte unter dem Dach des Haupthauses, umsorgt
von seiner Sekretärin, Fräulein von Arnswald, seiner Haushälterin, Frau Schweitzer, und ihrer
Tochter, Frau Vobiller, die als Chauffeuse fun-
gierte und ihn immer wieder in die Welt hinaus-
fuhr. Hahn beurteilte mir gegenüber seine eigenen
Gründungen skeptisch, Salem und Gordonstoun
eingeschlossen. Er war deprimiert, in der „gesitte-
ten" Welt politisch so wenig bewirkt zu haben.
Freude bereiteten ihm das Gedeihen der Athenian
School oder auch des Lester-Pearson-Colleges, so
daß ich ihn als einen Liberalen in Erinnerung behielt. Und liberal war ja auch der Hermannsberg,
ausgestattet mit einer Liberalität, die heute nicht
viel gilt: Man ließ den anderen gelten und stand
doch zu seiner Überzeugung.

Eines Abends saß im offenen Fenster meiner
Hermannsberger Dachstube eine Eule und blickte
mich an. Ich war zu Tode erschrocken. Draußen
zog der Mond über Hohenbodman auf. Das war
vor zwanzig Jahren. Vor zehn Jahren mußte der
Hermannsberg aus gutem Vernunftgrund verkauft
werden. Hahn erfuhr dies kurz vor seinem Tode,
und uns stimmt diese Erinnerung traurig.   □

„... es ist wieder das Zeitalter der Burgen"

Hermannsberg, den 6. August 1921

Sehr verehrter, lieber Herr Warburg,

Ich war vor Abschluß der Ferien in schlechter Gesundheit, meine Kräfte reichten noch gerade zur täglichen Routinearbeit aus. Darum verzeihen Sie, wenn ich erst heute in der wunderbaren Ferienmuße Ihre verschiedenen Sendungen beantworte ...

Ich bin sehr glücklich, daß Sie nun auch den Weg der Pädagogik gehen wollen, und es wird garnicht mehr lange dauern, so darf ich Ihnen von meinen Plänen sprechen, ohne als Fahnenflüchtiger beschimpft zu werden, denn sehen Sie, Ihre Akademie will dasselbe, was wir in Salem wollen. Ihnen und uns ist die Erkenntnis aufgegangen, daß ohne eine moralische Gesundung der Sitten auch an eine politische Wiederaufrichtung nicht zu denken ist. Nur darin gehen wir auseinander: Sie glauben, daß der heute erwachsene Deutsche noch zu retten ist. Ich glaube, wir müssen bei den Kindern anfangen, und glaube, daß kein Bund der Erwachsenen, der sich moralische-pädagogische Ziele stellt, heute wirken oder auch nur zusammenbleiben kann. Denn mit der Einsicht ist es nicht getan. Wir brauchen bundesgenössisches Talent. Der Deutsche von heute aber ist unsachlich, unfair, überschätzt das, was ihm die Gemeinschaft schuldet, und unterschätzt das, was er der Gemeinschaft schuldet. Mit Recht fordern Sie Vereinigung von Denk- und Tatkraft als Vorbedingung für die erfolgreiche Wirksamkeit irgend eines Bundes. Diese Mischung ist heute so selten in Deutschland wie Tanzbären. Wer bei uns denken kann, kann nicht handeln, und wer bei uns handeln kann, kann nicht denken.

Der amerikanische Psychologe (James) sagt einmal: „Die Seelen von Menschen, die über 30 Jahre alt sind, werden hart wie Gips", und ich füge hinzu: Nur ein Prophet kann dieses Gips noch aufklopfen, und er müßte bei der heutigen Skepsis und Indolenz Heilsgeneral Booth und Kant in einer Person sein, und man kann Jahrtausende auf einen solchen Propheten warten ...

Ich sehe die Lösung in einer anderen Richtung. „Es ist wieder das Zeitalter der Burgen." Wollen wir die Seele unseres Volkes erobern, so müssen wir wie Wilhelm der Eroberer unsere Zwingburgen aufrichten. Wir brauchen ummauerte Kulturzentren an allen Ecken und Enden unseres Landes, darin die Kinder für die Wirklichkeit, allerdings nicht in der Wirklichkeit erzogen werden, denn darüber müssen wir uns ganz klar sein: Die gegenwärtige Wirklichkeit kann nicht die modernen Ritter, die tatenfrohen Denker erziehen, die sie am allermeisten braucht. Ihr Wort: Verbindung von Vertiefung und Gründlichkeit mit Kampfkraft klingt wie ein Zitat aus dem Salemer Schulprogramm. Durch tausend bewußte und unbewußte Manifestationen dringen kranke Lebensrichtungen auf die werdenden Menschen ein und stecken sie an. Wie man nicht weiß, daß man eine Krankheit einem anderen gibt, und der nicht weiß, daß er sie empfängt, so geht auch dieser seelische Ansteckungsprozeß mit einer grausamen Heimlichkeit vor sich und frißt auch die Menschenkraft an derer, die gut geboren sind. Ganz falsch, von diesen Burgen zu erwarten, daß sie nur Führer erziehn: Gefolgschaftsschulen, Bundesgenossenschaftsschulen sind heute wichtiger als Führerschulen ... Ich glaube nicht, daß die Familie, sondern nur, daß das Gemeinschaftsleben das Geheimnis der Bundesgenossenschaft vermitteln kann. Die Kinder müssen es täglich erleben, wie sich Kräfte zur Kraft zusammenfinden ...

Nun leben Sie wohl und seien Sie herzlichst gegrüßt

von Ihrem treuen Kurt H.

(Aus einem Brief Kurt Hahns an Max Warburg)

26

Schloß Spetzgart

Insel-Idylle

*Spetzgart 1981:
Unten der blaue
Bodensee. Der Wald
steht schwarz und
still. Ein Föhn weht
von der Mainau
herüber.
Raum 5, Grundkurs
Philosophie.
Eine Kuh glotzt
durchs Fenster. Ich
spreche über Hegels
Negation der
Negation. „Bereiten
Sie die Schüler auf
den Ernst des Lebens
vor?", fragt mich ein
Moralist. „Nein",
erwidere ich, „auf
den Ernst des
Begriffs." Mora-
listen sind lang-
weilig.   (D. Plate)*

Martin Kölling
Spetzgart — Streifzüge durch die Jahrhunderte

Die Ausführungen bis zur Neuzeit basieren im wesentlichen auf den detaillierten Forschungen des Salemer Lehrers Dr. Glaeser und des Architekten Richard Scholtz. Die Quellen bis zum Beginn der Sanatoriumszeit finden sich vor allem im Stadtarchiv Überlingen und Konstanz, für die Sanatoriumszeit auch im Kreisarchiv des Bodenseekreises in Markdorf.

Erstmals im Jahr 1223 verzeichnet der Codex Salemiensis einen Ritter Burkhardt de Spehshardt als Eigner der Burg. Sein Wappen ziert wohl ein Specht. Jener dient als Ritter des Grafen von Nellenburg im Überlinger Hoflager eines sizilianischen Knaben in Hohenfelser Alter. Dieser weilt dort seit Dezember 1222, seines Zeichens in Aachen gekrönter elfjähriger König des Heiligen Römischen Reiches Deutscher Nation.

Im 14. Jahrhundert wandelt sich die Landschaft um Spetzgart. Wälder weichen dem ertragreicheren Rebanbau. Die Ritterburg wechselt von den Herren von Hohenfels und ihren Erben, den Jungingern, zu einem Überlinger Bürger. Ein Rechtsstreit von 1411 zwischen Hans Wip und den Hödingern wegen „Trieb und Trott" informiert uns über den neuen Besitzer; womit zum Verhältnis zwischen Spetzgart und Hödingen für die nächsten Jahrhunderte alles gesagt ist: Streit um deren Pacht von Weiden, Feldern, Rebstöcken.

Nur kurz können sich Mitte des 15. Jahrhunderts die Ritter von Göggingen, ein altes Reichenauer Ministerialengeschlecht in der Nähe von Meßkirch, an Spetzgart freuen. Denn kapitalkräftiger als die Rittergutsbesitzer werden Klöster und Städte. Die Erben verkaufen Spetzgart 1498 an das schwäbische Prämonstratenserkloster Obermarchtal (nordöstlich von Sigmaringen), 1500 bestätigt durch Kaiser Maximilian I. Abt Simon

weiß, was klösterlich „adelt", gut ist — und schmeckt. Er begehrt Spetzgarts hervorragende südliche Hanglagen — „Seewein". Daran Gefallen gefunden habend, vergrößert Abt Johann Gudin in der ersten Hälfte des 16. Jahrhunderts das Rebland erheblich. Die Ritterburg wandelt sich zu seiner späteren Bestimmung: „Sommerfrische und Kurort", noch für die Klosterherren von Obermarchtal. Deren Abtswappen ist noch an der Ostfront des Altbaus oberhalb des Spetzgarter Wohnzimmers wahrnehmbar.

Spetzgart besitzt die niedere Gerichtsbarkeit und, Anlaß für den nächsten Streit, diesmal mit Überlingen, einen eigenen Meister, der das torculare (von torquere, das Verdrehen), die Weinkelter, beherrscht. Hier Spetzgarter Torkelmeister, dort Weinbau- und Preisregulierungsmonopol, das kann nicht gutgehen. Der knifflige Rechtsfall wird erst nach einem Vierteljahrhundert (1581 bis 1617) gelöst, zugunsten Spetzgarts.

Die älteste Darstellung des gesamten Hofgutes zeigt den Zustand Spetzgarts während der Obermarchtaler Zeit.

Das ursprüngliche Stammhaus des Rittergutes, zwei niedrigere, breitere Gebäude, ein turmartiges Mittelgebäude mit schmalen mittelalterlichen Fenstern hält Wacht über das umgebende bewaldete Gelände.

Die Renovierungsarbeiten des Schlosses führen 1976 zutage, daß die beiden niederen Gebäude, von denen noch die beiden etwas gedrückten Tunnelgewölbe (Vorratskammer Küche, Gruft) erhalten sind, aus dem 14. oder 15. Jahrhundert stammen, wahrscheinlich ist die Gruft aus Wackenmauerwerk noch älter.

Das wird illustriert durch die Ausführungen des Überlinger Zunftmeisters Jos Reutlinger 1582:

Das Spetzgarter Café

„Oh, was ist das hier oben herrlich!", jauchzen müde Wanderer, die auf steilem Weg durch den Spetzgarter Tobel von Überlingen hochgestiegen sind. „Ist das hier ein Hotel? Gibt es hier ein Restaurant oder Café?" Und oft machen sich die Spetzgarter Schüler einen kleinen Scherz und weisen die Wandersleute zum Altbau: „Da, die schöne Innentreppe hinauf bis oben links! Da bekommt man etwas Gutes zu trinken!"
Und die Frau des Leiters wundert sich dann.

28

...daß vom Uraltem her nun allein ein einzig Haus samt Torkel gestanden und ungefähr 23 Hofstätten Reben dazu gehört, daß aber (das Kloster) Obermarchtal bis 1582 den Besitz auf ca. 200 Hofstäten erweitert und etwelche Häuser dahin gebauwen, daß es nunmehr einem Dorf zu vergleichen wäre.

Östlich der Schloßanlage sieht man die von Abt Gudin 1549 erbaute Kapelle (heute Laube) St. Loi, abgerissen 1842/43. Nördlich dahinter sieht man den bis zum Ende des 19. Jahrhunderts bestehenden Brunnen.

Die Fenstergewände, z. T. aus rötlichem Sandstein, werden bei Renovierungsarbeiten in der Südfront wiedererkannt. Als Baumaterial dienen sie bei der Vereinigung der verschiedenen Gebäude zum heutigen Baukörper, die nach dem 30jährigen Krieg nötig wird. Denn er versengt Spetzgart schwedisch (1634) und französisch (1643), zunächst der Salemer Chronist Sebastian Bürster:

Nachgehenden Zünstag, den 16. May (was des heiligen Pregrini festtag) haben wir bei ersten Sonnenschein klar gesehen, daß der feind seine peregrination (= Reise im Ausland), pilgerschaft und wanderschaft angetreten und das läger allerdings verlassen. Von deß abzug die auß den umliegenden angesteckten Dörfer, weylern und höfen glanzende fewerflammen und biß in himmel steigende dücke rauchwolken unzählbare anzeigen geben. Darunder Owingen und Pfaffenhofen, beide wohlerbaute und volkreiche Salmannsweylische flecken, Süfflingen, Neßelwang, Andelßhofen, Specheshart, Auffkirch, Reutthin und Lurgen sonders gelütten und mehrenteils gar zu grund gegangen.

Dem Spetzgarter Abt Konrad Knörr (1637 bis 1660) dräut Schlimmeres:

Die so wichtigen Weinkeller in Speckgart, wenn sie nicht bald unterstützt werden, fallen nach dem Urteil der Kenner bald zusammen.

Doch noch ehe renoviert werden kann, geht Spetzgart am 29. November 1643 ein zweites Mal in Flammen auf, Sebastian Bürster:

Und weilen, daß die von Ueberlingen vernohmen, alß solte und wolte man noch für Ueberlingen rukken, damit unsrige kain uffenthalt und gelegenheit einzequrtieren haben kenden, seyen sie außgefallen und erstlichen das hauß Spechtiz und Hohenfels, so naher Altshausen gehörig nachmahlen am St. Stephanstag in waynachtsfeyertagen daß schlößlin Burgberg, unser lieben Frauen zu Bürnow und den ganzen fleckhen Nußdorf, Ufkürch, auch Hödingen, alleß angezündet und abgebrannt.

Endlich kann renoviert werden, ungefähr in der heutigen Form, mit Torkel und Stall und einigen Häusern, wie ein Bild von Hans Phillip-Jacob Meyer zeigt, für das Spital Konstanz angefertigt, als Spetzgart von den Augustinern verkauft wurde.

Ansicht des Spetzgart 1674, auf einer Zeichnung anläßlich des Streites um die Torkelrechte zwischen dem Überlinger und dem Spetzgarter Torkelmeister angefertigt (heute im Stadtarchiv Überlingen). Das Rittergut ist Sommersitz des oberschwäbischen Prämonstratenserklosters Obermarchtal. Beherrschend über dem Gesamtkomplex die Kirche St. Loi (St. Eligius)

29

Chronologischer Überblick

800 – 500 v. Chr.
  Grabhügel der Hallstattzeit
13. Jahrhundert
  Die Herren von Spetzgart
  (Ritter Burkhardt de Spehshardt, 1225,
  Ministerialer)
1304
  erste Erwähnung von Spetzgart
14. Jahrhundert bis
erste Hälfte des 15. Jahrhunderts
  Die Überlinger Bürger Wirz
1452 – 1498
  Die Herren von Göggingen (Ministeriale)
1498 – 1686
  Prämonstratenserkloster Obermarchtal
1686 – 1690
  Kloster Ursberg
1690 – 1746
  Überlinger Familie Oehler

1746 – 1797
  Augustinermönche Konstanz
  (Neubau des Altbaus)
1797 – 1896
  Spital Konstanz
1896 – 1909
  Konrad Vogt, Fabrikant aus Reutlingen
  (Fremdenpension, dann Luftkursanatorium)
1909 – 1928
  Dr. Seitz und von Pelzer
  (Kneipp-Kur-Sanatorium)
Seit 1928
  Schule Schloß Salem,
  Eröffnung: 3. Mai 1929
1934 – 1945 Frauenoberschule
1945 – 1948 französisch besetzt
ab 1972 Oberstufenkolleg mit
Oberstufenreform
1992 Einführung des Internationalen Abiturs

Schloßgut Spetzgart. Nördliche Ansicht, um 1800, nach einem Gemälde aus der Konstanzer Spitalkanzlei (heute Stadtarchiv Konstanz). Wohl anläßlich der genauen Bestandsaufnahme beim Verkauf durch die Augustiner von Konstanz an das Spital Konstanz (1797) entstanden

Spetzgart auf einer Landtafel von 1617 (heute im Überlinger Stadt-archiv), Ausschnitt

Die Karte zeigt das Rittergut Spetzgart hoch über dem Überlinger See am Berg; nördlich und gen Westen (Richtung Hödingen): Wiesen und Felder, zum Osten der dunkle Tobel, mit seinem damals so viel stärkeren Gewässer-lauf zum Bodensee. Am Seeufer (unten rechts) ein Teil von Goldbach. Der gesamte Hügel unter Spetzgart: Rebhänge mit dem gesuchten „Seewein" — fast gänzlich in Spetz-garter Besitz!

Für vier Jahre macht Spetzgart den neuen Besitzer Kloster Ursberg unglücklich, nicht nur weil die viel zu teuren 7 000 Gulden das Kloster Obermarchtal freuen, sondern weil Spetzgart von Ursberg, südöstlich von Ulm, viel zu weit entfernt liegt und weil vor allem zu viel und zu schlechter Wein produziert wird. 1690 freuen sich beide Geschäftspartner: Das Kloster, weil es Spetzgart los ist, die Überlinger Brüder Joseph und Georg Wilhelm Oehler, weil sie 2 000 Gulden weniger bezahlen.

Anstelle der Tanzlaube, die sie vor 1728 wegen Baufälligkeit abbrechen, errichten sie oder die späteren Augustiner ein Wasch- und Backhaus, das heutige Clubhaus. Zur niederen Gerichtsbarkeit kommt schon zu Oehlers Zeiten das Schankrecht auf Spetzgart, Spielleute dürfen gehalten werden.

Eine Erbin, Magdalene Oehler, bewirkt zu Lebzeiten mit ihrem Testament einen weiteren Streit in der Geschichte Spetzgarts, diesmal einen handfesten Familienstreit. Wer bekommt bei ihrer kinderlosen Ehe den Spetzgart: die Augustiner, wie bestimmt, oder die Familienangehörigen, wie von ihnen gefordert? Höchstrichterlich gibt die juristische Fakultät Freiburg Magdalene recht. Doch der Zwist ist noch nicht ausgestanden. Die Familie wünscht die Hälfte der kostbaren Bibliothek. Nun kommen die Vorwürfe von Augustinerseite, die bereits hier Geschäftssinn in den Akten dokumentieren. Magdalene muß sich sagen lassen, sie habe die wertvollen Theologika des sechzehnten und siebzehnten Jahrhunderts verschleudert und ihren Besitz verkommen lassen.

Noch 18 Jahre üben sich die Augustiner in Geduld, doch nach dem Tode Magdalenes treibt sie sofort außerordentliche Geschäftigkeit. Am 7. September 1746, nun rechtskräftig Herren von Spetzgart geworden, hasten sie in aller Eile von Konstanz über die Insel Mainau zur Reichsgrafschaft Heiligenberg, die in Spetzgart die Landeshoheit ausübt. Schnell die Ansprüche geltend gemacht und ab mit dem Oberamtssecretär Gebels zur Inventur nach Spetzgart, wo die bisherigen Untertanen entlassen werden. Tabula rasa. Die Oehlersche Mißwirtschaft wird sofort umgestellt. In zahllosen Prozessen treiben die Augustiner die durch die niedere Gerichtsbarkeit zustehenden Rechte ein, Hödingen wird der Rebbau entzogen, dann ebenfalls das Holzrecht und zuletzt Äcker, mit denen sich die Gemeinde bereichert hat.

Nun entsteht neue Pracht, der Augustinerbau 1749, die erweiterte Stallung 1769, und der Torkelmeister arbeitet wieder für den Eigenbedarf, geschäftige Gemütlichkeit. Das Geschäft mit den zechenden Meistern des Torkelns führt, das ist schon Tradition, prompt zu einem handfesten langjährigen Streit mit Überlingen. Stein des Anstoßes ist das neue Rebhaus mit Tanzlaube. Aus Konkurrenzgründen verbietet die Reichsstadt 1754 ihren Bürgern, nach Spetzgart zum Weintrinken zu gehen, 1755 Schluß mit dem „danzen" bei zwei Pfund Strafe. Ein deftiger Briefwechsel verändert die Lage allerdings nicht.

Hören wir die Streithähne.

Der Überlinger Rat (12. Juni 1755) klagt,
daß er, der Procurator (= Statthalter) von Spechzart, zu verbotenen zeiten, fast sonntäglich spillut zu halten pfleget, und anderen, die zum Dienste Gottes gewidmete Zeit mit unzulässigen Ueppigkeiten hinzubringen, Gelegenheit verschafft.

Der Convent entgegnet zehn Tage später,
aber solche Brief seyend die antwort nicht werth. (. . .) an Überlingen muß man sich nicht stoßen

(. . .). *Seyend also diese grobe unverständige Lüth-nur zu verachten, und man defenderi seine Privlie-gien."*

Überlingen angeschlagen, neue Runde, noch einmal 1771. Tanzen verboten! Dritte Runde: Handelshürden per Magistratsverordnung 1780. Diese Rechtshändel vergällen den Augustinern in ihrer Sommerresidenz die Lebensfreude, sie denken an Aufgabe 1784, an den Verkauf des „Freyguet", bzw. 1786 an eine Versteigerung. 1790 steigen sie aus dem Ring und verpachten Spetzgart schließlich für zwölf Jahre an die Gemeinde Hödingen für einen, so Glaeser, „lächerlich geringen Preis."

Die Revolutionszeit und die Koalitionskriege fördern die letzte Entschlußkraft, Spetzgart 1797 an das Konstanzer Spital zu verkaufen. Der Krieg wird 1796 mit dem Übertritt der französischen Armee über den Rhein unmittelbar real, Freiburg und Oberbaden sind besetzt, die habsburgische Position am Oberrhein wird entscheidend geschwächt. Baden und Württemberg schließen 1796 in Paris einen Sonderfrieden. Er entschädigt mittels Säkularisierung für ständische Verluste durch abgetretenes linksrheinisches Gebiet. Zudem geht die Zahl der Ordensgeistlichen bei den Konstanzer Augustinern so stark zurück, daß sie beschließen, sich aufzulösen und ihr gesamtes Gut 1801 dem Kostanzer Spital zu übergeben.

Das Spital will die Spetzgarter Wirtschaft rentabler gestalten, weshalb es zur Übernahme der Hödinger Pacht die Häuser und Grundstücke Spetzgarts *geometrisch oeconomisch* detailliert vermißt und ihren jeweiligen Zustand am 3. September 1801 akribisch beschreibt. Zuvor hat das Spital bereits 1798 den heutigen Hauptbau als Remisenanbau (= Geräteschuppen) mit Schweinestall, Tenne und Holzremise sowie den heutigen Mittelbau

1800/1801 als Sennerei („Sendrey") für Viehwirtschaft (von Martin Beyrer, „Bau- und Stadtwerkmeister in Überlingen") „oecconomisch und neu erbaut" (Architektenentwürfe maßstabsgerecht farbig auf Leinen).

Die Karte um 1800 zeigt die umfangreichen Veränderungen Spetzgarts durch die Augustiner. Die jetzigen Ausmaße sind bereits deutlich zu erkennen.

Zu sehen links über dem Backhaus zwei Gesindehäuser, darüber die Kirche St. Loi, im Vordergrund die „Sendrey" mit Schafstallanbau, dahinter der Augustinerbau. Das „Dachhäusl" kann heute noch in der Konstruktion des Dachstuhls nachgewiesen werden. Auf der Südseite wird der bis zum Bau des Speisesaals 1985 vorhandene Schloßgarten mit Brunnen angelegt. Im Remisenanbau errichtet das Spital 1852 einen neuen Torkel. Im Bereich der Turnhalle stehen die „Katakomben", 1798 gebaute Pferde- und Schweineställe.

1885 schreibt das Konstanzer Spital Spetzgart erneut in fünf Teilen zur Pacht aus. Das Schloß mit Wirtschaftsbetrieb übernimmt eine schillernde und reizbare Figur: Ochowieceky ist exzellenter Oberküchenchef beim Zaren, der ihn aus Freundschaft zum Deutschen Reich Kaiser Wilhelm I. „schenkt", welcher ihn in einer Weinlaune dem Fürstenberger Freund als Leibkoch verspricht. Da dieser kocht (und trinkt), was er will, ist die Freundschaft auf dem Heiligenberg alsbald gespannt. Wütend zur Rede gestellt, entbietet Ochowieceky den Berlichinger Gruß, der ihn vom Hof katapultiert.

Der wohlhabende Ochowieceky renoviert den Augustinerbau (Küche und Gaststätte über der Gruft, ausgebaute Zimmer) und gibt mit seinen Kochkünsten und den niedrigen Preisen dem

Spetzgarter Gastlichkeit

Der prächtigste Speisesaal Spetzgarts unter dem Pächter und Küchenchef Ochowieceky war der stukkatierte Raum im oberen Stock des Augustinerbaus (heute: Spetzgarter Wohnzimmer), reserviert für vornehme Gäste. Doch wenn sich diese despektierlich über das Aufgetischte äußerten, passierte es leicht einmal, daß Ochowieceky, ein bärenstarker Mann, die Nörgler kurzerhand beim Schlafittchen packte und durch das geöffnete Fenster beförderte — zwei Stockwerke tief! Wenn sie Glück hatten, landeten sie auf dem Misthaufen.

Spetzgart steht zum Verkauf: Immobilienanzeige um 1888. (Der vollständige Text beginnt: „In prachtvollster Lage am Bodensee, bestehend aus dem massiven, 3stöckigen Schloßgebäude mit Saal und 14 Zimmern etc., geräumigen Ökonomiegebäuden nebst ca. 6 Morgen Garten-Anlagen u. Baumwiesen ist **sehr billig** sofort beziehbar **feil**. . . .")

Spetzgart unter seinem Pächter und bekannten Koch, dem Polen Ochowieceky, annonciert als erlesenes Ausflugslokal im „Überlinger Badeblatt" Nr. 3, vom 25. Juli 1890

Spetzgart als begehrtem Ausflugslokal einen neuen Auftrieb — bis er wieder zu Trinken beginnt und entweder Gäste herausbrüllt oder den Spetzgart vor Gästen verrammelt.

Das Spital entschließt sich schließlich, Spetzgart mittels eines Freiburger Maklers zu verkaufen. Man berechnet 105 Morgen Feld und Wald mit 63 000 Mark, Gebäude mit 27 000 Mark, Aussicht, Lage und Luft mit 10 000 Mark, Summa 100 000 Mark, was angesichts des miserablen Zustands der Gebäude viel zu hoch taxiert ist. Die Angebote gehen nicht über 65 000 Mark hinaus. Das damalige durchschnittliche Jahreseinkommen eines Arbeiters beträgt 650 Mark.

Wie aus dem „Seeboten" vom 17. Dezember 1888 zu erfahren, war darüber Überlingen sehr empört:

Wie in letzter Zeit das Gerücht geht, soll Spetzgart durch Kauf für Privatbesitz erworben werden. Hierdurch würden nicht nur die Bewohner der Stadt Ueberlingen, sondern auch der ganzen Bodenseegegend des schönsten und beliebtesten Ausflugsortes verlustig werden. Dies wäre sicherlich im höchsten Grade bedauerlich und könnte unter Umständen große Nachtheile für die Stadt Ueberlingen zur Folge haben, daß es einen höchst ungünstigen Einfluß auf den Fremdenbesuch im Sommer ausübte. Es kommt deshalb einem unwillkürlich der Gedanke ein, ob es von der Stadt Ueberlingen nicht ein Akt der Klugheit wäre, Spetzgart ... für sich als Eigenthum zu erwerben, um eine nachtheilige Eventualität für ewige Zeiten unmöglich zu machen. Der Absender möchte durch diese Zeilen die fragliche Angelegenheit zum Gegenstand öffentlicher Besprechung und erster Erwägung machen, um zu verhüten, daß in zu später Stunde man nicht sagen muß, man hätte früher an solches denken sollen.

Vergebens. Von unerwarteter Seite kurzzeitiges Interesse, die Anfrage zwecks einer „Zwangs-Erziehungsanstalt des Großherzoglich-Badischen Landeskommissars für die Kreise Konstanz, Villingen und Waldshut vom 1. Oktober 1888 *die staatliche Fürsorge für die Erziehung verwahrloster jugendliche Personen betr.*" wird von Konstanz befürwortet, doch findet sich ein billigeres Objekt.

Schließlich kauft 1896 der Reutlinger Fabrikant und Ingenieur Conradt Vogt die Gebäude nebst 8 Hektar Land für 45 000 Mark, 24 Hektar gehen an Überlingen für 45 000 Mark. Ein völliger Um- und Neubau kostet ihn 120 000 Reichsmark. Der Torkel, der spätere Hauptbau, wandelt sich 1900 bis 1906 durch Ausbau, Aufstocken und Anbau nach Süden, Westen und Norden zu einer Fremdenpension und zerstört dadurch das harmonische Bild der alten Schloßanlage. Die Große Bezirks-

inspektion Konstanz kommentiert 1910 das Vorhaben lakonisch als „den vor ein paar Jahren ohne viel Überlegung errichteten Bau." Die Wirtschaft bleibt bis zum Ende des Umbaus in den Händen Ochowiecekys.

Unterschiedliche Anzeigen schaltet das „Überlinger Bade-Blatt", so zunächst 1902 als „Fremdenpension", bereits mit dem heutigen Hauptbau ohne Turm und Kunstanbau und nicht zu vergessen, mit Telefon, No. 11, dann 1904 als „Kurpension", welche eine eigene Milchwirtschaft, eine diätetische Küche und eine eigene ärztliche Leitung unter Dr. Lindtner an Stelle der alten Pächter ausweist. Im Prospekt der Fremdenpension wird Spetzgart als „angenehmster, stiller Aufenthaltsort für Ruhe- und Erholungsbedürftige" und mit „bester Gelegenheit zu See-, Luft- und Sonnenbädern" ausgelobt.

35

Spetzgart als Sanatorium: „Freiluftbehandlung in Liegehallen" zeigt eine Ansichtspostkarte um 1910 an. Außer dieser hölzernen Liegehalle, beim Schloß in südöstlicher Richtung zum Tobel hin gelegen, gab es eine verglaste Veranda im Innenhof (1977 baufällig und abgerissen) sowie ein freiliegendes Luftbad, eingegrenzte Liegewiesen (beim heutigen Westbau)

1906 erscheint dann eine Anzeige im „Jugendstil", die Spetzgart als „Sanatorium" ausweist, nach Ansicht des Kneipp-Vereins das erste Kneipp-Kursanatorium außerhalb von Bad Wörishofen.

Der Bäderanbau mit Balkon erfolgt unter modernsten Gesichtspunkten (heute Musikraum, Atelier und 1. Stock). Leitender Arzt ist jetzt Dr. Kleinschrod, zuvor in Bad Wörishofen tätig. Das Sanatorium wird als „vorzüglich eingerichtete Kuranstalt für physikalisch-diätetische Therapie" ausgewiesen, mit großem Luftbad auf 1400 qm, „drei Abteilungen", „mit Freiluftbehandlung in Liegehallen, Glasveranda, Zentralheizung, eigenem Wald dicht am Haus, eigene Ökonomie mit vorzüglicher Milchwirtschaft."

Im „Überlinger Badeblatt" vom 8. und 15. September 1906 erläutert Prof. Glabbach, der gerade in Spetzgart kurt, die Heilmethode des Sanatoriums in seinem Artikel „Von Baden-Baden nach Schloß Spetzgart. Eine Reiseskizze in den Ferien". Offenbar war Spetzgart überlaufen, denn 40 Personen hätten keine Aufnahme mehr finden können (bei 53 Gästen). „Der jetzige Hauptbau ist als Kurhaus errichtet worden, worin auch die Badeanlagen zu finden waren. Der nötige Bäderanbau soll im Oktober in Angriff genommen werden...". Dem „Kurtisch" liegen die „bewährten Lachmannschen Prinzipien zugrunde", „spezielle Diät wird angeordnet bei Magenleiden, Zuckerkrankheit und Gichtleiden. Fleischnahrung ist aufs rationellste eingeschränkt (nur eine Platte täglich)."

Das Sanatorium hat eine moderne Küche, wo der „Kurtisch" vorbereitet wird und von der auch die Spetzgarter Schüler profitieren werden.

Ueberlingen a. See   Sanatorium Schloß Spetzgart, 530 m. ü. d. M.

Die Aussicht war eben phantastisch, besonders die Sonnenauf- und -untergänge und der freie Blick über den gesamten See und die Bergwelt. Man erkenne „mit freiem Auge über 70 Ortschaften und Höfe". Eine ideale Erholungsgegend mit hergerichtetem Kurwald, sauberer Luft, Quellen, Streuobstwiesen, Ackerland mit Klee-, Runkelrüben-, Mohn- und Getreidefeldern und Rebanlagen. Das Essen lieferte die Spetzgarter Ökonomie selbst, heute Mittelbau. „Alles ist neuverklärt, die Hähne im Spetzgarter Bauernhof krähen um die Wette, die Milchkühe im Stalle stimmen ein Morgenkonzert an, und der Spetzgarter Kurgast rüstet sich zum Barfußlaufen im taufrischen Gras."

Offenbar macht die Kurbehandlung Fortschritte, denn im Oktober 1907 weist Dr. Klein-

schrod das Sanatorium als „physikalisch-diätetische Heilanstalt für Wasser-, Luft-, Licht-, elektrische etc. Behandlung" aus. Ein Jahr später, am 13. Juni 1908, zu Beginn der neuen Saison, wird der Kurarzt Dr. Kleinschrod nicht mehr erwähnt. Neu zu sehen ist der heutige Turm.

Spetzgart geht 1909 an Dr. Wilhelm Seitz und Herrn von Pelzer, welcher bald ausscheidet.

Sie verwandelten das Bild des Sanatoriums in den Zustand, wie er sich bei der Übergabe an die Schule Schloß Salem darbietet. Das frühere Akkerland wird zu zwei Dritteln wieder zurückgekauft. Ein Holz-Glasanbau neben dem heutigen Atelier entsteht — trotz der „ernsten Bedenken gegen die Formgebung" der Großen Bezirksinspektion Konstanz. 1911 folgte eine Kühlanlage im Schloßkeller, 1925 die heutige Bibliothek, der

37

kleine Pavillon auf den „Katakomben" (noch mit Holz-Glas-Auskleidung), der Schafstall westlich vom Hauptbau (heutiger Parkplatz und Westbau). Ebenfalls wird eine Liegehalle hinter dem Clubhaus, dem heutigen Dienstezentrum angefügt, ein Luftbad umzäunt (neben der heutigen Bibliothek) und umfangreiche Parkanlagen unterhalb des heutigen Speisesaals angelegt. Der Hauptbau hat Balkone und neben dem Turm einen durch eine Treppe erreichbaren Eingang.

Im ersten Weltkrieg beherbergt das Clubhaus französische Kriegsgefangene, die auf dem Spetzgart arbeiten. In der Zwischenkriegszeit heißt es daher das „Franzosenhäuschen".

1926 wird im Prospekt Dr. med. Wilhelm Seitz als leitender Arzt vorgestellt, der spätere Schularzt.

Die Schule Schloß Salem kauft 1928 Spetzgart. Einige Umbaumaßnahmen sind notwendig, so der Ausbau des Dachgeschosses, die Verlegung der Wirtschaftküche in den 1. Stock des Bäderanbaus. Die Zimmer des Altbaus stehen den Mädchen zur Verfügung. Die Ostseite des Hauptbaus (Atelierterrasse) bekommt eine Glasterrasse. Der Bäderanbau des Sanatoriums wird für Schulzwecke umgewandelt, der Balkon entfernt. Aus der Waschküche entsteht ein geräumiges Laboratorium. Ein Teil des Bades (Atelier) wird zum Jungenwaschraum, die übrigen Zimmer und das Stockwerk darüber werden zu vier geräumigen Klassenräumen. Das ehemalige Luftbad (heutiger Containerplatz) verliert seine Bretterverschläge, so entsteht eine Freilichtbühne. Die Liegehalle bekommt eine Vorderwand, so daß aus ihr eine gut ausgebaute Schreinerei, heute Sanitätsraum, erwächst. Das Clubhaus beherbergt die Schlosserei, der Dachraum wird zu einem Heim der Pfadfinder. Zur Zeit der Frauenoberschule ist dort das

Die Spetzgarter
Küche mit der
Hauptköchin
Katinka Unverricht
(1929).
Aus der
Sanatoriumszeit
wurde mit dem Kauf
Spetzgarts durch
die Schule Schloß
Salem 1928/29 das
gesamte Personal
und das Inventar
übernommen. Es
blieb die fulminante
Hauptköchin,
Katinka Unverricht
— ein wahrer Segen,
wußte doch nur sie
mit dem Großherd
in der Küche
richtig umzugehen
und den berühmten
„Kurtisch" für die
Spetzgarter Schüler
zu bereiten

Waschhaus eingerichtet. Der Tobel wird wieder hergerichtet und Wildpflanzen aus entlegenen Tobeln angepflanzt. Dort versorgt ein von Schülern gewartetes Elektrizitätswerk für kurze Zeit die Schule mit Strom, wovon nichts mehr zu sehen ist.

Eine kleine Kolumne im „Seeboten" vom 6. Mai 1929 berichtet von neuen Bewohnern Spetzgarts:

Die Zahl der Schüler beträgt gegenwärtig etwa 40. Die Schule hat Koedukation, d. h. gemeinschaftlichen Unterricht für Knaben und Mädchen. Zurzeit der Eröffnung sind vertreten die Klassen Quarta bis einschließlich Obersekunda. . . . Der Tagesplan wird auch einige Veränderungen zeigen. Morgens wird anstatt Dauerlauf Gymnastik im Luftbad stattfinden, denn Herr Schularzt Dr. Seitz hält es für gesünder. Nachmittags ist um ¾ 6 Uhr High Tea.

Mit diesen Feierlichkeiten am Freitag, dem 3. Mai 1929, beginnt die nun über 75jährige Geschichte der Schule Schloß Spetzgart.

Und dies waren die Leiterin des Spetzgart, Marina Ewald (16), ihre Mutter (12), mit den ersten Realgymnasiasten und den Mitarbeitern:

1 Trudel Salzer-Seiler
2 Herr Laubscher (Isdi)
3 Fritz Martin Doehner (FMD)
4 Herr Schüder
5 Mister Claude Sutton (Sister Mutton)
6 Ekkehard von Künssberg (Ekke)
7 Horst Holzhüter
8 Werner Rott
9 Felix von Stetten
10 Herr Schraube (Kap.Lt. a. D.)
11 Helmut Schreiber (Klotze)
12 Frau Geheimrat Ewald
13 Beate Oppenheim
14 Totta Badt
15 Herr Scheffel
16 Marina Ewald
17 Fritz Plieninger (Plien)
18 Alfred Bolongaro-Crevenna (Freddy)
19 Otto Springer
20 Lotte Bloch-Wreede
21 Renate Horney (Nazi)
22 Gerhard Hauptmann (Harre)
23 Mia Bergfeld
24 Erika Gaedecke
25 Richard Langensiepen
26 Uli Steiner
27 Gerd Knittel
28 Günter Nast-Kolb
29 Fritz Lobenhofer
30 Herr König
31 Hans Oliven
32 Herr Mette
33 Peter von Wogau
34 Estelle Dittenberger-Meissner
35 Uli von Oertzen
36 Waldemar Weise (Waldi)
37 Fräulein Magda Rokol
38 Margarete Leicht (Gret)
39 Werner Müller
40 Fräulein Unverricht
41 Elisabeth Fritsch (Puppi)
42 Fräulein Brandstetter
43 Wolfgang Jaques (Dicker)
44 Ursula Weidlich-Blaurock (Schnüz)
45 Allen Forbes
46 Schwester Irmgard
47 Herr Giacchino
48 Oscar Wutsdorff (Kap.Lt. a. D.)
49 Hans Bembé
50 Axel Ortmann

Die Spetzgarter
auf einem Foto
anläßlich des
ersten Spetzgarter
Abiturs 1932
(8 Abiturienten:
7 Schüler und
die Schülerin
Margarete Leicht)

Bauliche Veränderungen der Schule Schloß Spetzgart

1933

bauen Schüler den Spetzgarter Hafen.

1934

Wegen der neu gegründeten Frauenoberschule wird Spetzgart umgebaut. Das ehemalige Schweigezimmer (links vom Treppenaufgang 2. Stock, jetzige Leiterwohnung) wird zum Schulzimmer, die Wirtschaftsküche im Bäderanbau des 1. Stocks des Hauptbaus wird neu gestrichen und eingerichtet, ebenso wie die Schmiedewerkstatt, die Schlosserei (Clubhaus) wird zur „blendendweißen Waschküche". Unterhalb des Luftbades entsteht ein Garten.

1938

wird die Holzturnhalle, die heutige Alte Turnhalle gebaut, in der kurz vor Kriegsende das Badische Innenministerium auf der Flucht Unterschlupf suchte.

1948

wird Spetzgart nach Abzug der seit 1945 einquartierten französischen Besatzungstruppen mit den damals nur geringen Mitteln renoviert.

1949

Eine modern eingerichtete Schreinerei (Dienstezentrum), eine Schlosserei (Clubhaus) und eine Bootsbauerei werden eingeweiht.

1952

Der Hockeyplatz entsteht mit Hilfe der Spetzgarter Schüler.

1954

wird der neue Hockeyplatz eingeweiht.

1956/57

wird das sogenannte Wiechehaus, die Sennerei aus dem Jahr 1800/01, ein Bauernhaus (Mittelbau), schulisch genutzt, indem es für ein abgeschlossenes Mädcheninternat mit 40 Internen aus- und umgebaut wird (zehn Viererzimmer). Unter dem Dach (ehemaliger Heuschober) entsteht ein Festsaal (heutiger Geschichts- und Informatikraum). Im Keller befinden sich die Arbeitsräume der Innungen der Elektrotechniker und Drechsler.

1958

Das neue Bootshaus unterhalb des Hauptbaus entsteht, der Hafen wird ausgebaut und erweitert.

1959

Der neue Handballplatz (jetzt Basketballplatz) ist fertiggestellt.

1964

entsteht das Schulhaus für den naturwissenschaftlichen Unterricht, geplant war ein Sprachlabor. Es wird 1965/66 in Salem installiert.

1965

entstehen zwei Lehrerhäuser.

1964/65

wird im Zuge der neuen Umgehungsstraße die Spetzgarter Hafenanlage verlegt (Abriß in Brünnensbach 1964) und mit einer eigenen Wachstation für den Seenotrettungsdienst neu aufgebaut. Am 14. September 1965 wird der neue Hafen eingeweiht.

1966

Im Mittelbau wird die Lehrerwohnung ausgelagert und so mehr Platz geschaffen, ein wohnlicher Aufenthaltsraum für die Schülerinnen (Geburtstagsfeiern, Diskussionsabende) wird eingerichtet.

1969

Das Clubhaus entsteht.

1972

entsteht neu der Mädchenbau.

1978

wird die Spetzgarter neue Turnhalle anstelle der alten Ställe („Katakomben") errichtet, die Glasveranda verschwindet. Die Alte Turnhalle wird zur „Aula". Der neue Chemiesaal wird eingeweiht, die Innen- und Außenanlagen (z. B. Sportanlagen vor dem Mittelbau) werden renoviert.

1980

stockt die Schule den 2. bis 4. Stock des Hauptbaus vor dem Turm auf.

1986

wird im Zuge des Speisesaalneubaus die Bibliothek um eine Etage aufgestockt.

1987

wird der neue Speisesaal eingeweiht, anstelle des alten Speisesaals entsteht die zweistöckige Bibliothek. Das erste Tunnelgewölbe der Küche wird verkürzt, so daß ein Treppenaufgang und ein Versammlungsbereich zwischen Gruft und Speisesaal Platz finden.

1989

kommen der Westbau und die Garagen anstelle eines ehemaligen Stalles hinzu, der Containerplatz wird neben die Küche verlagert.

1990

entsteht anstelle des „Gelben Zimmers" eine neue Lehrerwohnung im 1. Stock (Hauptbau).

1992

verwandelt sich die Schulbusgarage in den neuen Fahrradstall, die Fußwege werden mit Randsteinen neu eingefaßt.

1993

die neuen Biologiesäle im Schulhaus eingeweiht. Aus dem Seydel-Haus wird das Sessler-Haus mit sieben Mädchenplätzen.

1994

wird die Gärtnerei der Schule vom Schwandorfer Hof in Spetzgart neu aufgebaut. Der Unterrichtsraum Gruft wird zu einem neugestalteten Gruft-Café verwandelt und der Vorplatz mit einer Laube aus Rattangeflecht neu gestaltet. □

44

Schloß Salem

Salems Schullied

Prinz Max war vor 1919 oft Gast im Hause von Marianne und Max Weber in Heidelberg. Eines Abends sang dort die Mezzosopranistin Tempe Heisler. Prinz Max war von dem Lied „Wir treten zum Beten . . .“ beson- ders berührt.
So wurde das „Niederländische Dankgebet“ Salems Schullied.

45

Ilse Miscoll
75 Jahre Salemer Schulgeschichte

Salem — der Name des berühmten Landerziehungsheims leitet sich vom Ort seiner Gründung her: Salem, das war einstmals die reichste Zisterzienserabtei Süddeutschlands in „Salmansweiler" im Hinterland des nordwestlichen Bodensees. Fast 700 Jahre — 1134 bis 1802 — hatten Geist und Macht in Salems Mauern zusammengewohnt. Die frühe Konzeption aus dem 12. Jahrhundert — asketische Lebensformen nach innen, ausgreifende Schaffenskraft in die Welt, das gotische Münster im Zentrum des Klosterbezirks kündet noch heute davon — enthält im Kern schon dies polare Lebensgesetz der Zisterzienser: *vita activa et vita contemplativa,* ebenso wie noch das spätbarocke Ensemble der Gesamtanlage des Klosters mit seinen einzelnen Gebäudekomplexen, Konvents-, Ökonomie-, Verwaltungs- und Repräsentationsbauten, wie sie Abt Anselm II. (1746 bis 1778) am Ende der Entwicklung dieses Zisterzienserstaates schuf.

Die Säkularisation des 19. Jahrhunderts, die Schloß Salem in den Besitz des Markgräflichen Hauses Baden brachte, hinterließ einen leeren Rahmen, eindrucksvolles Gehäuse, um neuen Geist, neues Leben aufzunehmen: Raum für eine große Idee!

Salem — Von der „Schule im Schloß" zur „Erziehungsbewegung"

Die Schule Schloß Salem wurde von Prinz Max von Baden 1919 gegründet, mitten im Zusammenbruch, in der Erkenntnis, daß eine neue Erziehung verwirklicht werden müsse — zum Heil des Volkes — die bundesgenössisches Handeln als Ziel setzt.

So charakterisiert Kurt Hahn 1930 in einem Vortrag die Anfänge der Salemer Erziehungsbewegung, die zu der Zeit schon längst über ihre Anfänge — die Schule im Schloß — hinausgewachsen war. Außer in Salem und seinen Zweigschulen Hermannsberg (1925), Spetzgart (1929) und Hohenfels (1931) hat sie ein Jahr darauf schon den engeren Bereich des Bodenseeraumes verlassen, als der Birklehof im Schwarzwald (1932) als fünfte Schule mit Salemer Erziehungsprinzipien gegründet wird.

Pläne Kurt Hahns, über diese Schulerziehung hinausreichend, sie in Studentenbursen und Stadtrand-Tagesschulen zu verwirklichen, sind schon in die Wege geleitet, werden aber durch die nationalsozialistische Machtergreifung 1933 jäh beendet.

Kurt Hahn, der Hitler schon früh energisch Widerstand angesagt hatte, muß 1933 nach Großbritannien emigrieren, wo er 1934 in Gordonstoun in Schottland eine neue Schule, die erste seiner „British Salem Schools" gründete.

Nach dem Krieg erstand nicht nur Salem mit seinen Zweigschulen wieder. *Salem, das ist keine Schule, das ist eine Bewegung,* sagte Kurt Hahn 1954 in einer Internatsvereins-Sitzung in Salem. Weitere Schulen, Louisenlund in Norddeutschland und Anavryta bei Athen wurden nach der Salemer Erziehungsidee 1949 gegründet. Ganz neue Erziehungsinstitutionen — neben den United World Colleges besonders die Outward-Bound-Kurzschulen — verbreiten heute mit vielen Ablegern in fünf Kontinenten Hahns Pädagogik, die zuerst in Salem geboren, ausprobiert und für gut befunden wurde.

„Salem 2000" — das wird die Verwirklichung dieser Erziehungsbewegung als Antwort der Salemer auf die Herausforderungen des 21. Jahrhunderts sein.

□

Gründung — Aufbau — Ausbau (1919/1920 bis 1933)

Die Schule Schloß Salem ist das gemeinsame Werk des Prinzen Max von Baden und des Reformpädagogen Kurt Hahn.

Kurt Hahn, der in Oxford und an verschiedenen deutschen Universitäten Philosophie und Klassische Sprachen studiert hatte, begegnete Prinz Max von Baden während des Ersten Weltkrieges. Hahn arbeitete zu dieser Zeit in der Englandabteilung der Pressestelle beim Auswärtigen Amt und setzte sich besonders 1917 leidenschaftlich für einen Verständigungsfrieden ein. Auch der Prinz, der für die Gefangenenfürsorge beim Roten Kreuz wirkte, bemühte sich über seine exzellenten internationalen Kontakte um den Frieden. Kurt Hahn wurde dann der Berater des Prinzen Max, der im Oktober 1918 das undankbare Amt des Reichskanzlers übernimmt — „ein Jahr zu spät!", wie Hahn meinte, um das Schicksal noch zu wenden und vor der militärischen Niederlage Deutschlands einen Verständigungsfrieden zu erlangen. Nach Niederlegung seines Amtes und Anfeindungen von rechts und links zieht sich Prinz Max 1919 mit seiner Familie aufs Land nach Salem an den Bodensee zurück. Kurt Hahn, der noch im Mai 1919 mit der deutschen Delegation an der Versailler Friedenskonferenz teilgenommen hatte, folgt ihm bald nach. Er bearbeitete die Memoiren des Prinzen aus der Reichskanzlerzeit und verwirklicht mit Hilfe und im Auftrag des Prinzen seinen schon lange gehegten Plan:

Die Errichtung einer vorbildlichen Schule

Von Beginn an sollte Salem Gegenmodell zum traditionellen deutschen Gymnasium mit seiner Betonung einseitig intellektueller Bildung sein.

Prinz Max stellte einen Teil seines Schlosses Salem für die Schulgründung zur Verfügung.

Wie schon seine voraufgegangenen Schulstiftungen — 1906 eine Gewerbliche Fortbildungsschule und 1919 eine Landwirtschaftliche Winterschule — stellte er auch sein neues Werk in die Nachfolge zisterziensischer Tradition, segensreich in die Umgebung zu wirken, kultivierend, bildend, lehrend. In der von Hahn aufzubauenden Schule sollte Berthold, der Sohn des Prinzen Max, eine Erziehung zu Toleranz und hohen Bürgertugenden erhalten, zusammen mit Kindern aus dem Salemer Tal und geeigneten Kindern aus Familien, deren Väter im Krieg gefallen waren. Zusammen mit Kurt Hahn wählte Prinz Max begabte Schüler aus allen Schichten aus, denen sonst eine höhere Schulbildung versagt geblieben wäre.

Die Intention der Schulgründung in Salem ging aber tiefer, zielte von Beginn an ins grundsätzlich Politische. Kurt Hahn und Prinz Max, die beide die deprimierenden Erfahrungen mit den verantwortungsscheuen Politikern in der Krise Ende 1918 nicht vergessen hatten, verfolgen die Absicht, „durch Erziehung den Heilungsprozeß der innen- und außenpolitischen Misere Deutschlands in Gang zu bringen" und „eine neue Generation verantwortungsbereiter, charakterfester und mutiger Menschen heranzuziehen", eine Führungselite, da nur so die innere Erneuerung Deutschlands erreicht werden könne. Hier erhält Salem, das Landerziehungsheim, seinen besonderen Auftrag: *Das Wichtigste, was die Landerziehungsheime leisten, ist die staatsbürgerliche Erziehung. Wir müssen die Kinder zu Trägern der Verantwortung machen, damit sie fähig werden zur Hingabe an die gemeinsame Sache der Schule und der Nation*, schreibt Kurt Hahn immer wieder in seinen „Gedanken zur Erziehung" (1928/30).

Erziehung per Anschlag am Schwarzen Brett: Eine Hahn'sche Hockeykritik

Welle

Überall auf dem Platz sah man hilflose Gestalten. Ich erwähne ein trauriges Beispiel. Welle gingen bei ihren tomahawkartigen Schlägen mehrere Stöcke kaputt. Der Platz war umrahmt von Spielern, die zuschauten und den Stock in den Händen hielten. Keiner sprang hinzu, um der kampfunfähig gewordenen Welle beizustehen. Ein feindlicher Ausländer, der diesem Spiel beigewohnt hätte, wäre in den Ruf ausgebrochen: „Ich bin beruhigt, dieses Geschlecht wird niemals den Friedensvertrag von Versailles zertrümmern!"

Die Eröffnungsrede des Prinzen Max Ostern 1920 in Salem

„... Wer kann im Schatten unseres Münsters aufwachsen und ein ehrfurchtsloser und roher Mensch werden? ..."
„Unser Stolz wird nicht sein, daß unsere Schule möglichst viele Gelehrte hervorbringt, sondern Menschen, die ihren künftigen Beruf ausfüllen und bereichern, welcher es auch sei, mögen sie Handwerker, Mechaniker, Landwirte oder Akademiker werden, ... für das Gedeihen des Vaterlandes ..."

Rede des Prinzen Max bei Eröffnung der Schule im Schloß Salem
am 14. April 1920.

Verehrte Anwesende!

Mir liegt daran, Ihnen zu sagen, wie ich dazu kam, eine Schule in Salem zu gründen. Als ich zu dauerndem Aufenthalt hierher übersiedelte, stand ich vor der Wahl, entweder meinen Sohn hier unterrichten zu lassen oder ihn aus dem Hause zu geben. Zwei Dinge waren mir klar: erstens, daß es heute unendlich schwer ist, Kinder in einer Stadt an Leib und Seele zu behüten; zweitens, daß hier in Salem die denkbar besten Bedingungen körperlicher und moralischer Gesundheit gegeben sind.

Kinder haben offene Augen und offene Ohren. Sie achten viel wachsamer auf die Stimmen der sie umgebenden Welt als Erwachsene. Ihre Seelen öffnen sich nur allzu bereitwillig fremden Einflüssen. Schule, Elternhaus und Kirche können die Kinder nicht immer in ihrer Hut halten: das ganze Volksleben dringt auf sie ein. Wie man nicht weiß, daß man einem andern eine ansteckende Krankheit gibt und der andere nicht weiß, daß er sie empfängt, so gehen unmerklich gute und schlechte Triebe von einem Menschen zum andern.

Unser Volksleben in den Städten ist krank. Es ist Gift für den werdenden jungen Menschen.

Ich will hier offen sprechen. Unser Volk ist nicht groß in der Niederlage. Wir haben den Feind im Lande. Nicht nur das besetzte Gebiet und die Gegenden, die soeben der Franzose überfallen hat, alle Landesteile fühlen die schwere Faust des Eroberers. Täglich werden Beleidigungen und Demütigungen auf uns gehäuft, täglich werden wir beraubt. Erst vorgestern wurden im Salemer Tal aus unsern Ställen die Milchkühe fortgeführt, und das in einem Augenblick, wo Hungersnot droht und das Blockadesterben der Säuglinge noch lange nicht am Ende ist. Und doch hat Not und Schmach das Volk nicht zu gemeinsamem Rettungswerk gesammelt; sondern die meisten haben nur den einen Gedanken: Rette sich, wer kann! Unser Volk hat in der Not das Gebot der Brüderlichkeit verlernt. Es ist furchtbar, zu sagen: die einzelnen Klassen, ja die einzelnen Landesteile haben heute oft mehr Bitternis gegeneinander als gegen den Feind.

Das ganze deutsche Volk sollte heute in Trauer sein. Das bedeutet nicht, daß man die gesunde Lebensfreude unterdrücken soll, ohne die alles Streben und alle Arbeit ermatten muß. Aber es herrscht heute eine ruchlose, heidnische Vergnügungssucht ohne Ehrfurcht vor Gott und ohne Rücksicht auf die Leiden der Volksgenossen. Jedem Deutschen sollte man heute anmerken, daß ihn der Ernst der großen Aufgabe erfüllt, unserm Volke dereinst Freiheit und Ehre wiederzugeben. Ich denke an die Worte, die ein anderes Volk in Not gegen die fremden Unterdrücker gefunden hat:

Wir treten zum Beten vor Gott den Gerechten,
Er waltet und haltet ein strenges Gericht.
Er läßt von den Schlechten nicht die Guten knechten ...
Wir stehen, daß deine Gemeinde nicht Opfer der Feinde.
Dein Name sei gelobt; o Herr, mach uns frei!

Aber um mit diesem Vertrauen und dieser Hoffnung vor seinen Gott zu treten, muß der deutsche Mensch erst wieder würdig werden. Aus den Städten kann heute nicht die Erneuerung kommen; nur das Land kann sie bringen. Es geht eine große heilende Kraft von der Arbeit in der Natur aus. Die Natur duldet keine Lüge; sie läßt sich nichts vormachen wie der Mensch. Eine flüchtig geleistete Arbeit am Schreibtisch mag unbemerkt hingehen; aber der liebevoll geackerte Boden zeigt beim Aufgehen der Saat genau an, was an ihm gesündigt worden ist. Auch ein gesunder Wirklichkeitssinn gedeiht am besten auf dem Lande. Ursache und Wirkung liegen deutlich zu Tage. Tatsachenkenntnisse auf unzähligen Gebieten strömen dem aufmerksamen Beobachter von allen Seiten zu. Vor allem lehrt das Landleben Ehrfurcht und Dankbarkeit gegen Gott, erfüllt die Seele mit dem lebendigen Bewußtsein der Abhängigkeit des Menschen und erhebt zugleich durch das stolze Gefühl, daß der Mensch zum Verwalter der Reichtümer der Natur eingesetzt ist und zu ihrem Hüter vor Raubbau und Verschwendung.

Hier in unserm Tal, in dieser begnadeten Gegend, ist die Ehrfurcht stets ein sorgsam behütetes Erbe gewesen. Wer kann im Schatten unsers Münsters aufwachsen und ein ehrfurchtsloser und roher Mensch werden?

Das waren die Gedanken, die mich bewegten, als ich nach Salem heimkehrte. So entschied ich mich, meinen Sohn hier groß werden zu lassen. Aber zugleich hörte ich von den schweren Erziehungssorgen der andern Eltern im Salemer Tal. Es ist wahrhaftig hart für sie, ihre Kinder jeden Tag vom Lande in die Stadt schicken zu müssen, wenn sie die höhere Schule besuchen sollen. Die Schule kann sie ja nur während der Unterrichtsstunden behüten; in der Stadt aber und auf den Bahnfahrten kommen die Kinder mit schlechten Elementen zusammen, vor denen die Eltern sie sorgsam schützen möchten. Außerdem gehen gerade die Wohltaten des Landlebens für die Gesundheit der Kinder verloren. Die Eisenbahnfahrten, der lange Tag in Überlingen, die unregelmäßigen Mahlzeiten, die späten Schularbeiten zu Hause, all das war eine Anstrengung, durch die die Schulleistungen auch der Begabten beeinträchtigt wurden. Im Winter war es besonders schlimm; da mußten die Kinder häufig mit nassen Füßen in ungeheizten Zügen sitzen. Das waren die Klagen, die mir von Eltern immer wieder entgegengebracht wurden und die mir auch die beiden Herren Pfarrer bestätigten.

So verbindet uns Eltern hier die gemeinsame Sorge: wir wollen nicht, daß auch unsre Kinder Opfer des Krieges werden. Und wir dürfen nicht nur an diese Generation denken. Noch auf Jahrzehnte hinaus werden die gleichen Bedingungen vorherrschen. Darum habe ich durch die Markgräfliche Schulstiftung Salem die Bedingungen für eine Schule im Salemer Tal geschaffen.

Ich bin stolz und dankbar, daß Herr Geheimrat Reinhardt unser Unternehmen für würdig gehalten hat, an seine Spitze zu treten. Das Beispiel seiner Opferbereitschaft legt auch seinen Mitarbeitern, aber auch seinen Schülern große Verpflichtungen auf.

Geheimrat Reinhardts Name wird immer mit der Gründung des Frankfurter Reformgymnasiums verknüpft sein. Was war nun das Wesentliche bei dieser Reform? Daß die Kinder nicht von Anfang an auf einen bestimmten Lehrgang festgelegt wurden, die wie in eine enge Bahn, die bis zum Ende durchlaufen mußten, sei es die der Realschule, des Realgymnasiums oder des Gymnasiums, sondern die Kinder wurden bis zur Tertia oder Untersekunda alle gemeinsam unterrichtet, und wurde dann erst bestimmt, für welchen Zweig der höheren Schule sie taugten. Aber Geheimrat Reinhardt hat immer den größten Wert darauf gelegt, daß das nicht von oben herab beschlossen, sondern in dauernder Fühlung mit den Eltern beraten wurde. So soll es auch hier gehalten werden. Wir haben durchaus nicht die Absicht, allen Kindern den gleichen Bildungsweg aufzuzwingen; wir wollen sie auch nicht sämtlich bis zum Abiturienten-examen führen. Der eine taugt besser als Techniker, der andre zum Landwirt, wieder einer ergreift sich für die gelehrten Berufe. Es wäre gemeinsam mit den Eltern herauszufinden, wozu ein jeder am besten paßt, und darum haben auch hier die Kinder in den ersten Klassen den gleichen Unterricht. Von Anfang an wird großer Wert auf das landwirtschaftliche Fach gelegt. Diejenigen, die später die landwirtschaftliche Realschule besuchen wollen, werden verstärkten Unterricht in diesem Fach erhalten; aber die Grundlagen der Landwirtschaft soll jedes Kind verstehen lernen, das hier in Salem zur Schule geht, auch gerade die Kinder, die später einem gelehrten Berufe entgegengehen. Wir sind die erste Schule in Baden, die das versucht. Das Unterrichtsministerium in Karlsruhe hat gerade hierfür großes Interesse gezeigt.

Unser Stolz wird nicht sein, daß unsere Schule möglichst viele Gelehrte hervorbringt, sondern Menschen, die ihren künftigen Beruf ausfüllen und bereichern, welcher es auch sei, mögen sie Handwerker, Mechaniker, Landwirte oder Akademiker werden. Gerade der Landwirt braucht heute eine gute Schulbildung; denn seine Verantwortung gegenüber dem ganzen Lande ist viel größer als früher; er muß imstande sein, den politischen Vorgängen mit eigenem Urteil zu folgen; er muß sich klar sein, was sein Beruf für das Gedeihen des Vaterlandes leisten kann.

Den schlechten Mann muß man verachten,
Der nie bedacht, was er vollbringt.
Das ist's ja, was den Menschen zieret,
Und dazu ward ihm der Verstand,
Daß er im innern Herzen spüret,
Was er erschafft mit seiner Hand.

Ich möchte noch ein Wort an die Kinder richten. Jedes von euch hat gute und hat gefährliche Anlagen in seiner Seele. Eltern und Lehrer können helfen; aber sie können es nicht machen, daß bei dem Kind das bessere über das schlechtere siegt. Dieser Kampf kann nur gewonnen werden, wenn das Kind mit seinem guten Willen und mit ganzer Seele dabei ist. Das gleiche gilt in jeder Lebenslage, für die Arbeit, wie für das Spiel; nur, wenn wir uns ganz hingeben, werden wir stark durch das, was wir tun, schöpfen wir neue Lebenskräfte aus unsrer Arbeit.

Jetzt wird ein neues Leben für euch beginnen. Denkt nicht, daß euch schlechte Schulleistungen oder schlechte Zeugnisse von früher im Wege stehen werden. Auf den Verstand allein kommt es nicht an; Verstand ohne Charakter hat keinen Wert. Für keines von euch ist es zu spät. Ihr könnt alle so werden, wie der liebe Gott euch gewollt hat.

Zum Schluß spreche ich der badischen Regierung, insbesondere dem badischen Kultusministerium, meinen wärmsten Dank aus für die große Ermutigung und Förderung, die sie unserm Unternehmen hat zuteil werden lassen. Ich danke auch allen denen, die sich hier zusammengefunden haben, um diesen Dienst an der Jugend zu leisten.

Vor allem aber danke ich den Eltern, daß sie uns das Kostbarste anvertraut haben, was sie besitzen. Ich hoffe, daß wir uns dieses Vertrauens würdig zeigen werden.

Prinz Max von
Baden (10. Juli 1867
bis 6. November
1929)

Prinz Max,
der „christliche
General" im Ersten
Weltkrieg, letzter
Reichskanzler des
Deutschen Kaiser-
reiches (3. Oktober
bis 9. November
1918), gründete im
Jahre 1920 zusam-
men mit Kurt Hahn
die Schule Schloß
Salem

Herr Hahn muß ein sehr guter Erzieher sein. Er hat mit seiner Familie angefangen, zuerst mit der Großmutter. Sie war schon 75 Jahre alt, als Herr H. sie richtig leben lehrte. Hockey und Speerwerfen hat sie nicht mehr gelernt, aber sie ist doch 93 Jahre alt geworden und sehr glücklich gewesen. Dann kam seine Mutter an die Reihe. Er hat ihr nicht abgewöhnen können, daß sie Klavier spielt und sich um ihn kümmert. Bei seinen Brüdern hatte er es schwerer. Noch jetzt muß er jedesmal, wenn er sie sieht, eine Entfettungskur mit ihnen vornehmen, was nur durch umständliche Veranstaltungen, wie Rudern, Jagen und Dauerlaufen nach Zügen und Autos zu erreichen ist.

Ziel der Schule Schloß Salem: Charakterbildung — Erziehung zur Verantwortung

„Originell" sollte Salems Erziehungskonzept nicht sein, sondern in Tradition Bewährtes anwenden — so wie ein guter Arzt bei der Operation auch nicht einfach „originelle" Methoden anwende! — erklärte einmal Prinz Max einem amerikanischen Besucher. Von überall her habe man „gestohlen", ergänzte Kurt Hahn: von den englischen Public Schools vor allem den Gedanken, daß mit den Spielregeln des Sports *(fair play)*, der Kooperation und mit dem Training des Mutes, der Ausdauer und Zähigkeit die Grundlagen „bundesgenössischen Handelns" in Fleisch und Blut übergehen. Deshalb spielte Hockey, Salems Schulsport, schon vor Eröffnung der Schule 1920 ein so große Rolle: *In Salem fing alles mit Hockey an . . .*

So wird Salem auch schon einmal „das deutsche Eton" genannt. Doch gegenüber dem rigorosen Präfektensystem ist Vertrauen die Basis für Salems „Erziehung zur Verantwortung".

Auch die deutschen Landerziehungsheime von Hermann Lietz haben Hahn Anregung für seine Schule in Salem gegeben: die Bedeutung der handwerklichen Arbeit in einer ganzheitlichen Erziehung von „Kopf, Herz und Hand" und die Überzeugung, daß gesunde Erziehung besser gelinge in schöner Umgebung fernab des Großstadtgetriebes. Salem, die großartige Schloßanlage, und seine zauberhafte landschaftliche Umgebung boten die besten Bedingungen für eine reformpädagogische Erziehung, die heilsame Umwelteinflüsse bewußt in ihre erzieherische Konzeption mit einbringt.

Doch Salem unterscheidet sich in einem wesentlichen Aspekt von den anderen Landerziehungsheimen. Hahn war der Überzeugung: *Ein Landheim ist keine große Familie, sondern ein kleiner Staat,* mit einer festen Ordnung: *festumrissene und sorgsam gestufte Verantwortungen tragen (diesen) Staat.* Der Schulstaat soll von den Schülern nach selbstgemachten Regeln verwaltet werden. Jeder hat bestimmte Aufgaben, Ämter und Pflichten in der Gemeinschaft zu erfüllen, hat bestimmte Tagesforderungen, die in seinem „Trainingsplan" festgehalten sind, über die er sich am Abend gewissenhaft Rechenschaft abzulegen hat. Hahns Plato-Studien der „Politeia" haben seine Pädagogik sehr geprägt.

Der Salemer Schulstaat

Nur den Besten, den Schülern, die sich in Selbstdisziplin und Selbstverantwortung stabil erwiesen haben, kann Verantwortung für andere und das Wohlergehen der Gemeinschaft anvertraut werden, denn nach Hahn *braucht die Demokratie das Salz der Aristokratie — die Aristokratie des Dienens!* Diese Führungselite ist im Salemer aristokratischen Ständestaat die Gruppe der „Farbentragenden". Das Konzept der mit einem lila Stoffstreifen am grauen Schulanzug ausgezeichneten Mitglieder der Schülerselbstregierung hatte Hahn von Eton übernommen. Sie ergänzten sich durch Kooption; der Charakter des Kandidaten und seine Loyalität zu den Salemer Gesetzen waren ausschlaggebend — ein einziges Veto verhinderte die Aufnahme in den Kreis der Farbentragenden, die also eher einem Orden als einem Parlament vergleichbar waren.

Die Farbentragenden und an ihrer Spitze der vom Schulleiter ernannte „Wächter" waren für die Gesamtatmosphäre verantwortlich und hatten darüber zu wachen, „daß Salem keinen Schaden nehme an Ehre und Gesittung."

Kurt Hahn über Erziehungsziele Salems
(„Salemer Reife")

Der Arzt, der Beamte, der Gelehrte, der Wirtschaftler
— ein jeder von ihnen sollte eigentlich über die höchste
Menschenkraft verfügen, will er seinem Beruf genügen.
Ich verweise hier auf die Eigenschaften, die im
Salemer „Abschließenden Bericht an die Eltern" aufgeführt
werden:
Gemeinsinn:
Gerechtigkeitsgefühl:
Fähigkeit zur präzisen Tatbestandsaufnahme:
Fähigkeit, das als recht Erkannte durchzusetzen:
  gegen Unbequemlichkeiten
  gegen Strapazen
  gegen Gefahren
  gegen Hohn der Umwelt
  gegen Langeweile
  gegen Skepsis
  gegen Eingebungen des Augenblicks
Fähigkeit des Planens:
Fähigkeit des Organisierens:
  Einteilung von Arbeiten
  Leitung von Jüngeren

*Fähigkeit, sich in unerwarteten Situationen zu
bewähren:*
Geistige Konzentrationsfähigkeit:
  bei Arbeiten aus dem eigenen Interessenkreis
  bei Arbeiten außerhalb des eigenen Interessenkreises
Sorgfalt:
  im täglichen Leben
  bei der Erfüllung besonderer Pflichten
Handgeschicklichkeit:
Äußere Lebensgewohnheiten:
Leistungen im Unterricht: (. . .)

Praktische Arbeiten:
Künstlerische Leistungen:
Leibesübungen:
  Kampfkraft
  Zähigkeit
  Reaktionsgeschwindigkeit
Die hier verlangte Eignung geht nicht über das hinaus,
was die Aufgaben der Gegenwart zu ihrer sinngemäßen
Bewältigung verlangen.

aus: Kurt Hahn: Die nationale Aufgabe der Landerziehungsheime.
Pläne für eine Erziehungsbewegung (1928/1931)

Der schwerste Fall ist aber sein Onkel, der ist 1.) schon alt und 2.) Professor. Herr Hahn will ihn ebenso wie uns fleisch-, nikotin- und alkoholfrei erziehen. Aber er bekommt immer wieder Rückfälle. Herr Hahn ist der Ansicht, daß der Onkel zu viel schläft und deshalb immer wieder Rückfälle bekommt. Deshalb hat er auf den Nachmittag einen Gesangsverein bestellt, der den Onkel vor dem Nachmittagsschlaf bewahrt hat. So wirkt Herr Hahn vorbildlich als Erzieher und wir haben unsere Freude daran.

(„Telramunds" Hausaufsatz)

Der Schulmann Karl Reinhardt

Neben dem Politiker Prinz Max und dem „pragmatischen Idealisten" Kurt Hahn gab es einen dritten Gründervater: Geheimrat Karl Reinhardt. Er war ein hochbedeutender Lehrer seiner Zeit, der Schöpfer des Frankfurter Goethe-Reform-Gymnasiums und vertraut mit Schulplanung und Bürokratie durch sein hohes Amt im preußischen Kultusministerium. Da er seit seinem Besuch 1912 in Schottland als Gast Kurt Hahns von dessen Plänen für eine neuartige Erziehung überzeugt war — er hatte damals scherzhaft versprochen, wenn Hahn

seine Schule gegründet habe, wolle er als sein erster Direktor kommen! — folgt er 1919 dem Ruf nach Salem und übernimmt die Studienleitung.

Salems progressive Konzeption, Gymnasium mit humanistischem Zweig und Oberrealschule, geht auf Karl Reinhardt zurück. Ebenso der gute schulische Ruf Salems unter diesem berühmten Schulmann. Der damals 70jährige stand dem 34jährigen genialen Hahn in nichts nach; auch für ihn war die Einheit von Erziehung und Unterricht leitende Idee. Deshalb ist die Erreichung eines soliden fachlichen Schulabschlusses — mittlere Reife

Die „Eidesformel" des Salemer Schulstaates

„Die Farbentragenden haben darüber zu wachen, daß Salem keinen Schaden nimmt an Ehre und Gesittung. Sie hüten die Salemer Gesetze und sollen mehr von sich fordern als von anderen.

Es ist ihre Aufgabe, die Schwachen zu schützen und die Gewalttätigen zu hindern.

Salem muß in jedem Fall auf sie rechnen können, denn sie tragen die Farben und sind Vertreter der Schule nach außen und innen.

Wer glaubt, in der steten Bemühung um die Erfüllung dieser Forderungen nicht durchhalten zu können, soll die Farben ablehnen, wenn sie ihm angeboten werden."

oder Abitur — selbstredend. Das eigentliche Anliegen ist aber auch für den Studiendirektor die Bildung des Menschen.

Bis zu seinem Tode 1923 hatte der Geheimrat am Leben der Salemer Gemeinschaft regen Anteil; noch am Tage seines Todes nahm er am Morgenlauf teil.

So groß auch sein Wissen, so einzigartig auch seine Begabung als Lehrer, höher noch stand der Mensch, so charakterisiert Prinz Max Salems ersten Studienleiter. „Jupiter tonans" war ein Beiname für ihn, aus dem wahre Ehrfurcht sprach, denn *in heiligem Zorne konnte er entbrennen und seine Stimme donnerte, wenn er dem Unrecht, der Lüge oder der Lieblosigkeit begegnete* (Prinz Max).

Leitmaßstab der Salemer Erziehung

ist für die Gründer: die ungeschriebenen Gesetze sittlichen Handelns in der Persönlichkeit des Heranwachsenden so zu verankern, daß sie ihm zur zweiten Natur werden: gegen Egoismus, Zwietracht, Anmaßung und Servilität; Niederlagen einstecken und Haltung bewahren können; vor allem Mut, das als Recht Erkannte durchzusetzen — auch gegen Gefahr, Bequemlichkeit, Skepsis, Langeweile und gegen Hohn und Spott der Umwelt.

Koedukation

In den Kreis dieser drei erlauchten Schulgründer reihte sich Marina Ewald sogleich bestens ein. Mit Kurt Hahn war sie durch ihren Bruder von Jugend an bekannt, und Hahn hatte sie schon als Schulmädchen für würdig befunden, seine Gedanken über eine neue Erziehung zu teilen. Nun holte er sie nach Salem aus der Odenwaldschule, dem Landerziehungsheim Paul Geheebs. Ihr Beitrag zum Salemer Konzept ist die praktische Umsetzung von Hahns grundsätzlicher Entscheidung zur Koedukation — für die damalige Zeit auch an Landerziehungsheimen nicht ganz selbstverständlich.

Das weibliche Element in der *fraternity* (wie Hahn in einem Brief an Marina die Gruppe von Erziehern nennt), die Salems Internat organisiert, wird von Beginn an durch Frau Professor Lina Richter verstärkt: eine Dame par excellence, profunde Kennerin der Politik und Zeitgeschichte, Hahns Mitarbeiterin im Auswärtigen Amt während des Krieges. Eigentlich war sie zur Bearbeitung der Dokumentation zum Rechenschaftsbericht des Prinzen Max aus der Reichskanzlerzeit nach Salem gekommen. Mit ihr kamen drei ihrer vier Kinder, zu denen sie sogleich alle Salemer Schüler hinzuzählte. Sie nähte, strickte und häkelte — auch in den Konferenzen — bereitete ihren Deutschunterricht oft nachts vor, korrigierte nicht nur die Hefte ihrer Klassen, sondern oft auch die von Hahns Englisch-Klasse! Mit Fräulein

Anna, der Küchenchefin, wurden die Speisepläne gemacht, so wie es in Berlin schon gehalten worden war. Denn Fräulein Anna kam mit Richters aus dem großen Berliner Haushalt mit nach Salem — wie auch die Möbel, die Tischwäsche, das Silber und das vielzählige Porzellan, die zusammen mit der „Ausstattung mit Weißzeug" durch Prinz Max den Grundstock der Internatsausstattung bildeten.

Das Projekt, an dem ab Frühsommer 1919 unablässig gearbeitet worden war und das am 23. Dezember 1919 die Genehmigung der Badischen Kultusbehörde erhalten hatte, begann im Nordflügel des Schlosses. Ostern 1920 kann die Schule Schloß Salem, Gymnasium mit Internat eröffnen: am 14. April 1920 ist feierliche Eröffnung, am 21. April ist Schulbeginn für 28 Schüler: acht Interne, darunter die beiden Kinder des Prinzen Max, Prinzessin Alexandra und Prinz Berthold, der der erste „Wächter" der Schule wird, die drei Richter-Kinder sowie ein Enkel des Geheimrats zusammen mit 20 Tagesschülern aus dem Salemer Tal.

Die Schloßschule, die letzte in der Reihe der markgräflichen Schulstiftungen, war mit einem Startkapital und einem Stipendienfonds ausgestattet worden, wobei das Stiftungskapital aus dem Erlös von Familienschmuck der Prinzessin Max kam. 1921 erhielt Salem zusätzlich über Kurt Hahn eine deutsch-amerikanische Schenkung. So konnten in den ersten Jahren nahezu 50 Prozent Freistellen gewährt werden.

Wenn auch die Stiftungskapitalien sehr bald von der galoppierenden Inflation aufgezehrt sind, kann das Überleben der Schule dank der Spenden, die Marina Ewald 1922/23 in den USA sammelt, gesichert werden. Um einer nochmaligen Geldentwertung vorzubeugen, wurde damals das Gut Hei-

Aus einem Brief Kurt Hahns an Marina Ewald

Salem, den 19. September 1919

Liebe Marina,

ich hatte immer gehofft, ich könnte auf ein bis zwei Tage in die Odenwaldschule kommen. Leider stellt sich das als unmöglich heraus. Ich möchte nun heute Ihnen die hiesigen Pläne schriftlich mitteilen, damit wir sie bei Ihrem versprochenen Besuch Anfang Oktober ausführlich durchsprechen können.

Zunächst die Lage: ca. 400 Meter hoch, Bodensee in einer Stunde 10 Minuten zu erreichen, Heiligenberg 800 Meter in der gleichen Zeit. Klima im Sommer und Frühherbst wunderbar. Auch gute Wintermonate. Aber Spätherbst und Winter sehr häufig neblig und feucht. Ernährungsverhältnisse gut. Eigener Bauernhof. Schloß altes Zisterzienserkloster. Das Schulreich würde auf dem einen Flügel sein. Tennisplatz ist da, muß aber noch verbessert werden. Fußball- und Hockeywiesen sind vorhanden, aber kommen erst nächstes Jahr auf englische Höhe. Ich erwähne noch ein unentbehrliches Zubehör. Wir haben eine wunderbare Kirche mit einem Glockenturm, der zweimal schlägt, genau wie in Oxford. Wir haben drei Quadrangles, und das Haus wird jeden Abend durch zwei große Tore geschlossen. Ich kann von Ihnen natürlich noch keine Antwort erwarten, aber ich glaube beanspruchen zu können, daß Sie es sich ansehen, bevor Sie nein sagen. (...)

Stets Ihr Kurt Hahn

ligenholz beim Hermannsberg erworben, dessen Pachtgewinn bis über den 2. Weltkrieg hinaus dem Stipendienfonds zugute kam.

Der Schülerstrom nimmt ständig zu. Der *Liliputstaat* wächst. Bereits 1924 hat Salem 75 Schüler — 55 Jungen und 20 Mädchen — 35 davon sind Tagesschüler. Zu danken ist das nicht zuletzt dem Nachfolger Reinhardts, Geheimrat Wilhelm Schmidle: renommierter badischer Naturforscher und Landesgeologe, Direktor der Konstanzer

Kurt Hahn
(5. Juni 1886 bis
14. Dezember 1974)

Reformpädagoge,
zusammen mit Prinz
Max von Baden
Gründer der Schule
Schloß Salem;
Gründer der
Salemer Zweig-
schulen Hermanns-
berg, Spetzgart,
Hohenfels und
Birklehof.
Gründer der British
Salem School
Gordonstoun und
ihrer Zweigschulen.
Gründer der
Outward-Bound-
Kurzschulen und
der United World
Colleges weltweit

Schloß Salem:
Nordfassade des
Prälaturgebäudes
der ehemaligen
Zisterzienserabtei
(1697) — der
„Nordflügel" — wo
die Schule Schloß
Salem 1920 als
„Liliputstaat"
begann (heute
ausschließlich
Wohnbereich der
Markgräflichen
Familie)

„In Salem fing alles
mit Hockey an . . ."
Schon vor Schul-
eröffnung gab es den
„Salemer Hockey
Club": Gruppenbild
mit dem Freiburger
Hockey Club (in
Weiß), beim ersten
Wettspiel, am
26. Oktober 1919
in Salem: Kurt Hahn
(ganz rechts), Prinz
Max (mit Schirm-
mütze) mit Gemahlin
und Tochter,
Prinz Berthold
(Mitte der Salemer
Mannschaft),
Otto Baumann,
Marina Ewald

55

Geheimrat
Karl Reinhardt
(1850 bis 1923)

Erster Studien-
direktor und „dritter
Gründervater" der
Schule Schloß
Salem, mit seinem
Goethe-Leitwort,
auf einer Zeichnung
um 1922

UND SoLANG DU DAS NICHT | BIST DU NUR EIN TRÜBER
HAST | GAST
DIESES: STIRB und WERDE! | AUF DER DUNKELN ERDE

Karl Reinhardt

Als guter Sportler — noch mit 60 Jahren hatte
Reinhardt schwimmend den Bosporus überquert!
— nahm er an sportlichen Aktivitäten der Schule
teil, besonders gern am Schlittschuhlaufen auf dem
Killenweiher . . .

„Förderung und Forderung" — das war sein Er-
ziehungsprinzip: Einmal sah er das schlechte Zeug-
nis eines Schülers, der auf einem weit entfernten
Bauernhof zu Hause war. Reinhardt schickte es
nicht ab, sondern machte sich selbst zu Fuß auf den
Weg, um den zu erwartenden Zorn des Vaters zu
beschwichtigen, ehe der sich über den Sohn entlud.
Und die Schüler sahen, daß von ihnen allen mehr
erwartet werde, als nur „seine Pflicht zu tun." □

Letzte Nachrichten.

Schloß Salem, 14. März Nachdem
am 23. Dezember 1919 die Markgräfl. che Schulstiftung Salem die Genehm'gung des badischen
Staatsministeriums erhalten hatte, ist nunmehr auch
der eingereichte Lehrplan vom Staatsministerium
genehmigt und der Eröffnung der Schule zu Ostern
zugestimmt worden Die aufnehmenden Schüler,
Knaben und Mädchen, werden je nach ihrer Eignung und den Wünschen der Eltern nach dem
Lehrplan einer Realschule, einer landwirtschaftlichen
Realschule oder eines humanistischen Gymnasiums
unterrichtet werden. Im ersten Schuljahr werden
die Klassen: Quarta, Unter- und Ober-Tertia geführt werden. Außerdem ist die Einrichtung einer
Übergangsklasse von der Volksschule nach
der Quarta vorgesehen. Die Zahl der Schüler ist
zunächst begrenzt.

Leiter der Schule wird Geheimrat, Professor
Carl Reinhardt früher Direktor des Goethe-
Gymnasiums in Frankfurt a. M. Für Eltern,
die sich nach Einzelheiten erkundigen wollen, ist
eine Sprechstunde am Mittwoch und Samstag
von 11—1 Uhr im Schloß Salem eingerichtet.
Der Tagesschule gliedert sich ein Alumnat an,
das anfangs nur eine geringe Anzahl von Kindern
aufnehmen soll Anmeldungen zu Ostern können
noch berücksichtigt werden. Auch einige Freistellen
sind im Alumnat noch zu besetzen. Söhne im
Kriege gefallener Badener haben unter gleich Geeigneten das erste Anrecht Anfragen sind zu richten an die Leitung des Internats Schloß Salem
Bodensee (Baden.)

(Aus dem „BOTEN VOM SALEMERTAL",
vom 15. März 1920)

Brief von Kurt Hahn an Marina Ewald in der Odenwaldschule, vom 22. November 1919: Dank für ihre Zusage (vom 16. des Monats), der „Fraternity" (Zeile 14) — dem Salemer Gründungsteam — beizutreten.
Unten links: eigenhändiger Gruß von Lina Richter

Oberrealschule und des Meersburger Lehrerseminars im Ruhestand. Mit ihm hatte Salem wieder eine hochprofilierte Erzieherpersönlichkeit gewonnen, die die Schule als Studienleiter bis 1930 vortrefflich führte: durch die ersten erfolgreichen Abiturprüfungen der Salemer als Externe in Konstanz und ab 1929 dann in Salem selbst.

Wie sah nun die Salemer Erziehung „in praxi" aus?

Monika Mann, jüngere Schwester Golo Manns, die von 1922 bis 1926 in Salem war, dann Pianistin in Genf wurde, schreibt in ihren Erinnerungen „Vergangenes und Gegenwärtiges" (1956) über ihre Salemer Zeit:

Ich kam in ein sogenanntes Landerziehungsheim, wo „Schule" und „Leben" zur harmonischen Einheit verschmolzen. Der Lehrer war zugleich Freund und Mentor, und bei der Disziplin, die dem Kind für den ganzen Tag auferlegt wurde, bekam es bald eine moralische Selbständigkeit, ein Selbstverantwortungsgefühl, bislang unbekannt ... Alles stand jetzt unter dem Aspekt der Ganzheit: die Schüler oder Zöglinge waren Kameraden, Mitmenschen, vor denen man sich ebenso umfassend zu beweisen hatte wie vor den Obrigkeiten; hier gingen — auf elementare Weise, versteht sich — Pflicht und Humanität und Freude Hand in Hand.

Schule und Internat befanden sich bis 1925 im Nordflügel, dehnten sich aber schon bald auf den Süd- und Westflügel im Konventsgebäude aus. In altehrwürdigen, karg eingerichteten alten Mönchszellen Schlafräume für drei, vier, auch schon einmal für sechs Schüler, mit Klappbetten, Lattenrost und harter (Stroh-)Matratze eher spartanisch! Auch die Waschrituale mit Abseifen und Bürsten waren bis zum Einbau von Duschen (im heutigen

„Bademax"

Nach dem Tode Geheimrat Reinhardts 1923 wurde Fräulein Ewald von Prinz Max beauftragt, bei Geheimrat Schmidle vorzufühlen, ob er bereit wäre, die Leitung Salems zu übernehmen. Sie suchte ihn in seiner Konstanzer Wohnung auf und trug ihr Anliegen vor. Als sie geendet hatte, sprang er auf, lief energisch hin und her und stieß heraus: „E Förschtediener bin I net, e Förschtediener werd I net." Dann setzte er sich wieder hin und sagte zu ihr gewandt: „Das könnet Si Ihrem Bademax sagge."
(M. Ewald)

Die sieben Gesetze Salems (1930)

Erstes Gesetz
Gebt den Jugendlichen Gelegenheit, sich selbst zu entdecken!

Zweites Gesetz
Sorgt dafür, daß Jugendliche Erfolg und Niederlage erleben!

Drittes Gesetz
Schafft den Jugendlichen Gelegenheiten, sich über die gemeinsame Sache selbst zu vergessen!

Viertes Gesetz
Schafft Zeiten des Schweigens — Schafft Raum für Sammlung!

Fünftes Gesetz
Übt die Vorstellungskraft, die Fähigkeit vorauszuschauen und zu planen!

Sechstes Gesetz
Nehmt Spiel und Sport ernst, aber lasst sie nicht beherrschend sein!

Siebtes Gesetz
Befreit die Kinder der Reichen und Einflussreichen von dem lähmenden Bewusstsein ihrer Bevorzugung!

Feuerwehrmuseum) — kalte Duschen natürlich! — eine recht komplizierte Angelegenheit. Und als es die Duschräume gab, gefroren die Steinfliesen im Winter oft zu Eisbahnen.

Um so gemütlicher die Abende im großen Wohnraum der ehemaligen Abtswohnung mit den prachtvollen Stukkaturen, Treffpunkt der Großen und Kleinen; bei Spirituslampe und Klavier, Spielen und Erzählen ...

Vom Morgenlauf und kalten Güssen, gesundem „Pamps" — Haferporridge zum Frühstück, über interessanten Unterricht — neben Hahns und des Geheimrats Lektionen wird noch der Deutschunterricht Otto Baumanns, Lehrer und Mentor der ersten Stunde, besonders gelobt; der geologische Anschauungsunterricht vom Geheimrat Schmidle, mit strapaziösen Exkursionen ins Sipplinger Dreieck bei Spetzgart oder den vulkanischen Hegau, erreichte Universitätsniveau! Sodann Unterbrechung des akademischen Unterrichts durch die leichtathletische „Trainingspause" mit individuellem Turnprogramm. Das Mittagessen war sehr einfach. Man hatte eigentlich immer Hunger, doch Zwischenmahlzeiten waren nicht erlaubt; Süßigkeiten von Zuhause kamen in die „Schatzkiste" und wurden ab und zu an alle gerecht verteilt. Nach dem Essen gab es erst einmal eine Liege- oder Ruhepause, im Wohnzimmer, flach auf dem Boden, mit Kopfkissen; da wurde vorgelesen.

Zweimal die Woche — nicht öfter! — denn Sport soll *mächtig, aber nicht übermächtig sein!* (Hahn) — war Mannschaftssport: Hockey. Tennis und Cricket wurde auch gespielt; die Sportflächen waren größtenteils von den Schülern selbst angelegt. „Werkarbeit", solche und andere, tätige Mithilfe in Haus und Hof, gab es auch nachmittags. Denn mit Hilfe der Schüler wurde eine kleine Landwirtschaft betrieben — lebensnotwendigerweise! — mußte die Schule in den ersten, wirtschaftlich schweren Jahren doch versuchen, als annähernd autarke Gemeinschaft über die Runden zu kommen.

Im Anfang war die Kuh . . .

beschreibt Marina Ewald deshalb dieses Phänomen, daß Salem ohne die Kühe keine weiteren Schüler hätte aufnehmen können. Ein Pferd und ein Schwein gab es auch. Man betrieb auch Geflügelhaltung auf einem verpachteten Bauernhof beim Hermannsberg.

Mithilfe bei der Heuernte . . .

Am wichtigsten war der große Garten vor dem Stockacher Tor, zwischen den beiden Armen der Aach angelegt: Kohl, Kartoffeln, Möhren, Salat, Tomaten in Kästen . . . unter Anleitung der Gärtnerin, Fräulein Casel, genannt „Dschungel", waren die Schüler tätig.

Die Bedeutung der Verantwortung eines jeden mit seinen speziellen Aufgaben für die Gemeinschaft lernte sich da von selbst.

Die „Innungen" mit der handwerklich-praktischen Arbeit bei verschiedenen Salemer Handwerksmeistern, in deren Familie sich der Beruf schon seit Generationen vom Vater auf den Sohn weitervererbt hatte, gehörten auch zu den „Pflichtfächern", wie sie Prinz Max fest im Salemer Erziehungskonzept hatte verankern lassen: sie übten Präzision, Augenmaß, Zuverlässigkeit und Geduld. „Herolde", geistige Innungen, mußten sich stets mehr anstrengen, standen sie doch mit ihrer gewählten Arbeit, deren Ergebnisse sie von Zeit zu Zeit vortragen mußten, in edler Konkurrenz zu den handfesteren Innungen.

Die Verantwortung für Organisation usw. trugen „Helfer", die den „Farbentragenden" angehörten.

Theater — das Markenzeichen Salems

Von Anfang an waren Musik, Chormusik zumal, und das Theaterspielen ganz wesentliche Elemente des Salemer Lebens. Viel Selbstgemachtes gehörte dazu, Szenen aus Homer — im Deutschunterricht — oder Hahns dramatisierte Fassung von Caesars „Bellum Gallicum". Die großen Theateraufführungen im Sommer beschäftigten die gesamte

Dicker Kurt

Beim Hockey: Kurt Hahn zu Wilhelm Jensen im engsten Gewimmel: „Blöder Hecht." Dieser beleidigt: „Warum?" Antwort: „Hecht ist kein Schimpfname und blöde bist Du." Darauf Wilhelm: „Dann könnte ich sagen: „Dicker Kurt. Denn Kurt ist kein Schimpfname und dick sind Sie."

(W. Jensen)

„Kommi" sorgt für Ordnung in Salem

Schrankordnung: „Hemden tip top! — daß man mit dem Messer daran entlang schneiden kann."

59

Sellitte kalbt

Eine der Niederkünfte unserer ersten Kuh Sellitte zog sich ungebührlich lange hin, so daß Beunruhigung bis zur Schulleitung gedrungen war. Vor dem Leiterzimmer wartete ein bekannter, etwas pompöser Schriftsteller (Ludwig Finckh) auf Einlaß. In dem Augenblick, als er vorgelassen wurde, drängte sich der aufgeregte Bote aus dem Stall noch vor ihm in die Tür und rief triumphierend: „Das Kalb ist da!" So war der Dichter denn noch nie eingeführt worden. (M. Ewald)

Salem*

Von Ludwig Finckh

Aus kleinen Anfängen wurde mit zäher Folgerichtigkeit der große Bau dieser Schule aufgeführt, die nun auf zehn Jahre Leben und Bewegung zurückblickt. Der Name Schloßschule Salem bedeutet ein Programm. Eine wohlbedachte Verfassung gab den Schülern und Schülerinnen Anteil an der Selbstverwaltung, die sich nach innen vollzieht. Der Leitstern, der über Salem steht, heißt Verantwortung.

Die drei Schulabteilungen in Salem, auf dem Hermannsberg, in Schloß Spetzgart sind von einem Geist beseelt... der Erneuerung, der Reform unseres Wesens, und Kurt Hahn sprach es aus, unter den mächtigen Bogengewölben des Stockacher Kellers in Schloß Salem: nicht die kalte, gemütlose Naturwissenschaft, die amerikanisierte Schule für die Oberfläche ist Ziel, sondern eine schöpferische, phantasiefrohe, seelischreiche und verinnerlichte deutsche Arbeitsschule.

Man sah Julius Cäsar unter den Bäumen vor dem Rentamtsgebäude aufgeführt, — wie alle klassischen und antiken Stücke in der Salemer unvergeßlichen Prägung, die Leben, kaum noch Theater ist, — man sah Reiter und Reiterinnen am Hardtwald, Märchenspiele auf dem Hermannsberg frisch und unverkünstelt von den Jüngsten, wie sie nur in der Natur erwachsen können; man sah die Werkstattarbeiten der Holzschnitzer, Schlosser und Bauleute, Ausfahrt der Yachten und Rennboote von Spetzgart, Hockey Alt gegen Jung, wobei der jugendliche Markgraf Bertold Alt-Salem verteidigte; man hörte wundervolle Abendmusik im Betsaal — Haydn — und ließ noch spät im Kaisersaal den Salemer Film vorüberziehen: hinreißend in der Fülle seiner Bewegtheit. Undertags verklang das kostbar gespielte „... Bier von Sevilla" — Alles schlicht mit den einfachsten Mitteln, die Person hinter die Sache zurückgestellt, keine Stümperei, in überraschend hoher Kunst, von einem religiösen Unterton durchwirkt, wenn man Religion als Ergriffenheit und Versenkung in das Heiligste der Menschenbrust faßt.

Ein großer Kreis bedeutender Männer und Frauen aus Deutschland hörte zu.

Salem ist ein blühendes Werk deutscher Zukunft. Seit dem württembergischen Herzog, der die Karlsschule gründete, scheint mir kein Fürst einen fruchtbareren Gedanken der Erziehung gefaßt und in die Tat umgesetzt, keiner eine glücklichere Hand in der Wahl pädagogischer Berater gehabt zu haben, als Prinz Max. Sorge der Zeit versinkt vor diesem aufrechten Willen zur Entwicklung aller Kräfte, zur Bejahung.

Zeitschrift vermutlich „Schwäbischer Merkur" vom 15. August 1930

Schule, sie wurden zu einem „Markenzeichen" Salems. Gäste, manchmal über eintausend, kamen von nah und fern, wenn die Salemer vor dem Rentamt Schiller spielten oder — von Prinz Max und Kurt Hahn besonders geschätzt für die Entwicklung des jugendlichen Charakters! — Shakespeare. Die „Antigone" des Sophokles, in einer eigens angefertigten Übersetzung durch Salemer Lehrer, wurde 1926 sogar in Arosa, Graubünden, im Kurtheater vor illustrem Publikum aufgeführt.

Auch Geländespiele, „Trapper und Indianer", im großen Stil angelegt, und „Streiche" hatten ihren festen Platz in Salem, hielt Hahn sie doch für besonders geeignet, Phantasie, Initiative und Organisationstalent zu wecken. Und Hahn war meistens, die beiden Geheimräte und andere Erwachsene öfter involviert.

Gegen schlechte Haltung — Wehrsport

Verstärkt ab 1926 wurde in Salem vormilitärische körperliche Ertüchtigung getrieben, in einem Rundschreiben an die Eltern vom 9. Juli 1932 „Wehrsport" genannt: Die sportliche Ausbildung der Jungen sollte durch eine soldatische Erziehung ergänzt werden, denn Hahn meinte zu erkennen, „daß die reine Kampfspiel- und leichtathletische Ausbildung eine schlechte Körperhaltung begünstigt." Soldatische Erziehung, Exerzieren in Salem, stand für Prinz Max nach dem 1. Weltkrieg, der Zeit der Beschränkung der Reichswehr durch den Versailler Vertrag und als „Kampf um Gleichberechtigung" im Dienste staatsbürgerlicher Erziehung. Hahn sah das ebenso. Vorbild war auch hierbei die englische Erziehung der Public Schools, wo die Vorbereitung der Jüngeren auf den militärischen Dienst für ihren Staat zur Erziehung einer verantwortungsvollen Führungselite ganz selbstverständlich hinzugehörte. Aber auch Gedanken der preußischen Reformer Scharnhorst und Gneisenau von der Erziehung des „Staatsbürgers in Uniform" nach „Preußens tiefster Erniedrigung" — der militärisch-moralischen Niederlage 1806 gegen Napoleon — standen Pate bei diesem Aspekt der Salemer Erziehung. Und er wurde schon zur damaligen Zeit sehr kontrovers gesehen. Die heftigste Attacke ritt hierbei W. E. Süßkind in seinem Feuilleton-Artikel des „Berliner Tageblatts" vom 30. August 1932:

Von Goethe zum Parademarsch. Gerade Salem, „über das man bisher immer nur das beste gehört hatte, das unter seinem Leiter Kurt Hahn . . . eine etwas anglophile, aber gediegen-moderne Land-Erziehung" bot, habe mit der „Einführung wehrsportlicher Kurse" für seine Primaner „Tuchfühlung nach rechts aufgenommen", und „Hahn reimt sich auf (Turnvater) Jahn." Besonders verübelt es Süßkind, daß ein Goethe-Zitat über die Notwendigkeit „soldatischer Erziehung" verwendet wird, wohl um dem „Miniatur-Wehrerlaß" in Salem höhere Weihen zu geben. Kurt Hahn antwortete auf diesen Angriff am 14. Oktober 1932 in derselben Zeitung mit seinem Artikel *Das Programm von Salem* souverän, doch engagiert. Merkwürdigerweise werde Salem wegen seiner Gesinnung von Pazifisten und N.S.D.A.P. zugleich angegriffen. „Aus dieser doppelköpfigen Feindschaft schöpfe ich die Hoffnung, daß wir auf dem rechten Wege sind." Die Unterstellung opportunistischen Schulterschlusses mit „Rechts" wies er klar zurück: Salem habe den Begriff „Wehrsport" von den Pfadfindern entlehnt, die sich doch wohl auch nicht „bei Hitler anbiedern" wollten, und darüber hinaus hätte schon der

Gründungsauftrag des Prinzen Max 1920 — wie die „Salemer Reife" und die Bedingungen zur Aufnahme in den Alt-Salemer-Bund belegen könnten — körperliche Ertüchtigung in Salems Erziehung fest eingebaut.

Weltoffenheit und Toleranz in der Provinz

Und natürlich bot die „gottbegnadete" Bodenseelandschaft — in den Zwanzigern und Dreißigern noch viel mehr herrlich verschlafenes Paradies — für Wanderungen, Radtouren, Abenteuer unendliche Gelegenheit: Provinz sehr wohl, doch eine, von deren merkwürdigem Zentrum — der Schloßschule Salem — der Ruf schon bald die badischen Landesgrenzen, ja die deutschen Reichsgrenzen überschritt; zu dem andererseits auch die Großen der Welt ihren Weg fanden.

Hahns unendliches Beziehungsnetz fing so manchen ein! — Es kamen Thomas Mann (natürlich) und Albert Schweitzer; der bekannte Publizist Rohrbach und der Philosoph Leopold Ziegler, der sogar ein ganzes Werk, „Magna Charta einer Schule", der Salemer Erziehungskonzeption widmete. Reichspräsident von Hindenburg kam 1928 zu einem sommerlichen Kurzbesuch zum Prinzen Max nach Schloß Kirchberg, der ehemaligen Sommerprälatur der Salemer am Bodensee, und die Schüler brachten ihm ein Ständchen . . .

Die britischste aller deutschen Schulen

Schüler und Lehrer kamen nicht alle nur aus Deutschland, auch Franzosen, Griechen, Amerikaner waren in Salem. Von Anfang an spielen „unsere Engländer" eine besonders wichtige Rolle in Salem und Salems internationaler Ruf eine nicht unerhebliche Rolle für den weiterhin politisierenden Pädagogen Hahn. Lehrer- und Schülerbesu-

Elterliches Vertrauen

Ein Bauer wollte durchaus seinen Sohn nach Salem geben, ohne auf irgendeinem Gebiet etwas besonders Anerkennendes oder Förderungswürdiges über ihn sagen zu können. „I denk halt", war seine Begründung, „den Bue könnt man auch ganz andersch hinstelle." (M. Ewald)

61

„Union der Farbentragenden": wöchentliche Versammlung der Schülervertretung, bei ihrer Sitzung im Kapitelsaal (1929). Auch Erwachsene konnten zur „Farbentragenden" hinzugewählt werden; auf dem Foto sieht man Lina Richter (am Tisch sitzend, 2. von rechts)

Die Farbentragenden

62

Foto vom berühmtesten „Streich", dem Radja-Streich, 1928

Schüler-Karikatur (1930): Marina Ewald hat es immer eilig!

63

Die Salemer
„1. Hockey-Mann-
schaft"
(Prinz Berthold,
links) 1925

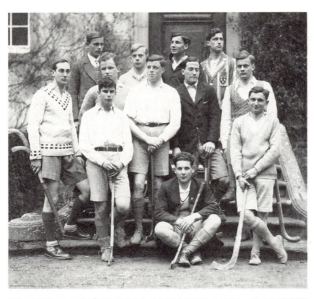

Geheimrat
Wilhelm Schmidle,
Salems zweiter
Studiendirektor
1923 bis 1930.
„Hephaistos", „der
Geheime".
(Eigenhändige
Widmung zu
seinem Portrait
1931: „Zum
Andenken an einen,
der in Salem recht
glücklich war")

Chemiepraktikum
(1930) im natur-
wissenschaftlichen
Fachraum

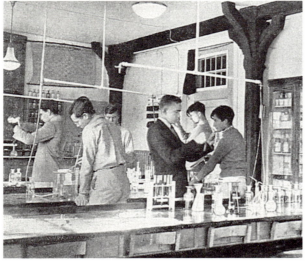

Professor
Otto Baumann
(1890 bis 1981).
1918 Erzieher der
Kinder des Prinzen
Max, Mitgründer,
Lehrer und Mentor
in Salem ab 1920.
Unterrichtete
Deutsch und
Geschichte — und
war ein Virtuose am
Klavier!

Der Salemer Eßsaal
(1929)

Keine Zwischen-
mahlzeiten!

Natürlich nicht!
Man aß den Kuchen
von Zuhause gleich
nach dem Mittag-
essen.

„Riposo dopo
pranzo" —
Liegepause nach
dem Mittagessen, in
Spetzgart auf der
Südterrasse (1932)

che, Austausch auch für ein Semester, ein Jahr erfolgten; man war neugierig auf diese Schule.

So Mr. Claude Sutton, mit Hahn seit gemeinsamer Studienzeit in Oxford bekannt: Er interessierte sich ganz besonders für die progressive Salem-Erziehung und gehörte für einige Zeit zum Salemer Kollegium in der Aufbauphase, ehe er um 1929 seine Position als Don in Oxford antrat. Mr. Sutton („Sister Mutton") ist einer der Initiatoren der selbstgebauten „Technikerhütte" beim Hermannsberg.

Besonders wichtig für Hahn und für Salem wurde Geoffrey Winthrop-Young, der die Lincoln-Stiftung für deutsche Studenten ins Leben gerufen hatte, berühmter Bergsteiger, Professor für Pädagogik in London. 1931 schickte er seinen Sohn Jocelin nach Salem, auf den Hohenfels, und entschließt sich, zusammen mit seiner Frau ein Jahr Gastlehrer zu sein, um das „Salemer System" zu studieren. 1932 kommen mehrere Jungen aus den englischen Kolonien nach Salem. Es wird sogar der Plan erwogen, eine englische Juniorenschule von Engländern im Salemer Bezirk unter Salemer Leitung zu gründen. Ein englischer Bischof kommt zu Besuch, drei Kinder, Neffen und Nichte des berühmten englischen Historikers Trevelyan, gehen in Salem zur Schule. Engländer fühlen sich wohl in dieser britischsten aller deutschen Schulen.

Und dann Hahns mütterliche Freundin, Lady Cumming, die Witwe des legendären Chefs des englischen Secret Service; sie verbringt jedes Jahr etliche Monate in Salem. Als Hahn 1920 den Hermannsberg erwirbt, der dann 1925 zur ersten Juniorenschule Salems wird, besichtigt „Lady Gummi" (so nennt sie der Briefträger) dieses alte Gemäuer, Rest eines ehemaligen Nonnenklosters, lange schon verwahrlost, mit durchhängenden

Hier ruht Kurt H.

Mit Sutton auszukommen war nicht leicht, bei aller Wertschätzung. Hahn war stolz darauf, daß er es jahrelang konnte, doch verlangte er dafür auf seinem Grabstein folgende Inschrift:
„Hier ruht Kurt Hahn. Er vertrug sich mit Sutton und zertrat jeden Tag ein Gerücht." (Rokol)

Mitteilung

Ich bin einmal von einem hohen Beamten gefragt worden: „Wollen Sie mir bitte sagen, ob es wirklich wahr ist, daß die Salemer Jungen jeden Abend im Smoking erscheinen müssen?"

Die Briefe, die ich in letzter Zeit von besorgten Freunden Salems erhalte, erinnern mich lebhaft an diese Anfrage. Ich erlaube mir, zusammenfassend zu antworten mit den Worten eines Sextaners vom Hermannsberg:

Frau Gerücht.

Frau Gerücht sieht folgendermaßen aus: Sie hat ein fürchterlich großes Maul und ganz verkrumpelte Ohren, mit denen sie alles halb hört, dann verdreht, dann falsch weitererzählt. Dann hat sie eine sehr große Nase, wo sie überall herumschnüffelt. Sie hat sehr schnelle Beine, ist sehr schlampig und schmutzig. Sie ist eben kein anständiger Mensch.

(Aufsatz von Wölfchen Bulle. — Orthographische Fehler sind verbessert.)

Kurt Hahn

Decken, Schmutz und Dreck auf den alten Dielen, einem Schweineverschlag gar unter der einst repräsentativen Treppe: „Bewildering!" ist ihr Kommentar. Damals ahnt noch niemand, daß Lady Cummings Riesenhypothek auf den Hermannsberg es Hahn 1933 überhaupt erst ermöglichen wird, bei seinem Neuanfang in England genügend Startkapital zu besitzen, um Gordonstoun zu gründen.

Salem und seine Zweigschulen

Erstaunlich ist aber Salems rasantes Wachstum! 1924/25, als die Ausdehnung des Schulbereiches aus dem Nordflügel hinaus über Süd- und Westtrakt wegen der vielen anderen dort behausten Ämter und Dienststellen — zum Beispiel Forstamt und Polizei — an Grenzen zu stoßen droht, da überlegt man sehr ernsthaft die Verlegung der gesamten Schule auf den **Hermannsberg**; Pläne für den Wiederaufbau der barocken Klosteranlage im alten Umfang werden schon aktiv betrieben. Doch wird dort oben erst einmal 1925 eine Juniorenschule errichtet, und ehe die Salemer Senioren dann noch weitere Teile der ehemaligen Konventsgebäude in Salem selbst belegen dürfen, mietet man 1926 in **Bruckfelden** bei Frickingen eine Dependance für Salemer Tertianer an, etwa halben Weges zwischen Salem und dem Hermannsberg: auf einem kleinen Hügel ein Haus, in dem auch Familie Baumann und ein weiterer Lehrer leben. Die Jungen werden betreut von Salemer Senioren als „Assistenten" des Mentors. Um jeden Tag nach Salem zum Unterricht und Aktivitäten zu kommen, nimmt man das Fahrrad („Achtung bei der Rickenbacher Kurve!"), und für den Winter wird ein Kleinwagen Marke Hanomag, das sehr ulkige „Kommisbrot", angeschafft.

Doch bald wird es wieder zu eng in Salem, und 1929 wird **Schloß Spetzgart** über dem Überlinger See erworben. Ein Realgymnasium parallel zu Salem entsteht und soll nun ausprobieren, ob auch ohne Hahn selbst und ob außerhalb der Urzelle der Schule die „Salemer Methode" funktionieren wird, wie Marina Ewald über dies ihrer Leitung anvertraute Experiment berichtet. Mit „Pionieren" aus Salem ist sie bald tüchtig beim Ausbau des Gartengeländes und bei der Anlage von Sportflächen. Der Tobel wird wieder hergerichtet, und viele Wildpflanzen aus entlegenen Tobeln werden neu angepflanzt; ein Graben für eine Elektroleitung wird vom eigenen Stromkraftwerk am Tobelbach durch das Spetzgarter Wäldchen verlegt.

Ganz besonders aber durch Nutzung zweier Kutter, der großen Yacht „Schwaben", die Fräulein Ewald kauft, und der „Spetzgart", die durch großzügige Elternspenden erworben werden kann, die im schuleigenen Hafen in „Brünnensbach" gleich unten am Bodensee liegen, sind die Spetzgarter in der Lage, unter der Leitung zweier ehe-

maliger Kapitänleutnants echte Seemannschaft zu treiben. 1933 besteht Spetzgarts Flotte schon aus zwei Yachten, zwei Marinekuttern und zwei Skullern. Der Hafen: durch Selbsthilfe der gesamten Schule geschaffen; Schüler und Lehrer heben das Hafenbecken aus, die Innungen stellen die benötigten Träger und anderes Eisen- und Holzwerk her.

Und Hahn fragt bald nicht mehr ironisch, ob denn Spetzgart, dies vormalige Sanatorium — mit Dampfheizung! — nicht etwa der Verweichlichung Einlaß gewähre!

1931 dann: Erwerb des **Hohenfels**. Spetzgarter Schüler hatten auf einer Radtour diese im Dornröschenschlaf liegende, ganz mit wildem Wein überwucherte Burg im Wald über Seelfingen entdeckt. Sie wird unter Herrn Quirings Leitung sehr schnell zu einer zweiten Juniorenschule, mit eigenem Stil, doch sehr salemerisch!

Und als im Oktober desselben Jahres Kinderlähmung im Seegebiet grassiert, werden „schwächlichere" Kinder, auch Tagesschüler, in den Hochschwarzwald bei Hinterzarten zur Kur verlegt. Hier auf dem Birklehof hatte Salem schon öfter Skikurse abgehalten. 1932 wird der **Birklehof** erworben, Salems fünfte Schule. Und Salem machte auch Schule: Elisabeth von Thadden, 1925/26 Mentorin in Salem, gründet nach diesem Vorbild 1927 ihr Mädcheninternat in Wiblingen.

„Salemer" bleibt man fürs Leben

1924 hatten die ersten sechs Salemer als externe Prüflinge in Konstanz das Abitur gemacht, der siebte Abiturient des Jahrgangs mußte als Preuße auf preußischem Territorium in Sigmaringen 14 Tage zuvor die Matura ablegen. 1929 hatten sieben Humanisten und Realisten die erste schulintern abgehaltene Abiturprüfung erfolgreich be-

Dann eben ohne

Ein Achtjähriger verweigerte permanent das Schuheputzen. Alle gutmütigen Erklärungsversuche fruchteten nichts, so wurde er zur Strafe in ein Zimmer, genannt die „Villa", eingesperrt. Einmal fehlte der Schlüssel. Noch vor Wut schluchzend, riet er, ihn über dem Türrahmen zu suchen. Aber kein Schlüssel. Plötzlich hört das Strampeln und Lamentieren auf, er schluckt die letzten Tränen herunter und sagt: „Dann bleibe ich eben ohne Schlüssel drin." Was er auch tat. (M. Ewald)

standen. Man überlegt, wie ein engerer Zusammenhalt der Salemer nach ihrem Abitur institutionalisiert werden könnte: Zusammenhalt untereinander und Verbindung zur Schule. Im März 1927 wird der (Alt-)*Salemer Bund*, ein Altschülerverein gegründet. Doch ist er nicht für jeden Altsalemer gedacht, die Aufnahmebedingungen waren streng. Jeder mußte gewisse Verpflichtungen im Sinne der Salemer Erziehungsprinzipien auf sich nehmen:

1. Beteiligung an einem straff organisierten, das heißt halb-militärischen Kursus von etwa vier Wochen Dauer.

2. Einmalige Leistung praktischer Sozialarbeit mit einer Dauer von mindestens drei Monaten (als Arbeiter, im Krankenhaus, bei der Sozialhilfe etc.).

3. Alljährliche Erfüllung der Bedingungen des deutschen Sportabzeichens, dabei alkohol- und nikotinfrei leben.

Hahns Bemühungen um einen ähnlichen Zusammenschluß aller Altlandheimer, vor allem aber seine Pläne zur Gründung von Studentenheimen an den großen Universitäten sind schon sehr weit gediehen, als sie durch die politischen Ereignisse — Krise der Weimarer Demokratie und Aufstieg der NS-Bewegung vor dem Hintergrund der Weltwirtschaftskrise nach 1930 — jäh gebremst werden.

Sterbende Demokratie — Anfechtungen für Salem
Hahn hatte, wie auch Prinz Max bis zu seinem Tode 1929, vergeblich versucht, eine „Sammlung der Mitte" gegen den Rechts- und Linksextremismus zustandezubringen. 1923 hatte ein Attentat der völkisch-nationalistischen, antisemitischen „Organisation Consul" auf Hahn vereitelt werden können.

Glücklicher Zufall

Ein schöner Herbsttag 1923, Hahn macht einen Spaziergang zum Hermannsberg. Ein Gewitter zieht auf, und er stellt sich an einer Scheune unter, zu der sich bald auch ein anderer Wanderer flüchtet. Man kommt ins Gespräch, über die Welt im allgemeinen und Deutschlands Misere im besonderen. Da vertraut der junge Mann Hahn an, er sei unterwegs, um die Gegend auszukundschaften, weil man „diesen Juden Hahn — tot oder lebendig!" fangen wolle. — „Ich bin dieser Jude Hahn, den sie suchen", bekennt Hahn und schafft es, daß der junge Mann nicht nur von seinem Vorhaben abläßt, sondern sich sogar der Polizei stellt und den Attentatsplan aufdeckt. (M. Ewald)

Schwurgericht Konstanz — Ein politischer Prozeß
Unter dem Vorsitz von Landgerichtsrat Schäfer trat gestern vormittag ½ 9 Uhr das Schwurgericht Konstanz zusammen, um gegen den 25jährigen Ernst Holl, Ingenieur von Windsheim, den 21jährigen Paul Simon, Telegraphenarbeiter von Breslau, und den 25jährigen Schriftsteller Heinrich Hügli von Romanshorn, wohnhaft in Überlingen, wegen Verbrechens gegen § 49 b Reichsstrafgesetzbuchs und Vergehens gegen das Gesetz zum Schutze der Republik zu verhandeln. Allen Angeschuldigten legt die Anklage zur Last, daß sie trotz der Verordnung des Reichspräsidenten und Generals von Seeckt zum Schutze der Republik nach dem Hitlerputsch am 17. November 1923 nach Überlingen kamen, um in diesem Bezirk eine Ortsgruppe der Nationalsozialistischen Arbeiterpartei zu bilden und zu diesem Zwecke eine Propagandatätigkeit entwickelten, Mitglieder warben und Flugschriften usw., verteilten. Die Angeklagten Holl und Simon allein sind beschuldigt, daß sie sich insbesondere am 25. November 1923 mit dem Albers Schuhholz in Salem in Verbindung setzten mit der Absicht, den Privatsekretär des Prinzen Max, Kurt Hahn, innerhalb drei Wochen lebend oder tot nach Bayern zu schaffen, diesen Plan erörterten und die Ausführungsmöglichkeiten besprachen und Schuhholz zur Teilnahme zu bestimmen suchten. Die Ermordung sollte aus Gründen stattfinden, die in der Stellung des zu Ermordenden im öffentlichen Leben liegen, nämlich die Teilnahme des Hahn an den Friedensverhandlungen von Versailles und seiner Stellung als Privatsekretär des Prinzen Max während seiner Kanzlerschaft und des Einflusses des Hahn auf den Prinzen.

Durch die Einvernahme der Angeklagten und die Zeugenvernehmung wurde im wesentlichen folgender Tatbestand festgestellt:
Die Angeklagten sind einige von der großen Zahl junger Leute, die, irregeführt und verblendet durch die Nachkriegszeit und deren moralisch und erzieherisch schlechten Nebenerscheinungen, schließlich nach Abenteuern immer mehr gelüstete und dann am Bodensee landeten, wo sie sich wenigstens einige Wochen bei gutmütigen Bauers-

leuten durchfüttern ließen. Der Angeklagte Holl, zweimal wegen Diebstahls vorbestraft, war im Kriege Kampfflieger. Er gehörte der nationalsozialistischen Partei an. Hügli habe bei einer Besprechung in München gesagt, daß in Überlingen für etwa 40 Mann Unterkommen bei produktiver Arbeit neben der Propagandatätigkeit zur Gründung einer nationalsozialistischen Ortsgruppe zu finden sei. Sie reisten nun nach Überlingen. Hier sollen die Beratungen stattgefunden haben. Die Angeklagten wollten, da sie erfahren hätten, daß der Privatsekretär des Prinzen Max, Kurt Hahn, ein ganz gefährlicher Feind der völkischen Bewegung sei, diesen beseitigen.

Für die Gefangennahme des Hahn war folgender Plan zurecht gelegt: Man wollte Hahn mit dem Auto nach seinem Gute bei Heiligenholz locken, unterwegs durch ein Drahtseil das Auto aufhalten und ihn nötigenfalls mit einem Sandsack durch einen Schlag auf den Kopf betäuben, wenn er nicht durch die Herausschleuderung aus dem Auto schon betäubt worden wäre. Mit derart „Gefangenen" sollte Holl nach München fahren und er ihn dort der Oberleitung abliefern. Als entgegengehalten wurde, daß Hahn ein gewandter Sportsmann sei, dem nicht so leicht beizukommen sei, wurde von den Angeklagten entgegengehalten, daß man dann ja noch Pistolen hätte.

Alle Angeschuldigten sind im wesentlichen geständig, wollen aber nie die Absicht gehabt haben, den Privatsekretär zu töten. „Ein toter Hahn nützt uns nichts", sagte etwas humorvoll der Angeklagte Holl. Am meisten zu entlasten suchte sich der Angeklagte Hügli, der aber zugeben muß, daß er in einem Briefe an die Oberleitung nach München um die Ermächtigung nachgesucht habe, im badischen Oberland eine Ortsgruppe der Nat.-Soz. Partei zu bilden. Simon wurde als Kurier benützt und hatte zweimal nach München zu reisen, um Geld zu holen und Briefe zu bestellen. Geld bekam er nicht, dagegen Armbänder, rot mit Hakenkreuz und eine große Hakenkreuzfahne, mit denen er in Lindau verhaftet wurde. Auch Flugschriften, wonach jeder Genosse einen Juden zu töten habe, im Falle Hitler nach seiner Verhaftung nur ein Haar gekrümmt werde, fand man bei Weinfurtner und

ihm auf der Rückreise. Der als geistiger Urheber bezeichnete Hügli betont auf Befragen, daß er sich nie zu der hirnverbrannten Idee, Hahn zu töten, hergegeben hätte. Als dann bei der Unterredung mit Schuhholz dieser den Hahn als ganz guten Nationalsozialisten bezeichnete, da wurde Abstand von der Tötung genommen. Man erachtete auch eine weitere Überwachung als zwecklos. Die drei Nationalhelden machten sich dann nach dem Hof Krähenried auf, angeblich um den Gutsbesitzer Bär zu schützen; in Wahrheit aber um ihren Hunger zu stillen.

Während der Staatsanwalt die Verurteilung im Sinne der Anklage beantragte, verlangen die Verteidiger den kostenlosen Freispruch.

Das Gericht verkündete um ½ 3 Uhr nachmittags folgendes Urteil: Holl und Simon werden zu je 3 Monaten, verbüßt durch die Untersuchungshaft und Hügli zu 4 Monaten Gefängnis verurteilt. Von der Anklage der Verabredung zum Mord wurden Holl und Simon freigesprochen.

Abschrift eines Artikels aus der
„Konstanzer Zeitung" vom 9. Mai 1924

Hahn hatte schon frühzeitig vor Hitler gewarnt; doch sein Glaube an das Gute im Menschen ließ ihn die nationalsozialistische Bewegung lange Zeit eher unterschätzen. Die Augen werden ihm erst im August 1932 geöffnet, als Hitler nach dem bestialischen Nazi-Mord im oberschlesischen Potempa die Mörder als „Kameraden" verherrlicht.

Wie Marina Ewald berichtet, die damals mit Hahn zum Wandern in Schottland unweit Gordonstouns unterwegs war, erfuhr Hahn davon aus den englischen Zeitungen. Die TIMES vom 25. August 1932 kommentierte den Vorfall:

Nichts seit dem Kriege hat dem deutschen Namen so Schaden getan, wie das wachsende Übergewicht der brutalen Formen politischer Verbrechen . . .

Schlips statt Gürtel

Hahn spielte Rechtsaußen. Seine Stärken waren das Dribbeln und der Torschuß aus „unmöglich" spitzem Winkel. Er spielte immer mit Hut, meist mit Tropenhelm, den er manchmal verlor, wenn es besonders hart herging. Er hatte nie einen Gürtel, sondern band sich immer die Hose mit einem alten Schlips fest. Als ein solcher mal riß, schickte er mich, einen anderen zu holen. Als ich ihn brachte, sagte er: „Du hast den besten erwischt, mein Junge", und band sich ihn um.

(W. Jensen)

Foto unten links:
Der alte „Hockey-Speicher" im Salemer Langbau

Foto unten rechts:
Kurt Hahn macht sich zum Hockey-match fertig
(um 1930)

Linke Seite: Hockey auf dem selbst angelegten Hockeyfeld in Salem, Kurt Hahn eifrig dabei (Foto oben, 2. von links)

Hochsprung — Kurt Hahn übt sich in dieser von ihm hochgeschätzten Sportart; Otto Baumann (mit Hut) zur Hilfestellung bereit; unter den Zuschauern Prinz Max

Das berühmte „Kommisbrot" vor dem „Jagdhaus", der Dependance Salems in Bruckfelden (1927)

Freilichtaufführung von „Julius Caesar" vor dem Rentamt (1930)

71

Mithilfe in der
Landwirtschaft:
Heuernte 1930

Aufführung des
Oberuferer
Christgeburt-Spiels
auf dem Hohenfels,
Adventszeit 1932.
Neben der Christ-
baumsuche war
dieses alte deutsche
Krippenspiel fester
Brauch in Salem

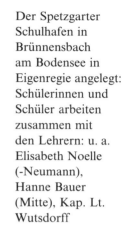

Der Spetzgarter
Schulhafen in
Brünnensbach
am Bodensee in
Eigenregie angelegt:
Schülerinnen und
Schüler arbeiten
zusammen mit
den Lehrern: u. a.
Elisabeth Noelle
(-Neumann),
Hanne Bauer
(Mitte), Kap. Lt.
Wutsdorff

Die von den
„Innungen"
angefertigten Eisen-
und Holzteile für die
Hafenmole werden
gerichtet. 1934
wurde der Hafen
eingeweiht

Große Expedition
mit Kanus durch
Finnland, 1925:
Marina Ewald und
Jungen, (3. von
links: Golo Mann).
Die Salemer haben
Jagd- und Fisch-
recht in ganz
Finnland

Während der Weimarer Republik wollten die (Friedrichshafener) Kommunisten Prinz Max entführen. Dieser Plan wurde bekannt, und man forderte ein Maschinengewehr von der nächsten Heeresabrüstungsstelle an. Dieses wurde unter eine Plane in ein offenes Auto geladen, und man fuhr in der Umgebung der Stadt einen weiten Bogen, hielt an jeder Tankstelle und Gaststätte und verbreitete, daß man eine Menge Waffen zum Schloß führe. Mit 45 Mann war die Truppe der Geiselnehmer aufgebrochen, unterwegs nach Salem hörten sie überall von der Fuhre Waffen dort. Nicht einer kam zum Schloß. (M. Ewald)

Und da, so Marina Ewald, *ging Hahn hoch, holte sofort das Kursbuch und wälzte die Möglichkeiten zurückzufahren, und sagte: „Jetzt ist die Sache entschleiert . . . Das ist ein unmenschlicher und verbrecherisch gesonnener Mensch!"* — *und eilte also, was er konnte nach Salem zurück . . .*, Hahn tritt aus der Reserve. Er alamiert seine Freunde und schickt ein Rundschreiben:

An die Mitglieder des Salemer Bundes:
Durch das Telegramm von Hitler an die „Kameraden" von Beuthen am 23. August 1932 ist ein Kampf in Deutschland entbrannt, der über die Politik hinausführt. (. . .) Es geht um Deutschland: seine christliche Gesittung, sein Ansehen und seine Soldatenehre. (. . .) Salem kann nicht neutral bleiben. Ich fordere die Mitglieder des Salemer Bundes auf, die in einer SA oder SS tätig sind, entweder ihr Treueverhältnis zu Hitler oder zu Salem zu lösen.

Salem, den 9. September 1932

Zusammen mit dem bekannten Publizisten Paul Rohrbach gibt Hahn sodann eine Denkschrift heraus, mit der er in den Wahlkampf zur Reichstagswahl November 1932 eingreift: *Durch sein Telegramm „An die Kameraden von Beuthen" hat sich Hitler als Staatsmann moralisch das Genick gebrochen. Ein Deutschland, das noch einen Funken von Selbstachtung hat, kann Hitler nicht zum Kanzler wählen.*
Hahn berief auch in Heidelberg eine Elternversammlung ein, um sein Rundschreiben zu erklären. Aber daraus wurde unerwartet noch viel mehr. Fräulein Ewald erinnert sich, daß sich alle Mitglieder trafen, die früher der „Heidelberger Vereinigung für Sozialpolitik und Recht" angehört

hatten — nicht nur Salem-Eltern, sondern auch viele Bekannte.
Die Resonanz auf dieses Rundschreiben war landesweit, und es muß wirklich ein Zeichen gesetzt haben. Prof. Heinz Maier-Leibnitz, der zu dieser Zeit in Göttingen studierte, berichtet 1983:
Ich erinnere mich eines Briefes Kurt Hahns, des Leiters der Schule Salem, als Nationalsozialisten einen kommunistischen Gastwirt viehisch ermordet hatten und Hitler öffentlich für die Mörder eintrat. Hahn erklärte, hier seien die Grenzen der Menschlichkeit überschritten, und forderte alle seine Freunde auf, sich von Hitler zu distanzieren. (. . .) Daß wir (ansonsten) so in einer Welt für uns lebten, nicht wissend von dem, was andere dachten und taten, das war natürlich sehr falsch und gefährlich.
Die möglichen Konsequenzen seiner Kampagne gegen Hitler waren Hahn durchaus bewußt, wie er im Januar 1933 schreibt: *Ich weiß, daß ich in diesem Kampf das Überleben der Schule riskiert habe, aber das war die Sache wert.* Und noch nach der Machtübernahme Hitlers (am 30. Januar 1933) erklärt Hahn im Februar in vielbeachteten öffentlichen Reden in Hamburg, Berlin und Göttingen:
Wir weigern uns, die Jugend für den faschistischen Staat zu erziehen!
Wie gefährlich es für Andersdenkende in Berlin kurz nach der Machtergreifung zuging, illustriert Tisa von Schulenburg, Schwester eines nach dem 20. Juli 1944 hingerichteten Widerstandskämpfers, deren Stiefsohn, Edgar Hess, von 1930 bis zum Abitur 1934 Schüler in Salem war: *Man muß damit rechnen, daß sie (die Nazis) in die Wohnung eindringen und die Bücherschränke kontrollieren . . . „Sie" kommen oft an die Tür. Mit Listen und Sammelbüchsen. . . . Einmal . . . meldet sich*

2147 DD SALEMBADEN 110/108 1155 =

D = REICHSPRAESIDENT VON

HINDENBURG -- PERSOENLICH --

BERLIN =

Hauptelegraphenamt
Berlin

TEILE EURER EXCELLENZ MIT DASS SEIT HEUTE NACHT SCHLOSS SALEM
VON HILFSPOLIZEI UMSTELLT IST GRUND , DER LEITER DER
SCHLOSSSSCHULE KURT HAHN STEHE IN VERDACHT DER VERBINDUNG MIT
KOMMUNISTEN UND SOZIALDEMOKRATEN HAHN WIRD NACH ERFOLGLOSER
HAUSSUCHUNG POLIZEILICH BEWACHT UEBER HAFTBEFEHL WIRD BERATEN
GENERAL VON HAEFTEN WAR HAHNS CHEF IN DER OHLA UND KENNT SEINE
VERDIENSTE UM DEUTSCHLAND EBENSO KANN REICHSGERICHTSPRAESIDENT
-- SIMONS UEBER HAHNS TAETIGKEIT IN VERSAILLES BERICHTEN DIE

SCHULE SCHLOSS SALEM HAT ANSEHEN WEIT UEBER DEUTSCHLAND HINAUS

FUER IHREN NATIONALEN GEIST TRAGE ICH DIE ICH DIE VERANTWORTUNG

WAS EBEN GESCHIEHT IST EINE BELEIDIGUNG FUER MICH UND MEIN

HAUS = BERTHOLD MARKGRAF VON BADEN +

Telegramm Markgraf Bertholds an Reichspräsident von Hindenburg vom 11. März 1933, als die Nazis Kurt Hahn in „Schutzhaft" genommen haben

April 1933: Hahn zu Besuch bei Rudo und Lola Hahn in seinem Berliner Elternhaus in der Hohenzollernstraße. Zugegen sind die Generäle v. Harbou, v. Hammerstein, v. Schleicher und englische Freunde, u. a. Geoffrey Winthrop-Young. Man überlegt, wie Hitler zu stoppen, zu stürzen, seine Regierung zu beenden sei. Überlegungen werden angestellt, dem Regime den Geldhahn aus dem Ausland abzudrehen, und Kurt Hahn ist (noch) optimistisch. Zu Schleicher sagt Hahn: „Wenn alles vorbei ist, könnten wir Sie auch bestens als Mentor in Salem gebrauchen!"

ein Mann, dem wir einen Anzug von Edgar ... schenkten. In der einen Tasche hat sich ein Brief befunden. In diesem rechnet der Primaner mit Hitler ab. Will der Mann uns erpressen? Will er Geld? Hat er uns schon angezeigt? Das sind die Ängste jener Tage. Systematisch werden alle Gegner mundtot gemacht ...

Hahn in Schutzhaft

Inzwischen hatte die NS-Bodenseepresse eine beispiellose Hetzkampagne gegen Hahn anlaufen lassen, und sofort nach Gleichschaltung des Landes Baden durch Hitlers Reichsstatthalter Robert Wagner wird Kurt Hahn am 11. März 1933 mitten aus seiner Schule heraus verhaftet und in „Schutzhaft" genommen. Ein Proteststurm bricht los: Hunderte von Briefen zu Hahns Ehrenrettung und Unterstützung gehen in Salem ein. Eine Ehrenerklärung von vielen: die des Generals der Infanterie a. D., Graf Montgelas, vom 9. Juni 1933:

Zusammenfassend kann ich nur bezeugen, daß mir wenige Männer bekannt sind, die mit solcher Sachkenntnis und so selbstlos nur das Wohl des Ganzen im Auge habend, nichts für sich selbst begehrend, den geistigen Kampf für Deutschlands Ehre und Gleichberechtigung geführt haben.

Und der „Gewerbeverein Salemer Tal" als „Beauftragter der gesamten Mitwohnerschaft" protestiert in einem „Telegramm an die Badische Regierung in Karlsruhe" dagegen, daß Hahn *in Schutzhaft* genommen werden müsse, da Hahn *allseits geachtet* und verehrt werde. Die Schule Salem sei auch ein sehr wichtiger Wirtschaftsfaktor für die Region.

Dank der umsichtigen Rettungsbemühungen des Markgrafen und der massiven Unterstützung

seiner deutschen und englischen Freunde, die sogar Premierminister Ramsay Macdonald einschalten können, wird Hahn am 16. März 1933 freigelassen, aber „aus Baden verbannt".

Die wütenden NS-Angriffe verlegen sich jetzt auf seine Schule. Doch treffen sie hier auf zähe Gegenwehr. Aufgefordert, am „Tag der Nationalen Revolution", am 14. März 1933, die Hakenkreuzfahne in Salem aufzuziehen, läßt der Markgraf, der die Schule seiner Leitung unterstellt hat, per Anschlag am Schwarzen Brett verkünden:

Flaggen können nicht gehißt werden, da die Schule sich in Trauer befindet, solange Herr Hahn noch in Haft ist.

Am 16. März fährt Markgraf Berthold zusammen mit Hahn nach Berlin. Im April wird er sogar bei Hitler vorstellig. Tatjana Metternich hat in ihrem „Bericht eines ungewöhnlichen Lebens" Genaueres über dies Rencontre auf einem Empfang im Hause des Vize-Kanzlers von Papen aufgezeichnet:

Hitler war umgeben von seinen „Kampfgefährten", von Papen an seiner Seite, und begrüßte die Gäste, die sich in langer Schlange aufgestellt hatten. (. . .) Prinz Berthold von Baden stand vor den Bismarcks. Obwohl er Hitler aus Instinkt, Überzeugung und Tradition verabscheute, war er gekommen, um die Erlaubnis zu erlangen, Dr. Hahn als Leiter der berühmten Schule in Salem, die sein Vater, Prinz Max, gegründet hatte, zu behalten; seine schüchterne Art täuschte über innere Entschlossenheit hinweg. Er gehörte zu jener klassenlosen „Aristokratie der Feinfühligen, Rücksichtsvollen und Schneidigen", die ihre besondere Kraft aus der Verbundenheit mit ihrem Boden zogen. Den Nazis blieben sie ebenso unbegreiflich wie jene ihnen.

Jeder Augenblick dieser Unterredung war ihm zuwider, doch Prinz Berthold blieb entschlossen, sie durchzustehen. Unseligerweise gebrauchte er mit Bezug auf Hahn die traditionelle Wendung: „Er ist unserem Hause sehr verbunden." Das gab Hitler den Vorwand, auf den er gewartet hatte. Die Anwesenden wurden nun Zeugen eines jener öffentlichen unbeherrschten (oder beabsichtigten) Wutanfälle:

„Jeder scheint seinen Hausjuden zu haben! Das muß jetzt aufhören! Ich dulde keine Ausnahmen!"

Prinz Berthold, bleich vor Zorn und Abscheu, versuchte erst, seinen Standpunkt zu verteidigen, doch als er merkte, wie zwecklos es war, drehte er sich auf dem Absatz um und ging. Von da an unternahm er alles, um seinen Schützling aus dem Land zu bringen und ihm in England neue Möglichkeiten zu schaffen.

Um so wütender ist die badische NS-Führung: Robert Wagner schwört, Salem „judenrein" zu machen, die Schule gleichzuschalten. Eine neue NS-Kampagne läuft an gegen „Markgraf Berthold als Schildhalter des Juden Hahn". (8. Juni 1933)

Und: *Der Feind war im eigenen Lager,* schreibt Marina Ewald. Während die meisten Lehrer und Schüler Salem treu bleiben, sogar einige Lehrer, die der Partei angehören, sich für Hahn verwenden, schien die Stunde der Postenjäger und Denunzianten gekommen. In Spetzgart wird Marina Ewald suspendiert. Zwar hatte sie nachweislich nicht gesagt, Hitler sei ein Mörder, aber „daß er eine Mörderbande anführe", hatte sie nicht abstreiten wollen! In Salem werden vier Lehrer, unter anderem Lina Richter, suspendiert.

Angestachelt durch die NS-Pressekampagne mit immer neuen Angriffen auf die Schule, versuchen zwölf Schüler, die der HJ angehören, Salem auf verschwörerische Weise der NS-Revolution anzugliedern, bespitzeln ihre Lehrer und sogar ihre Kameraden. Sie werden von der lokalen NS-Parteistelle gedeckt und erhalten sogar telegraphisch Anweisungen:

AN MEINE KAMERADEN IN DER
SCHLOSS-SCHULE SALEM.

Kameraden!

Reaktionäre Kräfte haben versucht, den revolutionären Willen der Hitler-Jugend aufzuhalten, indem sie auf der Schlosschule Salem die Arbeit der Hitler-Jugend zu verhindern suchen.

Ihr habt Euch mit den Bauern- und Arbeiter-Jungen aus der Umgebung Schulter an Schulter gestellt und den Standpunkt der national-sozialistischen Revolution voll und ganz vertreten.

Haltet während der Unterrichtsstunden in der Schlossschule Salem Disziplin und Ordnung, damit das Geld, das Eure Eltern für Eure Ausbildung ausgeben, nicht umsonst ausgegeben wird.

Doch ausserhalb der Unterrichtsstunden gehört Ihr der H. J. Da hat Euch niemand in Eurer Betätigung zu behindern.

Der neue Staat wird Euch mir Eurer Arbeit für die H. J. voll verstehen und schützen; und ich als Euer Führer werde mich vor Euch stellen. Ich danke Euch für Eure wackere Haltung im Sinne der jungen Volksgemeinschaft, und ich werde Euch in allernächster Zeit besuchen.

Heil Hitler!

Euer Gebietsführer
gez. Friedhelm Kemper

(zwischen 17. und 20. Mai 1933)

Beisetzungsfeierlich-
keiten zum Tode
des Prinzen Max:
Kondolenzdefilée
bei Markgraf
Berthold am
8. November 1929;
(links unten: ein
Ausschnitt). Die
Teilnahme vieler
Königlicher
Hoheiten, u. a. der
Tochter Kaiser
Wilhelms II. mit
Gemahl, und hoher
Militärs war eine
demonstrative
Geste (stiller)
Wiedergut-
machung. Die von
Kurt Hahn 1927
edierten „Er-
innerungen" des
Prinzen Max haben
daran keinen
geringen Anteil
gehabt

Der Salemer
Wächter, Harald
von Meyenburg,
und seine Helfer im
Trauerzug zum
Stefansfelder Fried-
hof. Sie tragen den
Lorbeerkranz mit
den Salemer
Schulfarben und
die anderen dar-
gebrachten Kränze

Maria Köppen
(1890 bis 1967)
wirkte von 1921 bis
1955 an den Salemer
Schulen: 1925 bis
1933 als Leiterin des
Hermannsbergs,
dann auf dem
Spetzgart; 1937 bis
1944, dann wieder
ab 1946 leitete sie
den Hohenfels

Salemer Primaner
beim Sportschießen
unter Anleitung
eines ehemaligen
Polizeikommissars

Marina Ewald
(1887 bis 1976),
Mitgründerin
Salems, Gründer-
leiterin Spetzgarts
1929 bis 1933; nach
dem Krieg Leiterin
Salems bis 1948.
Ihre Einführung von
„ZIS": besonders
wichtiges Element
der Internationalität.
(Die Altsalemer
haben daher 1987
einen „Marina-
Ewald-Preis"
für eine prämierte
ZIS-Reise gestiftet)

Kurt Hahn und sein Hund Bosco an der Salemer Schulgärtnerei (1932). Hahn zu einem englischen Austauschschüler über Bosco: „A wonderful dog. Just yesterday I saw him, saving all the ducks from the pond."

Hetzartikel gegen Kurt Hahn und Salem, das trotz der Verbannung Hahns aus Baden weiterhin in Kontakt mit seinem Schulgründer blieb: Hahns „unheilvolles Treiben", „seine Zöglinge im jüdisch-pazifistischen Sinne zu erziehen", müsse beendet werden, „die Schule einen Kommissar als Leiter" erhalten und „gleichgeschaltet" werden

Von der Schloßschule Salem
Unheilvolles Treiben des Juden Hahn

NSPB. Karlsruhe, 2. 6. Es ist dringend notwendig, daß die breitere Oeffentlichkeit über gewisse Vorgänge an der Salemer Schloßschule erfährt. Dieses Institut nimmt unter den badischen Lehranstalten in mehrfacher Hinsicht eine besondere Stellung ein. Es wurde von Prinz Max von Baden gegründet und die Leitung einem Freund des Prinzen, dem Juden Hahn, übertragen. Die Schüler setzen sich aus den Söhnen der feudalsten Kreise und besonders jüdischer Großkapitalisten zusammen. Zeitweise befinden sich an dieser Privatschule 20—30 v. H. jüdische Schüler. Die Zöglinge werden durch eine besonders exklusive Erziehung (sie tragen u. a. besondere Uniformen) und durch eine besondere Hausordnung von der Berührung mit der Außenwelt hermetisch abgeschlossen. Ist schon ein derartiges Institut für unsere badischen Verhältnisse äußerst ungewöhnlich, so gewinnt der Geist an dieser Schule ihr besonderes Gepräge durch den Einfluß, den der Leiter Hahn auf das Lehrpersonal, wie die Schüler ausübte. Dieser Herr Hahn sah seine Hauptaufgabe darin, seine Zöglinge im jüdisch-pazifistischen Geist zu erziehen. Er hat einen Lehrkörper berufen, der vollkommen in seinem Sinn arbeitete u. der gänzlich unter seinem suggestiven Einfluß stand.

Es war klar, daß die nationalsozialistische Revolution nicht gleichgültig an diesen Zuständen vorbeisehen konnte. Hahn, der rührige und geschäftige Herr, der es verstanden hatte mit aller Welt Verbindungen anzuknüpfen, mußte gehen. Es widerfuhr ihm sogar das Pech, in Schutzhaft genommen zu werden, aus der er jedoch bald wieder entlassen wurde. Die Leitung der Anstalt übernahm Markgraf Berthold von Baden, der aber offensichtlich im Geiste Hahns arbeitet und unter dessen geistigen Einfluß steht. Die Lehrerschaft zeigt einen verdächtigen Eifer, sich mit dem Stahlhelmabzeichen als stramm national aufzuspielen und mit ihren großen Beziehungen zu Führern des neuen Deutschland, wie Alfred Rosenberg, Heß, Dr. Buttmann zu prahlen. Sie scheinen das nationalsozialistische Deutschland mit dem verflossenen System zu verwechseln, das noch immer vor Leuten mit großen Beziehungen kapituliert hat. Sehr eng scheinen jedoch nach wie vor die Beziehungen zum jüdischen Großkapital zu sein.

Als skandalös muß man bezeichnen, daß Herr Hahn nach seiner Entlassung aus der Schutzhaft weiter am Werke ist, seinen unheilvollen Einfluß an der Schloßschule auszuüben. Er hatte während seiner Amtstätigkeit, unter Anwendung der rücksichtslosesten Schikanen verhindert, daß die Schüler, die von dem idealistischen Schwung des jungen Deutschland trotz aller Absperrung ergriffen wurden, sich in der nationalsozialistischen Jugendorganisation zusammenschließen konnten. Dieser Jugendverderber scheute vor keinem Mittel zurück. So wurden Schüler nachts in Autos nach einem Wald bei Sigmaringen gebracht, wo sie der Jude Hahn bearbeitete, auf keinen Fall der Hitlerjugend beizutreten! Die Eltern der Jungen wurden von der Schule aus durch Rundschreiben aufzuhetzen versucht. Das alles konnte unter der Leitung des Markgrafen geschehen!

Als diese Dinge in Karlsruhe bekannt wurden, schickte man von der Anstalt aus drei Vertreter nach Karlsruhe und versuchte durch allerhand Mätzchen die Gründung einer Hitlerjugend zu hintertreiben. Gleichzeitig hatten die Herren, darunter einer mit adligem Namen und dem Stahlhelmabzeichen auf der Brust, die unerhörte Dreistigkeit, den Schülern etwas von persönlicher Feindschaft zwischen Adolf Hitler, Dr. Göbbels und Göring vorzufaseln. Der Gipfel der Frechheit wurde mit einem Anschlag am Schwarzen Brett erreicht, in dem allen Ernstes versichert wurde, die badischen nationalsozialistischen Führer hätten sich bei den Karlsruher Verhandlungen auf den Boden der Salemer Clique gestellt.

Es bleibt aber trotzdem noch vieles zu tun. So sind die Jüdin Richter und andere Lehrkräfte im Amt, deren feindselige Einstellung gegen die nationalsozialistische Revolution bekannt ist. Diese Herrschaften betreiben immer noch eine Rückkehr des Juden Hahn, und es besteht der begründete Verdacht, daß mit Hahn deswegen verhandelt wird.

Die Schloßschule Salem muß daher weiterhin scharf im Auge behalten werden, dies umsomehr, als versucht wird, durch wirtschaftliche Manipulationen Beunruhigung in die Bevölkerung zu tragen. Es darf auf keinen Fall geduldet werden, daß ein Staat im Staate besteht. Die beste Lösung wird letzten Endes sein, daß die Schule einen Kommissar als Leiter erhält, dessen Einsetzung allein geeignet erscheint, auch die Salemer Schloßschule mit den übrigen Schulen des Landes gleichzuschalten.

Aus der NS — „Bodensee Rundschau" vom 3. Juni 1933

80

Um den Bodensee

Markgraf Berthold als Schildhalter des Juden Hahn
Ein Kommissar für die Schloßschule Salem unumgänglich

Wir haben geradezu mit Widerwillen schon öfters auf die unhaltbaren Zustände und fortwährenden Wühlereien der Schloßschule Salem hinweisen müssen. Mit einer auf dem Judentum eigenen Frechheit wird dort immer mit denselben raffinierten und natürlich sehr urbanen Methoden weiter gewühlt gegen die nationalsozialistische Staat.

Ein neues Rundschreiben des Markgrafen Berthold vom 23. Mai an die Eltern der Schüler, in mehreren hundert Exemplaren verschickt, veranlaßt uns zu der Forderung, daß nunmehr endlich in Salem reiner Tisch gemacht und sofort ein geeigneter Kommissar beauftragt wird.

Das Rundschreiben, das wir auszugsweise nachfolgend veröffentlichen, bringt eingangs eine gewisse Verbeugung vor dem neuen Staat und spricht von Erfüllungsbereitschaft gegenüber einem vorläufigen Vertrag mit einem Vertreter der neuen badischen Regierung. Bezeichnenderweise wird aber schon in dem zweiten Abschnitt dieses Schreibens alles, was im ersten beteuert und illusorisch gemacht, ja in sein Gegenteil verkehrt.

Es heißt dort u. a.:

„.... Wenn unsre Schule sich mit dieser Entscheidung den besonderen Aufgaben der Zukunft zuwenden will, so darf dies doch nicht verbunden werden mit einer Verleugnung ihrer Vergangenheit (!). Die Salemer Einrichtungen und Gesetze, den (lies: jüdischen) Geist unsrer Erziehung lebenskräftig bewahren, heißt sich zu dem Schöpfer unsrer Schule (Hahn!) D. Schriftltg.) und seinem pädagogischen Werk bekennen.

Dieses Treueverhältnis ist ein Lebensnerv unsrer Arbeit (!)

und ein Ehrenpunkt unsrer Schule und wird dadurch nicht aufgehoben, daß wir uns den behördlichen Bestimmungen bis zur Entscheidung über Herrn Hahns Rückkehr (!) nach Salem gefügt haben." Das markgräfliche Haus in Baden ist damit in einer Art und Weise vor aller Welt kompromittiert, wie es schlimmer nicht gedacht werden kann. So tief kann ein ehemals bodenständiges Geschlecht herabsinken, daß es das Verhältnis zu einem großjüdischen poli-

tischen Erzcharlatans und Schädlings willen gegen die nationalsozialistische Regierung wühlt.

Ist es schon ein nicht auszulöschender Schandfleck dieses Hauses, daß dieser Jude Hahn das politische Vermächtnis des Prinzen Max, seine Memoiren, schreiben durfte und in entscheidenden Stunden der jüngsten deutschen Geschichte dessen politischer Berater, um nicht zu sagen, Vormund war.

Wie lange noch darf die da und dort noch vorhandene pietätvolle Achtung vor einem angestammten Herrscherhaus dazu mißbraucht werden, alljüdische Freundschaften zu pflegen und ebensolche Politik zu treiben? Die Pietät für ein angestammtes Herrscherhaus wie auch gegen jeden deutschen Volksgenossen erlischt in dem Moment, wo das betr. Haus bezw. die betr. Persönlichkeit sich dadurch vor sich selbst aus der Volksgemeinschaft ausschließt, daß sie mit Schädlingen und Genossen der deutschen Volkes gemeinsame Sache machen und Gruppeninteressen über ihre nationale Pflicht zu stellen.

Wir halten den Markgrafen Berthold zwar in keiner Beziehung für irgendwie persönlich

bedeutend, aber wir glauben auch, daß es dem Ansehen der heutigen Regierung sehr abträglich ist, wenn das Treiben in Salem unter dem Protektorat des Markgrafen so weiter geht. Dies kann auch das forcierte Tragen des Stahlhelmabzeichens nicht abmildern. Das vorliegende Rundschreiben ist eine bodenlose Frechheit und wir gehen wohl nicht fehl, wenn wir als wirklichen Verfasser, wie üblich, den unter verschiedenen Deckadressen im Hintergrund fieberhaft tätigen Juden Hahn vermuten. Die Methode des jetzigen Vorgehens ist typisch: man schickt „nationale" Männer mit Namen und Titel vor, die harmlos genug sind, ihre Rolle nicht zu merken, Männer, die „Eingang bei der Regierung haben". Einmal wird es schon gelingen, einen Keil in das kompromißlos einheitliche Willen der nationalsozialistischen maßgebenden Führerschaft zu treiben ..., so rechnet man.

Auch für Karlsruhe hegt man gewisse Hoffnungen. Das neueste Rundschreiben des Markgrafen Berthold dürfte zum Durchhauen des gordischen Knotens führen und seine Veröffentlichung möge in Salem endgültig alle jüdischen Illusionen zerstreuen.

K. R.

Aus der Bewegung

Sprechabend der Beamtenschaft

Ueberlingen, 7. Juni. Der am Freitagabend, den 2. Juni, in der „Traube" in Ueberlingen stattgefundene Sprechabend der Beamtenabteilung der NSDAP, Ortsgruppe Ueberlingen, wies einen regen Besuch auf. Der Sprechabend wurde von dem Leiter der Kreisbeamtenabteilung, Pg. Obersteuersekretär Chevalier, geleitet. [...]

Sprechabend der Beamtenabteilung

Stockach, 7. Juni. Am Freitag den 2. Juni fand im Gasthaus zur „Stadt Wien" ein sehr gut besuchter Sprechabend der Beamtenabteilung des Kreises Stockach statt. [...]

Gründung einer NS-Bauernschaft

Oehningen, 7. Juni. Am Pfingstmontag versammelten sich nachmittags in Schienen und abends in Wangen eine größere Anzahl Bauern, zwecks Gründung einer NS-Bauernschaft. [...]

Versammlung der NS-Bauernschaft

Dettingen, 7. Juni. Im Bürgersaal fand vergangenen Freitag die Monatsversammlung der NS-Bauernschaft statt, bei der annähernd alle 76 Mitglieder zugegen waren. [...]

Stützpunktgründung

Mittelweiler, 7. Juni. Am 3. d. M. wurde unter Beisein der Herren Kreisleiter Oerle, Kreisadjutant Mauch und Geschäftsführer Hollerbach ein Stützpunkt ins Leben gerufen. Führer wurde Herr Gottlob Keitner.

Wie man sich ändern möchte!

Böhringen, 7. Juni. Wie man nach den vorzüglichen Charaktereigenschaften des Bürgermeisters Schmutz erwartet hatte, hat dieser bisherige erbitterste Hasser der D. A. P. tatsächlich am 30. April als Mitglied angemeldet. [...]

Aus der NS — „Bodensee Rundschau" vom 8. Juni 1933

Ein weiterer Hetzartikel, diesmal gegen Markgraf Berthold, der zwar anscheinend mit den offiziellen NS-Regierungsstellen zu einem „agreement" über die Teilnahme von Salemer Schülern an HJ-Veranstaltungen gekommen war, doch in einem Brief an die Eltern deutlich der Erwartung einer baldigen Rückkehr Hahns auf den Leiterposten Ausdruck gegeben hatte

Wehrsport in Salem

Ingrid Warburg fiel bei ihrem ersten Mittagessen in Salem 1926 Hans Heinrich Solf auf, der Sohn des deutschen Botschafters in Tokio. Er hatte ein blaues Auge. Auf ihre Frage, was denn passiert sei, erklärte er, daß er am Vorabend hätte strafboxen müssen. „Strafboxen war, wie

81

Die HJ—Schüler hängen Anschläge im Eßsaal auf wie etwa folgenden:

*Der Jude Hahn hat uns gefragt,
wollt Ihr nicht kapitulieren;
Da haben wir nein, nein gesagt,
Adolf Hitler soll uns führen.*

Bald zieht Mißtrauen in Salem ein, harte Spannungen gehen quer durch die Schulgemeinschaft. Ein Kommissar, Direktor Müller von der Oberrealschule in Überlingen, wird eingesetzt, der lange prüft, doch „nichts Kommunistisches oder Freimaurerisches" finden kann. Kurt Hahn hält bis Ende Mai 1933 noch Kontakt zu Salem, er trifft sich mit Mitarbeitern und Farbentragenden Schülern außerhalb Badens: im Württembergischen beim Hermannsberg, auf dem Hohenfels im Hohenzollerischen und im bayerischen Lindau, wo seine Mutter zur Kur weilt. Auch per Telephon versucht er, Ratschläge für den Umgang mit den neuen Machthabern zu geben, muß aber erkennen, daß dies der Sache Salems zusätzlich schadet.

Wie seinem Vorbild, dem griechischen Philosophen Sokrates, werfen ihm die Nazis vor:

Dieser Jugendverderber scheute vor keinem Mittel zurück! (Bodensee-Rundschau am 3. Juni 1933)

„Sokrates" geht ins Exil

Er entschließt sich zu Emigration — vorläufig. Denn wie viele seiner Zeitgenossen gab er dem NS-Regime keine lange Lebensdauer! Von Berlin aus zieht er sich nach Heringsdorf an der Ostsee zurück. Vom 5. Juni 1933, seinem 47. Geburtstag, datiert sein Abschiedsschreiben „An Eltern und Freunde". Hahn entbindet darin diejenigen, die sich nach der Machtübernahme der Nationalsozialisten in einem Zwiespalt befinden, von ihrem vorher eingeforderten Treueschwur für Salem und gegen die — nun legalen! — NS-Organisationen. Doch kann dies Schreiben keineswegs als ein „Einknicken" Hahns vor den Nazis gedeutet werden oder als eine Aufforderung an Altsalemer und Freunde zu opportunistischem Verhalten. Im Gegenteil! Hahn appelliert an alle, sich in ihrem Verhältnis zur Regierung und der NS-Bewegung nur vom eigenen Gewissen leiten zu lassen! Zugleich tritt er für Salems Zukunft ein. Die Aufforderung, auch und gerade nach seinem Weggang für Salem zu arbeiten, steht an erster Stelle seiner Sorgen:

Es geht um Salem! ... Die Sache steht über der Person, und die Sache heißt Salem für Deutschland.

Er ruft zu einer Spendenaktion großen Stils auf, damit nicht die Hauptgefahr, vor der er 1924 bereits gewarnt habe, die Korrumpierung durch „Plutokratie", Salems Prinzipien zerstören könne!

Nach dem 9. Juli 1933 fährt Kurt Hahn von Heringsdorf über Berlin nach Holland, und ab dort in Begleitung von Lady Cumming nach England, wo sein Aufenthalt schon von seinen Freunden, besonders Mr. und Mrs. Geoffrey Young, im Kontakt mit den Getreuen in Deutschland, vorbereitet worden war. Bereits im Herbst macht sich Hahn an die Gründung der ersten „British Salem School" in Gordonstoun in Schottland, die 1934 mit neun Jungen eröffnet. Die zwei ersten Schüler sind Jocelin Winthrop-Young und Hahns Neffe Oscar, beides Salemer. □

Anfechtung und Bewahrung (1933 bis 1945)

Die Nationalsozialisten wußten, welche Bedeutung Kurt Hahn für Salem hatte — aber auch, welches Ansehen diese Schule im In- und Ausland genoß. Die große Eingabe für Hahn am 14. März 1933 bei Reichspräsident Hindenburg enthielt auch eine 14seitige Dokumentation: „Die Verbindung England—Salem". Nicht zuletzt dieser Kontakte wegen, die Ende März zur zweiten Teilnahme Salems an den Hockey- und Leichtathletikwettkämpfen der englischen Public Schools geführt hatten, wo Salem den 2. Platz errang, zögerten die Nationalsozialisten in Berlin, Salem zu liquidieren. Und Parteirangeleien festigten bei Hitlers Reichsstatthalter in Baden, Robert Wagner, den Entschluß, Salem nicht aus seinem Machtbereich zu entlassen.

Das zeigt ein Antwortschreiben Wagners vom 3. Juli 1933 an den Staatssekretär der Reichskanzlei auf einen Vorstoß durch Generalmajor von Brauchitsch, der sich im Juni 1933 für den Erhalt Salems bei Hitler eingesetzt hatte. Die Reichskanzlei gab zu bedenken, der Generalmajor habe seinen zweiten Sohn, jetzt Unterprimaner, 1931 nach Salem geschickt, *weil er der Überzeugung sei, daß dort im Sinne des Vaters erzogen würde, nämlich: national, Charakterschulung, dienen lernen und führen, wehrbejahend . . .,* und habe den Vorschlag gemacht, Salem dem Reichssportkommissar in Berlin zu unterstellen.

In seinem Antwortschreiben beeilte sich Wagner, darauf hinzuweisen, daß Salem selbstverständlich erhalten bleiben und *die Leitung in den Händen des Markgrafen verbleiben* solle. Vehement aber wehrte er sich, die Schule aus der Zuständigkeit der „Behörden in Baden" zu entlassen. Ebenso strikt lehnte er den Vorschlag ab, *die jetzt abgesetzten Lehrkräfte* wieder einzusetzen, *wenn sich gegen sie keine Vergehen nachweisen ließen.*

Und Robert Wagners Schreiben fährt fort:

Die entfernten Juden bzw. Jüdinnen, im besonderen der Jude Hahn, können nicht wieder zurückkehren, . . . (. . .) Die Erziehung des Juden Hahn, der der tatsächliche Leiter der Schulen bisher war, kennzeichnet man am besten als eine humanitär-nationale Erziehung, wie sie in den (Salemer) Schulen selbst benannt wird. Die Erziehung war aber nichts anderes als eine pazifistisch-bürgerlich-nationale Erziehung. Eine solche Erziehung hat im nationalsozialistischen Staate keinen Platz mehr. Zudem ist es unmöglich, daß der neue Staat die Jugend des Adels, der Offiziere u. a. einflußreicher Kreise durch einen Juden erziehen und bilden läßt. (. . .) Seiner dämonischen Natur gelingt es immer wieder, sich Einfluß auf Kreise zu sichern, die für das Leben unseres Volkes von Bedeutung sind. (. . .) Eine ausnahmsweise Behandlung der Salemer-Schulen ist mit Rücksicht auf andere Privatschulen in Baden unerwünscht und unmöglich.

Heil Hitler!

(gez.) Robert Wagner

Die Nationalsozialisten gaben den Versuch nicht auf, die Schule unter ihre Kontrolle zu bringen; sind auch überzeugt, dies nach Entfernung Hahns früher oder später erreichen zu können.

Und in Salem selbst?

Eine Abmeldungswelle hatte 1933 begonnen, dann folgte eine Ummeldewelle zum Birklehof, der sich 1934 unter Mittelstraß, einem parteinahen ehemaligen Salem-Lehrer, der zwischenzeitlich auch einmal die Leitung von Salem übernimmt (1933

Dr. Heinrich
Blendinger (1881
bis 1957), Leiter
von Salem 1934
bis 1944

Blendinger, am
Landerziehungs-
heim Schondorf
Erzieher und
Deutschlehrer,
konnte 1934 für
die Leitung des
verwaisten Salem
gewonnen werden.
Bis 1944 konnte er
die Schule und ihre
Grundprinzipien
„im Kern
unangetastet"
bewahren.
(„Blendis" heißen
seit 1985 Salemer
Schüler, die ein
Leistungsstipendium
haben, dank der
Stiftung eines
Altsalemers aus der
Blendinger-Ära)

Abitur 1936:
Naturwissenschaft-
liche Prüfung
(am Pult sitzend
von links
Dr. Blendinger,
Ministerialrat
Kraft)

Dr. Erich Meissner
— mit Gordon-
stounschülern (1935)

1931 kam Meissner
nach Salem. Als
Internatsleiter 1933
bis 1934 zog er sich
den Haß der Nazis
zu, besonders mit
seiner mutigen Rede
am 9. November
1933. Nur durch
Flucht entging er
1934 einem
Mordkomplott: über
die Schweiz zu Hahn
ins neugegründete
Gordonstoun.
Kehrte 1959/60
nach Salem zurück

Berthold Markgraf
von Baden (1906
bis 1963). „Ritter
ohne Furcht und
Tadel", Salems
1. „Wächter"
(1920 bis zu seinem
Abitur 1926) und
„Semper Protector"
der Schule Schloß
Salem. Unterstellte
die Schule seiner
Leitung und
schützte sie
bis 1944 vor NS-
Gleichschaltung

bis 1934), von Salem löste. Der Schulvorstand, der quasi permanent tagte, konnte nur konstatieren, daß für Salem bei der von 360 auf 190 geschrumpften Schülerzahl sehr bald wirtschaftlicher Ruin oder Gleichschaltung ausweglose Alternative sein würde. Sogar die Stipendiengelder aus dem Pachtgewinn vom Gut Heiligenholz sollten in dieser Notsituation per Internatsvereinsbeschluß umgewidmet werden, damit die laufenden Fixkosten gedeckt werden könnten. Ein Veto von Frau Professor Richter, die nach ihrem Berufsverbot nach Berlin gefahren war, sicherte zumindest die Freistelle für den Pflegesohn der Elsa Brandström aus Sachsen, der über Fräulein Ewald in Salem aufgenommen worden war, zur Abtragung einer Dankesschuld für amerikanische Spenden 1922/23.

Erst einmal wurde allerdings noch der verzweifelte Versuch gemacht, *die Außenwerke einzuziehen*: die beiden Juniorenschulen zum Herbst 1933 zu schließen und die restlichen Schüler vom Hohenfels und Hermannsberg nach Spetzgart zu verlegen, mit Maria Köppen und Gertrud Kupffer zur Betreuung.

Am 9. November 1933, als eine größere Gruppe von HJ-Schülern nach München zum bombastischen Szenarium der Jubiläumsfeier des Hitlerputsches von 1923 gefahren ist, hält Dr. Meissner in der Schulversammlung in Salem eine Rede, die glasklar den Unterschied zwischen *Lumpenkameradschaft* und *fordernder Kameradschaft* herausstellt und die Treue zu den Gründern Salems und den Salemer Prinzipien zur Ehrensache erklärt, zur Zivilcourage aufruft, den Verleumdungen entgegenzutreten, da jeder wisse, daß Hahn „kein Erz-Charlatan“ und „Jugendverderber“ sei.

Gegen alle wohlklingenden Erklärungen setzte Dr. Meissner die Ernüchterung eines Sokrates-Zitates:

Eine fabelhafte Rede meines Vorredners, absolut überzeugend — nur: nicht die Wahrheit!

In Salem intern geht es weiter wie bisher: eine kleine Gruppe von Verblendeten oder Ehrgeizlingen — und diese bekämpfen sich untereinander! — möchten die „Festung“ dem Feind übergeben, doch die Standhaften halten aus.

Nun versuchen es die Nationalsozialisten mit einer neuen Taktik. Durch Prinz Max und Kurt Hahn hatte Salem seit seiner Gründung immer besonders gute Kontakte zur Universität Heidelberg und dem geistigen Umfeld, dem Max-Weber-Kreis gehabt, viele Altsalemer studierten in Heidelberg bei Jaspers.

Der Brief Bobby Eulers, der älteren Schwester des Salemers Fritz Euler, an Ingrid Warburg 1929 in Salem belegt die weltanschaulichen Gemeinsamkeiten:

Uns Heidelbergern und Ihnen als Salemern schwebt im Grunde etwas Gemeinsames vor, so etwas wie eine Gruppe besonderer Menschen, mit besonderen Ansprüchen an sich und besonderer Offenheit und Verantwortlichkeit gegenüber der Umwelt. So würden wir beide das vielleicht formulieren. Und diese Menschen haben irgendeine Aufgabe in der Welt, deren man sich bewußt ist, ohne sie definieren zu können. Ich glaube, unsere „Führer“, Hahn in Salem und in Heidelberg Karl Jaspers, Max Weber und andere, haben eine Vorstellung von dem, was wir gemeinsam wollen, und an uns Jüngeren liegt es, sie zu verwirklichen.

Heidelberg 1932/33: wie die meisten Universitäten stark von Auseinandersetzungen mit dem aufkommenden Nationalsozialismus geprägt, der die

Studenten mehr und mehr für sich gewinnen konnte, war schon bald keine Festung von Liberalismus und Toleranz mehr — trotz Karl Jaspers! Entscheidende Persönlichkeiten der akademischen Welt aber hatten die Nationalsozialisten bis zu dieser Zeit nicht für sich gewinnen können.

Doch zum Sommersemester 1933 war an der Universität Freiburg der junge und schon berühmte Philosoph Martin Heidegger zum Rektor gewählt worden. In seiner Antrittsrede im Mai 1933 begrüßt er nicht nur die NS-Regierung, sondern bekennt sich auch offen zu seinem unbedingten politischen Ziel, eine *nationalsozialistische Umwälzung des Hochschulwesens* zu erreichen. Und er verkündet auch sogleich den Weg zu diesem Ziel: die Sammlung der für die NS-Umwälzung verfügbaren Kräfte aus Dozenten- und Studentenschaft. Auf *wehrsportlichen Wissenschaftslagern* sollen kleine *Kampfgemeinschaften für ein gleichgestimmtes nationalsozialistisches Wollen* zusammengeschmiedet werden. Bekannt ist der genaue Verlauf eines dieser Wissenschaftslager Heideggers, das vom 4. bis 10. Oktober 1933 in Todtnauberg stattfand.

In Salem wird vom 19. bis 21. Dezember 1933 ebenfalls ein solches „wehrsportliches Wissenschaftslager" abgehalten. Heideggers Vortrag am 20. Dezember hatte den Titel: „Die Hochschule als politische Erziehungsgemeinschaft."

Wie es zu diesem Heidegger-Unternehmen in Salem gekommen ist, kann nur vermutet werden. Über das Kultusministerium in Karlsruhe oder über Berlin. Daß es im Dienste der Gleichschaltung Salems stand, darf als gesichert gelten, da zur gleichen Zeit die umtriebigen Versuche des Altsalemers Manfred Graf Pourtalès nachzuweisen sind, Salem — wohl um es zu „retten" — den neuen Machthabern als besonders nationalistisch anzudienen. Unter seiner Redaktion enthalten die „Mitteilungen der Altsalemer" eine Lobeshymne auf Göring. Ein Ehrengericht der Altsalemer unter Markgraf Berthold hat sich mit diesem „Fall" beschäftigt, Pourtalès ausgeschlossen. Vielmehr: das Jahr 1933 gilt als das Jahr der Auflösung des (Alt-)„Salemer Bundes".

An den Linien der getreuen Salemer ist auch der Heidegger-Vorstoß abgeprallt, Salem für die neue Weltanschauung zu vereinnahmen!

Anfang 1934 ist die Stimmung in Salem selbst auf einen weiteren Tiefpunkt gesunken. Nur ein kleiner Kreis von älteren Schülern hält kompromiß- und furchtlos zu Dr. Meissner, auch gegen immer dreistere Aktionen der Nazi-Schülergruppe, besonders als Meissner es „wagt", einen „nicht-arischen" Schüler zum „Wächter" zu ernennen. Die letzten Tage des Sommersemesters fallen zusammen mit der 800-Jahr-Feier der Salemer Klostergründung Ende Juli.

Salem.

Von den Mönchen erbaut
Von Napoleon geklaut
Wenn es auch Mönche kränkt
Herrn Markgrafen geschenkt.
Prinz Max bracht' den Hahn,
Der ging gleich daran
Und machte Salem
Zu Jerusalem.
Doch Christus der Zweite,
Es war eine Freude
Und großer Applaus,
Der räumt, wieder aus.

NS—Postkarte, Vorderseite: Salem Kloster und Schule, 1934 (vermutlich zur 800-Jahr-Feier)

Dieses Fest beleuchtet die gespenstische Situation sehr deutlich. Im fröhlichen Festumzug verkleidete Salemer Schüler als muntere Mönche, Handwerker ... Im Stockacher Keller saufende und gröhlende Nazis — zumeist von auswärts. Und in der Schule harren bis spät in die Nacht Dr. Meissner und der Wächter Wolfram („Wölfchen") Günther, das Schlimmste erwartend; ab und zu schaut Markgraf Berthold vorbei, um die Moral zu stärken. In dieser Nacht noch muß Meissner fliehen. Manfred Graf Pourtalès, der Altsalemer in SA-Uniform, hatte in letzter Minute gewarnt, daß die Nazis gerade dabei wären, einen Mordplan gegen Dr. Meissner und den Wächter auszuhecken, um so die Niederlage der Relegation des Haupträdelsführers der zwölfköpfigen Salemer HJ-Gruppe durch Meissner zu rächen. Über die Schweiz gelangt er zu Kurt Hahn ins neugegründete Gordonstoun.

Der „Wächter" wird vom Markgraf Berthold zur Sicherheit ins Dorf ausquartiert, zusammen mit anderen „nicht-arischen" und daher höchst gefährdeten Schülern. Die Schülerin Liane Wuttig geht aus Solidarität mit. Salems letzte Tage scheinen gezählt zu sein.

Doch die Rettung kommt — Rettung Salems über das Dritte Reich hinweg
Sie ist das Werk hauptsächlich eines Mannes: Dr. Heinrich Blendinger. Er war vom staatlichen Kommissar beim Badischen Kultusministerium, Ministerialrat Kraft, als neuer Leiter Salems durchgesetzt worden. Gefunden aber und geworben haben ihn zwei Salemer Schüler: Wolfram Günther und der Altsalemer Hans Bembé, Spetzgarter Abiturient 1932. Diesen beiden gelang es, Dr. Blendinger in Schondorf davon zu überzeugen,

daß er Salem retten müsse. Blendinger war übrigens einer der ganz wenigen, die 1931 Hahn unterstützt hatten, als er den „Altlandheimer Bund" nach ähnlich fordernden Grundprinzipien aufbauen wollte wie den (Alt-)„Salemer Bund". Nun übernimmt Blendinger die Leitung der Schule.

Ein desolates Salem!
Das kann die bekannte, berühmt-berüchtigte Episode zeigen, bei der ein junger englischer Austauschschüler dieser Salemer HJ-Gruppe entgegentrat, die einem Schweizer Mitschüler, der nicht den Hitler-Gruß entbieten wollte, den Kopf rasierten und ihn quälten. Der Zwölfjährige gab dem so Zugerichteten seine englische Schülermütze. (Der Junge war der junge griechische Prinz Philip, ein Schwager Markgraf Bertholds, den seine Verwandten sehr bald nach England in Sicherheit brachten, dort ging er dann nach Gordonstoun zu Kurt Hahn.)

Blendinger aber gewann die Salemer, als er ihnen in seiner ersten Schulversammlung zurief:

Zeigt mir das wirkliche Salem, wie es gedacht ist, dann will ich Euch helfen, es zu erhalten!

Markgraf Berthold urteilt später über die Blendinger-Zeit: *Damit war das größte Wunder geschehen. Die unvermeidlich scheinende Auflösung war aufgehalten und die Salemer Gesetze in liebevoller und tapferer Hand.*

Diesen Mann, der von der Theologie kam, sich aber bald ganz der Jugenderziehung widmete, beschreibt sein ehemaliger Schüler Volker Merz 1976 so:

Aus meinem Erleben heraus sah ich Blendinger mehr als hervorragenden und vorbildlichen Erzieher und weniger als brillanten und fortschrittlichen Fachlehrer. (...) für uns war Blendinger damals tatsächlich eine Art pädagogischer Missionar, dessen vorgetragene Vorstellungen von Pflichterfüllung und Dienst an der Sache um seiner selbst willen allein schon durch sein Verhalten glaubwürdig aufgenommen wurden. (...) Blendinger konnte schon aufgrund seines Wesens kein Nationalsozialist sein, denn er war ein Verfechter der Gewaltlosigkeit, ein Verächter moralischer wie auch physischer Pression oder gar politischen Terrors.

Blendingers erzieherisches Ethos charakterisieren seine eigenen Worte:

Unsere Sonne, um die wir kreisen, muß eine überpersönliche, uns unbedingt verpflichtende Idee sein. Wir müssen Mittler, Vermittler sein, das gelingt aber nur, wenn wir selbst eine Mitte finden.

Die stärkste Überzeugungskraft liegt in unserem Leben. Fordern wir von uns etwas, dann können wir auch von der Jugend fordern. Wer nicht die Liebe zum Kind hat, sollte nicht Erzieher sein. Alle Erziehung ist Hilfe am Werden.

Salem unter Blendinger 1934 bis 1943/44

Trotz vieler Kompromisse und Konzessionen an das Regime — ein Schlingerkurs zwischen äußerer Anpassung in Teilen, Auflösungsdrohung und standfestem innerem Widerstand — blieb Salem dennoch nach Hahns Urteil *in seinem Kern an Ehre und Gesittung unangetastet.*

Trotz „Deutschem Gruß" und NS-Feiertagen, trotz des Eintritts der meisten Schüler in HJ und BDM, einiger Lehrer in die SA, gab es in der Schule eigentlich nur ein einziges Hitler-Bild zum Vorzeigen für die vielen NS-Visitationen und Kontrollbesuche, das dann geschickt, immer eine Nasenlänge voraus, von einem offiziellen Raum zum nächsten verbracht wurde; Schüler organisierten das!

Bis Blendinger gewarnt wurde, er schade Salem damit, hatte er das Porträt Hahns „als Ermutigung" auf seinem Schreibtisch stehen. Er konnte sogar die Erlaubnis erwirken, bis Kriegsbeginn mit Kurt Hahn über pädagogische Fragen zu korrespondieren. Und Hahns Erziehungsgrundsätze und Methoden sind in Salem weiterhin angewandt worden — mit verstärktem Akzent auf der individuellen Selbstverantwortung durch den „Trainingsplan". Auch wenn offiziell die Schülerselbstverwaltung dem sogenannten „Führerprinzip" weichen mußte, arbeitete Blendinger mit dem Kreis der führenden Schüler doch wie vorher zusammen. Und der als „Liquidator" 1933 entsandte Ministerialrat Kraft entwickelte sich immer mehr zu Salems heimlichem Beschützer. 1937 zum Beispiel trat er einer massiven Anklage über *unhaltbare Zustände* an der *verjudeten Schloßschule* entgegen, ohne die beiden jüdischen Schüler und andere „nicht-arische" Kinder in Salem preiszugeben. In einem Brief an das Badische Ministerium weist er darauf hin, daß es wohl unmöglich wäre, eine Schule zu schließen, deren Schüler gerade wieder in England bei den Wettkämpfen der (englischen) Public Schools für Deutschland gewonnen hätten und im Vorjahr sogar vom englischen König Edward VIII. zum Tee eingeladen worden seien. 1938 war der SS-Kontrolleur von der Aufführung des „Oberuferer-Christgeburt-Spiels" in der Adventszeit — Salems schönster Brauch seit Gründung! — *sehr beeindruckt.* Verboten wurde es aber trotzdem — oder gerade deswegen — als *weltanschaulich untragbar!* Im Gegenzug wurde dann 1939 der „Messias" von Chor und Orchester aufgeführt, wobei das *freudig-jubelnd gesungene „Halleluja" bei den vielen Proben* natürlich wieder Anstoß bei den Nazis, dem SS-Oberstabsarzt, der

Ansichtssache

1938/39: Aufgrund einer Denunziation begutachtet ein SS-Schnüffler vom Spetzgarter Balkon aus die Junioren unten am Pavillon. Auf einen Jungen („Halbjude") deutend zu Blendinger: „Der da ist ja wohl ein typischer Arier, so blond und hochgewachsen!" — „Oh, sicher doch."

89

Hohenfelser
Junioren beim
Schuheputzen
im Schloßhof

Große Island-
Expedition 1937
mit Packpferden,
Zelt und Angel-
ausrüstung, in zwei
Gruppen, unter
Leitung von Marina
Ewald und Hans
von Brücke.
Foto: Wanderung
der Nordgruppe, ein
junger isländischer
Bauer führt den Zug

90

Hohenfelser bei
der Gartenarbeit
im Burggarten
(um 1940)

Spetzgart: Das
Planschbecken
des Kindergartens
für die kleinsten
Hödinger, von
den Frauenober-
schülerinnen
betreut (um 1935)

Markgräfin
Theodora von
Baden mit der
kleinen Prinzessin
Margarita; Prinz
Philip, der Bruder
der Markgräfin
(im Salemer Schul-
anzug); „Beppo"
(Margrit) Lessing als
Babysitterin, 1934 in
Salem

„The Cup": 1937
wurde der Public
Schools' Challenge
Cup, den die
Salemer
Leichtathleten
Ostern 1936 in
England zum
zweitenmal
erfolgreich verteidigt
hatten, endgültig
nach Salem geholt.
Der Pokal auf
seinem schild-
gepflasterten
Ebenholzsockel
stand im Salemer
Eßsaal

Einladung beim
König von England
anläßlich der Public
Schools' Challenge,
Ostern 1936. König
Edward VIII. im
Gespräch mit
dem Salemer
Mannschafts-
kapitän, Rüdiger
von Oheimb

Salem: Blick auf den
Westflügel des
Schlosses und den
Prinzengarten

93

als Leiter des zukünftigen Lazaretts seit Kriegsbeginn in Salem war, erregte. Das zeigt, wie man die Kinder weiterhin in aufrichtiger Gesinnung erzog.

„Ultimo" und „Finen-Tag"

Zwei neue Einrichtungen Blendingers ergänzten die alten Salemer Bräuche aufs schönste. „Ultimo", Gelegenheit für jeden Schüler, einen Tag gegen Monatsende selbständig, frei, doch sinnvoll zu gestalten; und der „Finen-Tag", an dem die Schüler für einen Tag jegliche Hausarbeit übernahmen, um die „dienstbaren Geister" zu entlasten. („Fine", für Josefine, war zu dieser Zeit im Bodenseeraum ein häufiger Mädchenname.)

So erschien Salem den Schülern, die aus der Atmosphäre der gleichgeschalteten Staatsschulen kamen, als heile Welt, wie Hildegard Hamm-Brücher erinnert, habe sie doch hier 1937/38 noch einmal zwei unbeschwerte Jahre ihrer Jugendzeit erleben dürfen. Denn auch bei der Salemer HJ und dem BDM ging es „ein wenig anders" zu. 1934 hatten es Ministerialrat Kraft, der Markgraf und Blendinger erreicht, daß die schulinternen NS-Jugend-Formationen dem Einfluß der PGs draußen entzogen wurden und Eigenständigkeit erhielten. Salem wurde sogar Leitungsstelle für die HJ- und BDM-Jugend im Salemertal. So übernahm „Dschungel", Fräulein Casel, mit Salems Garten und Pflanzen sozusagen verwachsen seit Urgründerzeiten, bis 1937 die Führung der BDM-Gau-Untergruppe und machte mit allen „Mädels" Exkursionen und Zeltlager, wie früher mit den Salemer Pfadfinderinnen.

Spetzgart-Frauenoberschule

In Spetzgart, seit Errichtung der Frauenoberschule unter Leitung von Frau Dr. Olga Engel-

hardt 1934 eine Schule mit viel Zulauf, richteten die Schülerinnen einen Kindergarten samt Planschbecken und Buddelkiste für die kleinsten Hödinger ein. Offiziell geschah es im Rahmen des BDM, doch da Spetzgart sich auch *nach den Salemer Erziehungsgrundsätzen* richtete, wird die Kindergartenarbeit wie auch der Besuch der Schülerinnen bei Alten, Kranken und kinderreichen Familien tatsächlich wohl *sehr ähnlich wie Euer heutiger Sozialdienst* verstanden worden sein, wie eine Altschülerin bezeugt.

Erntehilfe bei Bauern im Salemer Tal,

das war mit Strapazen und Stolz verbunden, denn nach zögerlichen Anfängen schätzte man die Arbeitskraft, bald aber vor allem die netten Kinder. Und die Salemer schätzten bald „ihren" Bauern, gab es dort doch auch immer ein deftiges Vesper. Mit Kriegsbeginn wurde diese Hilfe noch wertvoller. Doch nicht in blinder Gefolgschaft sahen sich die Schüler, sie taten es in erster Linie aus den Gründen, die bis heute die „Dienste", Salems beste Tradition — bestimmen; und zur damaligen Zeit auch für Salems guten Ruf — war doch Salem für viele, nicht nur „nicht-arische" Kinder zu einem Hafen, einem Zufluchtsort geworden, wo noch keine „Umwertung aller Werte" in Sinne des Nationalsozialismus stattgefunden hatte. Und man versteht den resignierend-bewundernden Ausruf des unverrichteter Dinge wieder abziehenden SS-Werbeoffiziers: *Ihr Sonnenkinder!*

Aber auch Salem wurde natürlich von Düsterem nicht verschont. Mit dem totalen Krieg stieg die Zahl der immer früher eingezogenen Jungen in den oberen Klassen — und zuletzt werden fünfzehnjährige Flakhelfer in Karlsruhe und Friedrichshafen in Lagern zusammengefaßt, im 14tägigem Wechsel von Salemern betreut. Das Notabitur erfaßt ebenfalls immer Jüngere, und Salems Selbstverwaltungssystem der Farbentragenden gerät in die Krise, vor allem, da neue Schüler immer stärker auf die scheinbar so zackige HJ-Parteibindung von Befehl und Gehorsam und fehlgeleitetem Idealismus, *fanatische Treue dem Führer und der Volksgemeinschaft gegenüber* setzen. Bis 1944 werden die Salemer Jahrgänge zwar immer neu von Hohenfelser und Hermannsberger Junioren aufgefrischt, die ganz unangefochten vom NS-Zeitgeist durch Fräulein Köppen und Frau Dr. Kupffer getreu im alten Salemgeist unkorrumpiert erzogen werden, bis dann im Sommer der Hohenfels den Sigmaringer Lioba-Schwestern zur Verfügung gestellt werden mußte, kurz danach der Hermannsberg von der Wehrmacht als Fabrikationsstätte beschlagnahmt wurde und die dortigen Quartaner nach Salem kamen. Fräulein Köppen und Frau Baum verblieben als Platzhalterinnen Salems auf dem Hohenfels, Frau Dr. Kupffer auf dem Hermannsberg.

Im Verlaufe des Krieges wurde die Liste der gefallenen Salemer Schüler immer länger — mehr als 187 seiner Salemer, auf beiden Seiten gefallen, zählte Kurt Hahn, als er 1945 zurückkehrte.

Es hat uns oft beschämt, sagte Markgraf Berthold, *in den Briefen der gefallenen Salemer zu lesen, daß für sie in Salem „das" Deutschland lebte, für das sie sich zu opfern bereit waren.*

Salem selbst war durch die Kriegshandlungen nie direkt bedroht, doch viele Kinder machten sich Sorgen um ihre Angehörigen in den besonders exponierten Industriestädten.

Nach den Weihnachtsferien 1942/43 ist Salem plötzlich akut in Gefahr. Zermürbt durch die ständigen Anspannungen, besonders als etliche neu

eingetretene Lehrer nicht mehr so sehr den alten Geist leben, erleidet Dr. Blendinger kurz hintereinander zwei Herzinfarkte. Der Markgraf kann nur kurzfristig die Situation, ein Internat ohne Leitung, geheim halten: Bis Juli 1943 übernimmt Herr Maikowski als Vertretung Blendingers die Leitung, nach ihm übt Dr. Theil vom Hohenfels diese Funktion aus — eine interne Regelung. Aber eine viel gefährlichere Krise erfaßt Salem: eine Spaltung im Kollegium, hauptsächlich zwischen den alten Salemer Lehrern und den forschen neuen, meist überzeugten Nationalsozialisten:

Grundlegende Meinungsverschiedenheiten über die wichtigsten Erziehungsgrundsätze (waren) vorhanden. (. . .) Eine Trennung schien unvermeidlich und wurde vom Markgrafen nach sorgfältiger Prüfung der Lage verlangt. Trotzdem machte Herr Blendinger vor Weihnachten 1943 den Versuch einer Versöhnung, in die das Kollegium mehr mit Rücksicht auf den kranken Zustand des Leiters einwilligte. (Salemer Hefte, 1948)

Die Lösung des Konflikts sieht dann anders aus:

Die SS schlägt zu,

unter deren Heimleitungs-Inspektion Salem 1941 gestellt worden war. Anfang Januar 1944 wird Salem doch noch Napola, mit einem Troß ausgelagerter fremder Schüler und dem SS-Sturmbannführer Dr. Schmitt als Anstaltsleiter („Alei"). NS-Pläne für eine völlige Umgestaltung Salems nach dem „Endsieg" werden eifrig entworfen, in den Gängen werden schon einmal schön geschriebene Sprüche mit NS-Durchhalteparolen aufgehängt, und „Führer"-Bilder in langer Reihe schmücken den Eßsaal; „zackige" Sprüche vor dem Mittagessen; und jeden Montagmorgen Flaggenappell, bei dem „Alei" Schmitt markige Prognosen im NS-

Geschichtsstunde

Ein Salemer Abiturient besucht 1943 seine Juniorenschule auf dem Hermannsberg und darf dort eine Geschichtsstunde in der Klasse von Frau Dr. Kupffer halten. Er beschließt, die Amerikanische Unabhängigkeitserklärung vorzulesen — sehr mutig! — denn die steht wegen ihrer Absage an die Diktatur auf dem Index: „Wenn es im Laufe der Menschheitsgeschichte für ein Volk notwendig wird . . ." Doch weiter kam er gar nicht, „. . . die politischen Bande zu lösen, die . . ." fährt die Klasse fort. Alle Schüler kannten diese Erklärung auswendig!

(J. Hübener)

95

Vertrauen

Während des 2. Weltkriegs ermahnte der Luftschutzwart der Gemeinde Salem die Einwohner vergeblich, die Verdunklungsvorschriften doch strikt einzuhalten. „Keine Angst," beschwichtigten sie ihn, „Salem wird nicht bombardiert. Dafür wird Hahn schon sorgen!"
(Marina Ewald: Appreciations of Hahn)

. . . wie Sie es tun

Der zum Ende des Krieges als kommissarischer Schulleiter eingesetzte SS-Sturmbannführer Schmidt („Alei") hatte die Schüler wegen seiner Feigheit, seiner Prahlerei und seiner Fettleibigkeit zu erbitterten Gegnern. Bei einer Schulung bekam er auf die Frage, was die Aufgabe der SS sei, folgende Antwort: „Die Heimatfront zu schützen, wie Sie es tun." (M. Ewald)

Sinne machte. Alles Salemerische wurde öffentlich als „erledigt" verurteilt.

Wie sehr Blendinger litt, als er sah, was sein Zwangsvorgesetzter Schmitt in der kurzen Zeit, die dieser die Schule bis Kriegsende leitete, vom Salemer Geist zerstörte und die Institution im uniformierten, gleichgeschalteten parteipolitischen Rahmen pressen wollte, erzählte er uns damals, als ich anläßlich eines Fronturlaubs mit meinen Brüdern Salem besuchte. Seine Einstellung zu den Vorgängen an der Schule vertrat er dennoch auch Schmitt gegenüber mit der ihn auszeichnenden Zivilcourage, schreibt Volker Merz 1976.

„Der Alei wurde von allen geschnitten",

auch wenn er sich mit seinen Reden *(Ihr seid die künftigen Verantwortungsträger für das deutsche Volk nach dem Endsieg)* beliebt machen wollte. Im März 1944 wird die Verwirrung in der Schule nochmals vergrößert: ein NS-Lehrer, Dr. Kötke, taucht in Salem auf, ebenfalls geschickt von der SS-Inspektion der Heimschulen mit dem Anspruch auf die Leitung der Schule als Kontrolleur oder Nachfolger von „Alei" Schmitt. Der Zwist der beiden Prätendenten, die natürlich ihre jeweilige Gefolgschaft in der Schülerschaft sichern wollen, wird immer bedrohlicher: Unwahrhaftigkeit und Disziplinlosigkeit reißen immer weiter ein. SS-Schmitt siegt.

Nach dem mißglückten Attentat auf Hitler vom 20. Juli 1944, an dem der Altsalemer Uli von Oertzen mitbeteiligt war und den Tod fand, wurden verschiedene Schüler „in Sippenhaft" genommen. Als die Kriegshandlungen das Elsaß erfaßten, werden Schüler verschiedener Napolas aus der Rheinebene nach Salem verlegt. Im Oktober 1944 soll die Schule dann zu einer Kampfstätte für die NS,

zu einer „Trutzburg" werden. Alle unzuverlässigen Mitarbeiter sollen freiwillig gehen, aber erst im Dezember sind die auf der Flucht der Nazis in Straßburg liegengebliebenen Akten da. Danach werden dann alle alten Salemer Mitarbeiter endgültig suspendiert, auch Herr Blendinger. Dennoch herrschte auch nach der Entlassung der alten Salemer, die durch junge stramme Nationalsozialisten ersetzt wurden, keine Einigkeit. Noch einmal wechselte die Leitung Salems und geht am 1. April auf Herrn Allgeyer über, einen ehemaligen Kreisleiter im Elsaß, der mit Möbeln und Kisten in die Schule einzieht. Doch schon sehr bald setzte er sich mit einem Teil der Napola-Schüler ins Allgäu ab , und SS-Schmitt übernahm wieder. Dann schlagen Wehrmachtsverwaltungsstellen aus dem Elsaß und zuletzt Teile des Badischen Kultusministeriums auf ihrer Flucht in Salemer Räumen ihr Quartier auf.

Spetzgart wird im Februar 1945 geschlossen,

Schülerinnen, die nicht nach Hause gehen können, werden zum Teil in Salem, zum Teil bei Bauern oder der Familie des Hausmeisters Kneer in Sipplingen aufgenommen. In der Spetzgarter Holzturnhalle sucht derweil ein Teil des Badischen Innenministeriums auf der Flucht für ein paar Nächte Unterschlupf.

Und mit dem Nahen der Kapitulation wurde es noch einmal bedrohlich für Salem. Als die Wehrmacht schon auf der Flucht war und die Ankunft der fremden Truppen unmittelbar bevorstand, berichtete Fräulein Berger, „unser letzter Salem-Posten hinter den feindlichen Linien" (Marina Ewald), daß SS-Schmitt entschlossen wäre, Schloß Salem durch Schüler und versprengte SS-Wehrmachtsteile verteidigen zu lassen, daß also Bom-

bardierung, gar Zerstörung drohte. Da zitierte der Markgraf — und das war lebensgefährlich! — den „Alei" zu sich und befahl ihm, sofort abzuziehen! — was auch geschah.

Am 21. April 1945 besetzten französische Truppen kampflos Salem — 25 Jahre nach Eröffnung der Schule durch Prinz Max.

Da seit Anfang April alle Kinder, die noch zu Verwandten gehen konnten, abgereist waren, verblieben noch etwas 60 Schüler — teils Salemer, teils Spetzgarterinnen und etliche Rufacher Napola-Schüler. Der Markgraf legte größten Wert darauf, daß die NS-Schule Salem vollständig aufgelöst wurde. Die Nazi-Lehrer und -Lehrerinnen

verschwanden dann auch mehr oder weniger schnell, einige erst nach einer längeren Untersuchungshaft und Internierung im Goldbach-Lager der Besatzungsmacht. Die letzten Schüler wurden bei Bauern untergebracht oder als Lehrlinge auf dem Hermannsberg, wo sie, betreut von Frau Dr. Kupffer, in der Fabrikation von Ingenieur Dr. Klaue arbeiteten.

Von Juli bis November 1945 gab es keine Schule Schloß Salem. □

97

Totentafel mit den Namen der 1939 bis 1945 im Krieg gebliebenen Salemer — als Flügeltüren der Orgel im Salemer Betsaal, von den Eltern und den Altsalemern 1950 gestiftet. (Namensliste nicht vollständig)

Wiedergründung und Restauration (1945 bis 1960/1962)

Am 12. November 1945 geht der „Stapellauf" des wiedereröffneten Salem durch Markgraf Berthold von Baden in Anwesenheit von Vertretern der französischen Besatzungsbehörde und der Badischen Kultusbehörde aus Karlsruhe und Freiburg und vor geladenen Gästen vonstatten — als offizieller Akt.

Die Wiedergründung der Schule Schloß Salem war schon in den ersten Apriltagen, noch vor Kriegsende, in einem winzigen Kreis getreuer alter Salemer Mitarbeiter bei Markgraf Berthold vorausgedacht worden. Die heimliche Planung ging unbeirrt über die Zeiten von Kapitulation und Besatzung hinweg, unterstützt durch Kurt Hahn, der schon in den ersten Tagen nach Kriegsende einen Altsalemer, in amerikanischer Uniform, in seine alte Schule geschickt hatte, um zu schauen, wie man helfen könne.

Copy
Salem, Bodensee, Baden. June 5th, 1945

Dear Kurt, dear friends at Gordonstoun,

Colonel Bullett turned up here on May 11th, and promised to let you know that he found us all right. Your birthday brings the first chance of mailing more detailed news. The foremost question with all old farmers, craftsmen, and of course, colleagues is: When is Hahn coming back? They expect your return any hour and with every car that passes. They speak of it as of the dawn of the golden age for Salem. I mutter in return that you are now bound by two loyalties but instinctively I catch myself sharing their hopes. For years we have had no news about you or anybody in Gordonstoun. We trust bad news would have reached us, and infer that all fares well.

Our first Guardian (Markgraf Berthold, d. Verf.) was wounded in France in 1941. One leg has remained stiff, but otherwise he is well. So are his family. Since then, he has made many a narrow escape. Few of his equales in rank and righteousness survive to fish in their ancestral bury and to continue the work of their fathers. The number of Salem boys killed in the war or misses will leave us both sad at heart for ever. Many of our best and beloved are among them. How many Gordonstounians will you have to add?

The school was under SS leadership since Xmas 44. But the new rule was mild and change slow to come as long as Blendinger — who recovered from two strokes — was still in the house. He was kicked out entirely with the rest of his old staff (including even Anna) at Easter, and the SS-ification was soon complete. Personally, I have been working at Langenargen in Bexen's old biological institute among my decent colleagues. I got there once or twice a week. At present the possibility of reconstructing the school is all-absorbing, though we are aware that we shall have to wait patiently for many a month. But what are months if you have been waiting for twelve years? We long for news, Meissner, Chew, the school at large, my cousin Paul, if you happen to know what he is about, and above all, your own plans. Our first Guardian and myself, we have ours — concerning the school — but it is not yet time to trust them to a letter.

My mother has kept wonderfully young, and has recently recovered from a semi-fracture of her leg. You would find her quite unchanged.

Köppen is as active as ever, having got through the last 12 years without the slightest concession. A wonderful pocket edition of a great character.

This countryside has escaped all devastation. It is spread out, basking in its overwhelming beauty, furnishing cartloads over cartloads of sweet smelling hay. Nor have we so far suffered from hunger. But we don't know what happens beyond our nearest neighbourhood. There has been no mail since the middle of March. There are no trains, and there are but few tramps on the road to spread some news from other quarters. There are 180 legioners francais in Salem, but they are about to leave us. We don't know who or what is coming next.

Treue zu Salem

Gleich nach Kriegsende, im Mai 1945 stand ein junger US-Offizier vor der Tür. M. Ewald ging ihm mit Unbehagen entgegen. Dann aber erkannte sie in ihm Teddy, einen ehemaligen Schüler aus den Staaten. Für ihn war die eigentliche Aufgabe der Besatzungsarmee die Betreuung seiner alten Schule. So hatte er erreicht, in die Nähe versetzt zu werden. (M. Ewald)

99

Zur ersten Nach-kriegsaufführung des Oberuferer Christgeburtsspiels im Advent 1945 kamen trotz Eis und Schnee so viele Besucher, daß nicht alle ins Salemer Wohnzimmer hineinpaßten. Von draußen wurde ein Murren laut: „Zum Hamschtere simmer gut g'nug, aber wenn's was zum Feschte gibt, ...!" Eine zweite Aufführung wurde angesetzt.

Should you have Ida Duncan's address, would you let her know that my mother and I are well, and hoping for the same for her and her children.

Outside this beloved Bodensee region, men and towns are reduced to the likeness of Meissner's picture of the two outcasts, the shipwreck and the bay. That picture has been in my mind since I saw it. I know the bitter end would be like that, and I can yet scarcely believe that Salem should escape.

I saw my little niece in Brussels two years ago this summer. She was flourishing. I was commissioned to Brussels on a Red Cross holiday job, so that I stayed with her for several weeks. From Ostend I could see the chalk cliffs of the „land of liberty" through the periscope.

What has become of Miss Rendel and her school? I hope they left Maidstone before it was too unpleasant there.

Wie immer,

Ihre

(Signed)   *Marina Ewald*

Dann kam Hahn selbst, gleichsam in der ersten alliierten Maschine aus England, zweimal kurz zu Besuch: Das erste Mal im Juli; im September zufällig genau an dem Tag, als Markgraf Berthold die offizielle Genehmigung der Franzosen zur Wiedereröffnung aus Baden-Baden heimbringt!

Die Zeit bis zur Eröffnung wird genutzt, um die von den Franzosen für den Schulbetrieb nach und nach freigegebenen Gebäudeteile zu richten. Nachdem zuletzt auch noch eine französische Ferienkolonie im Oktober 1945 abgezogen war, blieb nur mehr der Langbau von französischen Truppen besetzt, die alte Volksschule Kriegsgefangenenlager. Doch dafür durfte die Schule dann die großen Klassenräume im Erdgeschoß des Westflügels gemeinsam mit der Landwirtschaftlichen Winterschule nutzen.

Ab Oktober 1945 nehmen die ersten Schüler — sieben interne und einige externe — an der Putz- und Aufräumaktion für ihre Schule kräftig teil.

Eine pädagogische Konferenz

Ende Oktober 1945 findet auf Schloß Salem eine pädagogische Konferenz statt, von Markgraf Berthold einberufen, initiiert vom „Überlinger Kreis", mit voller Unterstützung des französischen Gouverneurs von Überlingen. Salemer Mitarbeiter beraten zusammen mit Männern aus der Schulpraxis, der Erziehungswissenschaft, mit Professoren, Theologen und Philosophen, aber auch Schriftstellern, Musikern, Ärzten und anderen „Außenseitern", von denen die Erziehung *ständig neue Forderungen, Hinweise und Unterstützung erhalten muß*, wie es der Schriftsteller Friedrich Georg Jünger ausdrückt. Die Gespräche zu den Vorträgen, unter anderem von Professor Gerhard Ritter, Historiker an der Universität Freiburg und Mitglied der Widerstandsgruppe „Freiburger Kreis", über „Geschichte als Bildungsmacht", von dem Arzt Victor von Gebsattel aus Überlingen über „Christentum und Humanismus", machten sehr deutlich, daß beim Neuansatz der Erziehung — der „Umerziehung", wie der französische Gouverneur forderte — die Verwüstungen der NS-Ideologie bei der Jugend wie auch Chancen und Gefahren des Individualismus zu bedenken seien. Die Tagung präsentierte keine fertigen Ziele, sondern suchte Wegemöglichkeiten zur Heilung der Jugend in den Blick zu nehmen. Die Richtung der Überlegungen deutete Markgraf Berthold an, der resümierte: *Hitler kam, weil wir es nicht ernst genug nahmen mit unserem Christentum. Er blieb so lange, weil wir uns zu spät auf unsere Christen-*

pflicht besonnen. *Aber wir sind erwacht im Kampf und im Leiden . . .*

Ein Fazit: „Erziehung zur Verantwortung" im alten Salemer Geist als Forderung für die Zukunft — auch für die anstehende Wiedergründung der Schule Schloß Salem!

Die Rede Markgraf Bertholds am 12. November 1945 zur Wiedereröffnung der Schule formuliert aufs eindringlichste den erneuerten Auftrag der Gründer Salems: Nun, unter noch schwierigeren Bedingungen als nach dem Ersten Weltkrieg, die Jugend für die Zukunft zu erziehen, *eine mißbrauchte Jugend, entwurzelt und enttäuscht (. . .). Wir müssen sie lehren, wachsam zu sein und hellhörig, furchtlos und tatkräftig. Wir wollen der Not der Zeit in Salem nicht ausweichen. Mit der Unbekümmertheit gegenüber dem Weltgeschehen aber . . . ist es vorbei.*

Salems „beste Hilfe" liege im Anknüpfen an seine Tradition des frühzeitigen Widerstandes gegen den Nationalsozialismus vor 1933. Es komme darauf an, *die Kinder aus einer Welt der Trümmer für ein neues Leben* vorzubereiten. Mit einer Schulung des Verstandes allein aber könne das nicht gelingen: *Verstand ohne Charakter hat keinen Wert.* — Und den Kindern ruft der Markgraf Berthold dann zu:

Viele von Euch haben schon schwere Erlebnisse hinter sich. Jetzt aber ruft Euch eine herrliche Aufgabe: Der Wiederaufbau Salems!

Dieser Wiederaufbau der Schule aber war *ein Wagnis, das Kleinmütige hätten Leichtsinn nennen können,* wie Marina Ewald sagte, die damit beauftragt wurde. Sie übernahm die Gesamtleitung und die Internatsleitung, Herr Dr. Altrogge die Studienleitung. Fräulein Köppen, Frau Dr. Kupffer, Fräulein Händel, Fräulein Disch halfen beim Wiederaufbau des neuen Salem im alten Geist und der Methode der Salemer Erziehung — wahrhaftig: „die Stunde der Frauen" auch hier! Mit einigen neuen Lehrkräften und einem kleinen Stamm zurückgekehrter Kinder setzten sie dies Werk mutig in Gang. Herr Dr. Blendinger stand vom ersten Tage an mit Rat und Tat zur Seite. Das Gastzimmer in seiner neuen Wohnung in der Gendarmerie („Vatikan") wurde Anlaufstelle für viele Altsalemer, die beim Wiederaufbau helfen wollten.

Überhaupt, ohne die praktische Unterstützung etlicher Altsalemer wäre der Aufbau bei all den Schwierigkeiten wohl nicht so gelungen: Heinz Lindenmeyer (Abitur 1934), der das Internatsleben in Salem, dann ab 1946 in Kirchberg einrichten half; Fritz von Poellnitz (Abitur 1933), der in Salem, in Kirchberg und besonders ab 1949 auf dem Hohenfels tätig wurde, sie standen, aus Krieg und Gefangenschaft entlassen, zur Hilfe bereit. Auch Gustav Kiekebusch, in der Anfangszeit, als die neue Schülerschaft aus sich heraus natürlich noch keinen „Wächter" stellen konnte, kam gerade zur rechten Zeit, um dies Amt mit Energie und Tatkraft auszufüllen. Obgleich er zunächst so geschwächt aus der Gefangenschaft gekommen war, daß er nicht ohne Hilfe die Treppen steigen konnte!

Als Dr. Altrogge Weihnachten 1946 die Studienleitung wegen Krankheit niederlegen mußte, berief der Markgraf im Sommer 1947 Dr. Ott, der Salem während Dr. Altrogges Rekonvaleszenz mit seiner langjährigen Erfahrung auf allen Gebieten des Unterrichts zur Seite stand. Auch 1948, als Dr. Altrogge wieder die Studienleitung übernehmen konnte, blieb Direktor Ott auch von Karlsruhe aus als „Inspekteur" Salems Schulberater. Im Sommer 1949 weilte er als Gast in Gordonstoun

Die pastorale Nachtigall

Pastor Ottos Abendandachten waren in der Nachkriegszeit für die durch Krieg und Flucht verschreckten Kinder jedesmal ein Ereignis. Wenige Worte im Gottesdienst, manchmal nur die Wahl des Textes, rückten, was abrutschen wollte, wieder zurecht. Jeder meinte, er sei angesprochen worden. Ein ehemals treuer Besucher blieb mehrmals aus. Der Pastor erkundigte sich weshalb. „Weil ich nach einiger Zeit gemerkt habe, daß Sie immer dasselbe sagen." — „Naja, die Nachtigall singt auch immer dasselbe Lied."
(M. Ewald)

„Fräulein Köppens
Turm" auf dem
Hohenfels (um
1950)

Prinz Georg
Wilhelm von
Hannover, Leiter
Salems 1948 bis
1959, bereicherte
Salems Erziehungs-
konzept durch zwei
Marksteine: 1. die
„Rettungsdienste"
als praktische
Umsetzung des
Samaritergedan-
kens; THW und
Sanitätsdienst
(freiwillig);
2. Beteiligung
der Salemer bei
Katastrophenhilfs-
einsätzen

Dr. Gertrud
Kupffer
kam 1926 nach
Salem, war
Lehrerin für
Deutsch und
Geschichte, Leiterin
auf dem Hermanns-
berg, Spetzgart und
wieder Hermanns-
berg, bis zur
Suspendierung
1944. Nach dem
Krieg unterrichtete
sie in Salem

102

Maria Köppen
mit ihren Hohen-
felser Junioren
im Schloßhof

Schloß Kirchberg
bei Hagnau am
Bodensee, Salemer
Zweigschule 1946
bis 1959.
Die ehemalige
Sommerresidenz
der Salemer Äbte
wurde von Markgraf
Berthold 1946 der
Schule überlassen,
da die anderen
Zweigschulen noch
beschlagnahmt
waren

General Fridolin
von Senger und
Etterlin (1891
bis 1963), Leiter
der Zweigschule
Spetzgart 1949
bis 1955

Hockey in Salem
um 1950. Foto
oben: Die Salemer
„1. Hockey-
Mannschaft", und
Foto unten: in
Hamburg, Ostern
1949. Mitte: Der
Salemer Hockey-
Kapitän im Spiel mit
VfB Stuttgart, 1950

Die Oberprima von
1951 bis 1952

Hockey-Turnier:
Salem (weiß) gegen
Marlborough
(dunkel), auf der
Englandreise des
Salemer „Collegium
Musicum" und
der Hockey-
Mannschaft, 1954

bei Kurt Hahn, und auch in der Folgezeit standen beide Männer in lebhaftem Gedankenaustausch zur Reform des Schulwesens. 1946 kamen von den alten Salemer Mitarbeitern aus französischer Gefangenschaft Dr. Erich Wolf; aus russischer Gefangenschaft Herr Gick, Herr Funk und Herr Stengele, der am 21. Dezember 1946 auf 25 Jahre Tätigkeit für Salem zurückblicken konnte.

Fräulein Dr. Elisabeth von Levetzow, die früher schon einmal Mitarbeiterin von Fräulein Köppen auf dem Hohenfels gewesen war, hatte es mit einem Treck aus der Neumärkischen Heimat nach Süddeutschland verschlagen. Sie arbeitete wieder für Salem: Mit Heinz Lindenmeyer übernahm sie den Aufbau der Schule Schloß Kirchberg 1946. Pfarrer Kurt Otto, Geistlicher aus ihrer Heimat, war nach Krieg und russischer Deportation Fräulein von Levetzow nachgefolgt und wirkte in den Salemer Schulen: „Pasting", bald mit Elisabeth von Levetzow in zweiter Ehe verheiratet, dessen Anregungen zu Schach und Malerei ebenso prägend wirkten wie seine Bibelstunden, die Gottesdienste und die Morgenansprachen.

Die Juniorenschulen waren beide zweckentfremdet seit den letzten Kriegsjahren; Spetzgart von den Franzosen requiriert. Und in Salem war kaum Platz für die Schule, zu der täglich neu verzweifelte Eltern und heimatlose Kinder sich wendeten. Nur der Süd- und Westflügel waren freigegeben , wobei man sich die Räume für den Unterricht im Westflügel noch mit der Landwirtschaftlichen Winterschule teilen mußte; und alles war nur notdürftig hergerichtet. Ansonsten: Franzosen im Langbau (bis 1948); im Mittelbau, der Alten Volksschule, bis 1946 deutsche Kriegsgefangene hinter hohem Stacheldraht untergebracht; Hunderte von alten Auto-

wracks im Klosterbereich zwischen Unterem Tor — Münster — Langbau abgestellt.

Improvisation war angesagt, denn es fehlte an allem: Nahrung, Heizmaterial, Wollsachen, Schuhwerk. Zu essen gab es pro Person täglich 700 Kalorien — vieles davon völlig verdorben angeliefert.

Laut Küchentagebuch ergab die Bestandsaufnahme am 1. Mai 1947 folgendes Bild:

Verpflegungsteilnehmer = 300 Personen (Jugendliche)

Vorhandene Lebensmittel:
(geliefert vom Evangelischen Hilfswerk)

Mehl	= 400 kg
Brühmehl	= 350 kg
Trockengemüse	= 75 kg
Fett	= 60 kg
Zucker	= 150 kg
Kartoffeln	= 300 kg
Malzextrakt	= 20 kg

Zuteilungen vom Wirtschaftsamt:

	pro Tag und Person	Kalorien pro Tag
Fleisch:	18 Gramm	25,38
Brot:	250 Gramm	600,00
Käse:	4 Gramm	5,79
Teigwaren:	8 Gramm	20,00
Fett:	1,6 Gramm	6,25
Eier:	0,2 Stück	16,40
Milch:	1/8 Liter	82,50

Die Kalorienmenge pro Tag und Person	= 756,32 Kalorien.

Bemerkungen:

Die Zuteilungen vom Wirtschaftsministerium wurden jedoch so unregelmäßig aufgerufen, daß wir erst Ende des Monats in den Besitz der Lebensmittel kamen. Diese unsichere Zuteilung war es, die alle unsere Berechnungen zerschlug und unsere Notlage wesentlich verschärfte. Inzwischen wurde alles nur Denkbare versucht, was einigermaßen eßbar schien.

Die vom Evangelischen Hilfswerk gelieferten Bestände gingen bald zu Ende und so verpflegten wir uns wochenlang mit Futterrüben, mit Rhabarberblättern, die mit Natron ausgekocht und entgiftet wurden, mit Kleie und Brennesseln. Besonders zu erwähnen ist, daß wir seit Februar jegliche Mahlzeit ohne Kartoffeln herstellen mußten. Es war trotz aller Anstrengungen kaum möglich, dem Essen einen genußfähigen Geschmack zu geben.

Von den 250 Gramm Brot wurden nur 150 Gramm, also pro Tag drei Scheiben, ausgegeben. Diese Einsparung ergab das Mehl zum Binden der Mahlzeiten.

In der Zuteilung für Mai gab es Linsen, welche auf ärztliche Warnung nicht für den menschlichen Genuß verwendbar waren. Ein Ersatz für diesen Ausfall wurde nicht gestellt.

gez. **A. K e r n ,** Küchenmeister.

Rettende Hilfe

Niemals hätten die Kinder gesund über diese Notjahre gebracht werden können, wenn nicht rettende Hilfe von Freunden Salems gekommen wäre: über Kurt Hahn sogleich amerikanische CARE-Hilfe und über den Altsalemer Joachim von Lukowitz Spenden vom Evangelischen Hilfswerk Stuttgart, und eine Spende, Salem von ausländischen Freunden vermittelt, über das Genfer Rote Kreuz zugeleitet. Schweizer Grenzlandfreunde, Altsalemer in aller Welt, alle wirkten zusammen, um den Salemern auch mit Kleidung und mit Hygiene- und Gebrauchsgegenständen über die größte Not fortzuhelfen.

Da wurde der Gartenbau auch wieder wichtig, wie ehedem; dank des intensiven Anbaus —

besonderes Ressort der Mädchen! — konnte die tägliche Kalorienration um 200 pro Person gesteigert werden. Samstags war unterrichtsfrei, damit sich die Schüler bei den Bauern der Umgebung für eine warme Mahlzeit verdingen konnten.

Alles Vieh war gezählt und den Besatzungstruppen auf Befehl abzuliefern. Als der treue Hausmeister Kneer in Spetzgart mit den Küchenabfällen der Franzosen im Schloß „schwarz" ein Schwein fütterte, sollte er vors Militärgericht. Nur die Rührung des Generals, als er erfuhr, daß dieses Schwein für die hungrigen Schüler in Salem gemästet worden war, bewahrte Kneer vor empfindlicher Strafe, und:

Ein Schwein für Salem wurde offiziell zu mästen erlaubt.

Holz-Schlagen und -Kleinmachen war die zeitaufwendigste „Freizeitbeschäftigung", und dabei wurden nur die Unterrichtsräume ein wenig geheizt. Warmes Wasser zum Waschen holte man sich ein-, später zweimal pro Woche aus der Küche. Ansonsten die alte Eisbahn in den Waschräumen wie zu Zeiten der Urgründung!

Besonders bei den großen Jungen fehlte es an Wollsachen, und Marina Ewald ließ aus den Wolldecken, die sie 1922/23 in New York von Quäker-Waisenkindern gestiftet bekommen hatte, Mäntel schneidern.

Die Finger voller Frostbeulen übten die Kinder eifrig . . . auf dem einzigen Klavier, das die Stürme der Einquartierung überstanden hatte. (. . .) Die Adventszeit stand wieder ganz im Zeichen der Vorbereitungen wie ehedem, die Aufführung des Oberuferer Christgeburtsspiels als Höhepunkt, zu dem die Bevölkerung oft zwei bis drei Stunden durch die frostkalte Nacht gewandert kam — über 1000 Zuschauer. (Marina Ewald).

Schule und Unterricht — ebenso Improvisation! Die Rückseiten von Rechnungen vom Speicher ersetzten Schulhefte; Tinte stellten die Kinder selbst her — aus Galläpfeln; der gute alte Gänsekiel kam auch wieder in Mode.

Doch Marina Ewald schreibt über diese Zeit: *Notzeiten sind . . . materiell zwar mühselig, pädagogisch aber fast problemlos . . . Unwichtiges wird nicht aufgebauscht, und die Freuden, die geistigen wie die materiellen, werden gebührend geschätzt.*

Hilfseinsätze

Neben aller praktischen Mithilfe, die an den Kräften zehrte, gibt es schon bald wieder große Hilfseinsätze der Salemer: am bewunderungswürdigsten wohl die Instandsetzung des Kreuzganges: In mühevoller Arbeit wird er von der Münstertür zum Kapitelsaal von den Schülern gestrichen, und die Äbtebilder in ihren Stuckrahmen werden wieder aufgehängt. Im Jahr 1947 helfen Salemer Schüler samstags beim Aufbau des Pestalozzi-Dorfes Wahlwies bei Stockach — während die anderen ihre Mägen bei den Bauern füllen dürfen.

Eine Feuerwehr entsteht wieder, zuerst anstelle der ehemaligen Salemer Ortsfeuerwehr, bald dann neben ihr und mit ihr in enger Zusammenarbeit.

Kulturwochen

Auch unter diesen kargen Umständen gedeiht das kulturelle Leben in der Schule von Anfang an. Frau Dr. Kupffer regt „Kulturwochen" an — Themen: „Renaissance — Shakespeare — Barockzeit — Aufklärung" werden veranstaltet mit fächerübergreifenden Darbietungen. Die Theaterarbeit ist rege wie eh und je — herausragend die „Iphigenie"-Inszenierung duch die Altsalemerin Georgia Mies van der Rohe („Muck"). Ab Ostern

1948 nahm das Musikleben besonderen Aufschwung, als der Salemer Musiklehrer Paul Stern zurückkehrte. Zusammen mit seiner Frau baute er Chor und Orchester auf, die bald schon mit hervorragenden Aufführungen an die Öffentlichkeit traten. Vom 20. bis 26. Mai 1948 nahmen 30 Salemer Musiker an einer Bayreuther Tagung „Die neue Musik in Deutschland" teil; die Salemer konnten sogar in einer eigenen, hochgelobten Veranstaltung zeigen, „wie wir auf Umwegen zur neuen Musik kommen", mit Beispielen chorischer und instrumentaler Musik von Hindemith, Repping und anderen.

Die Schülerschaft war höchst gemischt zusammengesetzt: Flüchtlingskinder, zum großen Teil aus dem Osten, denen Salem zur zweiten Heimat wurde; Kinder der hingerichteten Widerstandskämpfer, für die man die ersten Stipendienplätze freihielt; Kindersoldaten, teilweise aus Kriegsgefangenschaft; ehemalige Schüler, junge Soldaten wie Heinz Lindenmeyer, dem der englische Offizier im Lager, auch ein ehemaliger Salemschüler, sagte: *Menschensknabe, Du mußt sofort entlassen werden und nach Salem zurück. Nur von Salem aus kann Deutschland erneuert und aufgebaut werden!*

Zu keiner anderen Zeit, schreibt Marina Ewald, *habe ich die bewußte Dankbarkeit der Jungen und Mädchen so gespürt wie damals, als sie so viel entbehren mußten. Sie wußten, daß die Geborgenheit und die Gelegenheit, wieder lernen zu dürfen, ein Privileg war . . .*

Die Unterrichtssituation aber bildete ein ständig wachsendes Problem für Salem als Internatsschule, zu der Kinder aus den verschiedensten Besatzungszonen mit ihren unterschiedlichen Schulsystemen kamen, in ein streng „mechanisiertes" französisches Prüfungssystem: mit Französisch als erster obligatorischer Fremdsprache. Schon sehr bald trat *ein bedrohlicher Konflikt zwischen Unterrichts- und Bürgerpflichten* hervor, da viel Zeit für Nachhilfe, Nachhol- und Sonderunterricht verlangt wurde. Die Problematik, feste Klassenzüge einzurichten, und vieles mehr geht auf Kosten der Zeit, die das Internat und die Schülermitverantwortung verlangen. Denn natürlich war das Salemer „Farbentragende System" sogleich wieder aufgebaut worden, und stolz waren die Salemer, als 1948 der Schulanzug wieder verliehen werden konnte.

1948 kann Marina Ewald die Leitung an einen Jüngeren abgeben: Dr. iur. Prinz Georg Wilhelm von Hannover, Altsalemer (Abitur 1934), leitet die Schule Schloß Salem bis 1959. Salem ist voll, und auch die nun wiedereröffneten Zweigschulen gedeihen und haben regen Zulauf. Zur Juniorenschule Hohenfels, die unter Leitung Maria Köppens schon Ostern 1946 wiedereröffnet worden war, kam als nächste Schule Schloß Kirchberg im Juli 1946 hinzu. Die Franzosen hatten Kirchberg geräumt, und der Markgraf übergab der Schule dieses Kleinod, den ehemaligen Sommersitz der Salemer Prälaten am See. Man befürchtete, daß die vor dem Schloß biwakierenden marokkanischen Soldaten sich mit Beginn der kühleren Jahreszeit in den Gebäuden einquartierten; so wurde eine „Pioniergruppe" Salemer Schüler — mit Fritz von Poellnitz als Vorhut auf dem Rad — ausgeschickt, um den Kirchberg für die Schule zu „besetzen" und für den Schulbetrieb notdürftig instand zu setzen. Diese Salemer Juniorenschule bestand bis 1959.

Am 9. Mai 1949, fast auf den Tag genau zwanzig Jahre seit Erstgründung, eröffnete die Schule Schloß Spetzgart als Realschule wieder ihren Betrieb, unter der Leitung von General von Senger und Etterlin. Kurt Hahn hatte Herrn von Senger in einem Kriegsgefangenenlager in England „entdeckt" und den „Retter von Montecassino" sogleich für Salem angeheuert. (Als Leiter der Zweigschule Spetzgart untersteht der General dem Prinzen von Hannover, der vor dem Krieg ein militärischer Untergebener des Generals gewesen war.) Spetzgart wird wieder Seniorenschule, doch nur für die Mittelstufe — die Primaner gehen nach Salem, um hier ihr Abitur zu machen.

Als letzte Wiedereröffnung erfolgt die des Hermannsbergs im September 1951. Er wurde bis 1955, als Mr. Philip Surfleet die Leitung übernimmt, von Frau Dr. Otto, geb. von Levetzow, geleitet, die bis dahin dem Kirchberg vorstand, den nun Heinz Lindenmeyer übernimmt.

Gründung des „Alt Salemer Vereins"

Pfingsten 1950 hatte der Altschülerverein, Nachfolger des alten „Salemer Bundes" von 1927, der inoffiziell 1933, offiziell 1939 aufgelöst worden war, unter dem Namen „Alt Salemer Verein" (ASV) seine Wiedergeburt.

In den fünfziger Jahren erlebt Salem einen allgemeinen Aufschwung — die Wiederaufnahme seiner alten internationalen Kontakte — besonders nach England über Kurt Hahn und sein Gordonstoun, mit dem sogleich ein Austauschprogramm angeknüpft wird. Und 1952 dürfen Salemer zum ersten Mal seit 1939 wieder an den Wettkämpfen der Public Schools in White City/London teilnehmen. Kurt Hahn hatte die Ungeduld des Prinzen allerdings etwas zügeln müssen, 1952 ist noch sehr früh für ein solches Ereignis, daß sich Deutsche gleichberechtigt mit englischen Public Schools im Sport messen!

LEH Salem: Landwirtschaftsschule? Erziehungsheim? — Schloßschule!

1951 kam Georg Mayr zum ersten Mal nach Salem. In Mimmenhausen fragte er beim Mechaniker Sauter nach dem Weg zum Schloß. Das knappe „Do sehet Se's doch!" genügte ihm nicht und er fragte nach: „Da ist doch das Landerziehungsheim drin?" „Was", rief der Mechaniker, „was a Landerziehungsheim! Do send Kinder von Amerikaner und Engländer und Franzose drin! Ja glaubet Se denn, die schicket ihre Kinder so rieber wega am Landerziehungsheim? A Landerziehungsheim isch in Überlingen, aber des isch a Schloßschul!" Und rief ihm noch nach: „Hallo Sie! Passet's ja uff! Wenn Se neikommet, saget Se ja net Landerziehungsheim, die do schmeisset Se glatt raus!"

Marina Ewald, Brian Winthrop-Young (Leiter von Charterhouse), Prinz Georg Wilhelm von Hannover (Leiter von Salem) und Jocelin Winthrop-Young (Leiter von Anavryta) nach der Rückkehr vom Erdbebenkatastropheneinsatz auf Kephalonien, am 17. August 1954 in Anavryta

Spetzgarter Schüler beim Ausbau der neuen Hafenanlage, 1964

110

Der Hermannsberg, ab 1951 wieder Juniorenschule Salems, ab 1953 auch Alterssitz von Kurt Hahn bis zu seinem Tode, 1974, wurde 1975 verkauft

Salemer Chor und Orchester vor dem Erechtheion auf der Konzertreise durch Griechenland zugunsten griechischer Waisenkinder, 1955

Salemer Chor und Orchester bei ihrem ersten, größten und höchst offiziellen Wohltätigkeitskonzert in Athen, in Anwesenheit der griechischen Königsfamilie und vieler internationaler Gäste, 1955

111

Axel Freiherr von dem Bussche-Streithorst (1919 bis 1993), Leiter Salems 1959 bis 1961

Horst Freiherr von Gersdorff (mit seiner Frau, bei einem Vortrag in Salem, 1975), Wirtschaftsleiter 1959 bis 1975; dazu noch kommissarischer Leiter 1961 bis 1962 und Oberleiter im „Triumvirat" 1971 bis 1972

Die Schule Schloß Spetzgart (um 1960)

Hartwig Graf Bernstorff (1916 bis 1984), Leiter Salems 1962 bis 1971, im Gespräch mit dem „Wächter" und einem Reporter, 1964

Sein Motto: „Das Humanum entsteht erst, wenn wir die Widersprüchlichkeit der Welt und die Widersprüchlichkeit des Menschen akzeptieren."

Zwei Boote der Spetzgarter Flotte, die „Spetzgart" und die „Sophia", vor Goldbach auf dem Bodensee (um 1963)

„Bohrweis"

*Bei den Mädchen,
die um 1953 noch in
Südflügelzimmern
ziemlich eng
untergebracht waren,
hieß die Hausdame,
die böhmische Gräfin
Bucquoy, nur die
„Bohrweis". Denn
sonntags, wenn man
im Bernhardusgang
vor der Betsaaltür
auf Einlaß ins Schloß
wartete, pflegte
diese mit ihrem
breiten österreichi-
schen Akzent zu
sagen: „Stellt' Euch
paarweis' auf!"*

(Fritz von Poellnitz)

Auch nach USA gehen Salemer auf Austausch: 1952 besucht zum Beispiel Levin von Wulffen („Mutz") für ein Semester die berühmte Phillips-Academy in Andover. Ganz heimatlich wird ihm im fernen Amerika, als er im Städtchen nicht nur eine „Salem-Street" kreuzt, sondern vom Schulglockenturm das Schullied, das „Niederländische Dankgebet" ertönt: „Wir treten/zum Beten . . .". Eine doppelte Enttäuschung bereitet er aber erst einmal seinen amerikanischen Kameraden: als Deutscher kein Fußballspieler!! — Salems Glanzsport aber, Hockey (Feldhockey!) — da amüsieren sich die Amerikaner, denn das gilt in den USA als „sissy", da reiner Mädchensport.

Austausch findet auch mit holländischen (Quäker-)Schulen statt, wobei die Eerdener Schüler von diesem Salem fasziniert sind, dessen Gesamteindruck sie so wiedergeben:

Sonne, Sport und Selbstzucht!, dessen *zu starke Betonung der Tradition* sie allerdings auch sanft kritisieren. — Die Salemer Schüler verfassen über die holländische Schule einen ähnlich enthusiastischen Bericht, wobei ihnen besonders gut das „demokratische System" gefallen zu haben scheint.

1953 kehrte Hahn, der die Leitung in Gordonstoun an Mr. Chew abgegeben hat (Mr. Chew war kurz vor 1933 für längere Zeit in Salem und bei Marina Ewald in Spetzgart gewesen), auf seinen geliebten Hermannsberg zurück. Doch nicht in den Ruhestand! Von hier aus setzt er die „Anstiftung" seiner vielen neuen Erziehungsinstitutionen fort, die die „Salemer Erziehung" heute zu einem weltweit bekannten Begriff haben werden lassen: *Wir müssen mehr als erziehen: wir müssen heilen.*

Ich empfehle die Erlebnistherapie — das heißt die Vermittlung von reinigenden Erfahrungen, die

den ganzen Menschen fordern und der Jugend den Trost und die Befriedigung geben: Wir werden gebraucht. (Hahn 1952)

1954 wird in Weissenhaus an der Ostsee die erste Outward-Bound-Kurzschule gegründet, der bald schon eine weitere, in Baad im Kleinen Walsertal folgt, wo Training in Expedition und Rettungsdienst, diesmal im Gebirge, Jugendliche aller Schichten, aus Schule und Arbeitswelt, für einen Kurzschullehrgang zusammenbringt. Salemer nehmen gleich als Erste daran teil.

1956 installiert Marina Ewald in Salem die von Jacques Doucet, einem französischen Lehrer und Mentor in Salem, aus Frankreich mitgebrachte Idee der Jean Walther „Zelidja-Reisestudien-Stipendien" im Rahmen der CIS (Conference of Internationally Minded Schools), der Salem unter Marina Ewald 1948 beigetreten war. Heute in Deutschland unter „ZIS" (Zusammenarbeit für Internationale Studienreisestipendien) bekannt: Mit einem Minimalstipendium eine vierwöchige Studienreise in ein fremdes (europäisches) Land zu unternehmen, „Er-Fahrung" statt Tourismus: *ZIS ist letztlich die Verlängerung der Salemer Idee,* schreibt eine Spetzgarterin 1995, die als ZIS-Stipendiatin eine solche Reise nach Frankreich zum Thema: „Die französische Resistance" unternommen hatte. Marina Ewalds Schöpfung — heute wie gestern eine lebendige Idee!

Austausch der Salemer auch mit Hahns griechischer „Salem School", Anavryta, deren Gründer-Leiter, Jocelin Winthrop-Young, einer der frühen englischen Austauschschüler, auf dem Hohenfels gewesen war, dann bei Hahn in Gordonstoun und später, nach seiner Leiterzeit in Griechenland, am Auswärtigen Amt in London arbeitete, von wo er 1963 nach Salem (zurück-)gelotst wurde.

2. April 1954 (Bonn): Heuss an Adenauer, Bonn

Verehrter lieber Herr Bundeskanzler,

nun hat die so reizvolle antike griechische Vase einen hübschen Platz gefunden in der Vitrine, der meine Frau allerhand kleine Kostbarkeiten anvertraut hat und waren es nur die Kostbarkeiten der dankbaren Erinnerung an eine Reise, an einen teuren Menschen. Ich darf Ihnen noch einmal herzlich danken und zwar nicht bloß für die hübsche Gabe als solche, sondern dafür, daß Sie meiner in dem Trubel zwischen Alphaios und Papagos, zwischen Erzub und Inönü gedacht haben.

Ich darf dem Dank einen kleinen Hinweis anfügen. Dieser Tage besuchte mich Dr. Kurt Hahn, den ich seit 1918 kenne. Ich weiß nicht, ob er Ihnen schon einmal begegnet ist: er war der Mitarbeiter des Prinzen Max, vermutlich der Verfasser von dessen Memoiren, der eigentliche Begründer der Schule in Salem, wegen seiner jüdischen Herkunft seit 1933 in England, auch dort Leiter eines Landschulheims (der engl. Prinzgemahl war in Salem sein Schüler).

Er hat pädagogisch nicht nur Einfälle, sondern Erfahrungen. Nun erzählte er mir, Schlange-Schöningen, mit dem er zusammen war, wolle Sie bitten, habe Sie gebeten, ihn einmal zu empfangen — er möchte auch Ihr Interesse gewinnen für ein System von Kurzschulen, in denen das Ethos der Menschenrettung in Gefahr als erzieherische Grundkraft begriffen wird. Ich habe ihm in Schleswig-Holstein bei einem Beginn geholfen, in England hat er diesen Versuch breiter und erfolgreich entwickelt.

Warum ich das schreibe, hat einen einfachen Grund: Sie werden in den kommenden Wochen sehr herb beansprucht sein. Ihre Mitarbeiter werden vielleicht, mit den allerbesten Gründen, sagen: also mit derlei den Bundeskanzler jetzt verschonen! Aber dieser Brief möchte Ihnen sagen: es wird für Sie nicht uninteressant sein, von Hahn Pläne und Erfahrungen sich knapp vortragen zu lassen. Ganz primitiv scheint es sich für mich darum zu handeln, eventuell in die Lenkung des Jugendplanes diese Anregungen stärker einfließen zu lassen.

Adresse von Hahn: Schloß Salem bei Überlingen.

Gute Grüße   Ihr Theodor Heuss

„Botschafter" eines offenen, sich nach Europa öffnenden Deutschland

— so wird Salem wieder gesehen, wird partnerschaftlich aufgenommen.

Außer einem blühenden Musikleben unter Joachim Bühler — mit Chor- und Orchesteraufführungen im Salemer Betsaal und mit Rundfunkaufnahmen und Konzertreisen in Deutschland und ganz Europa — hat Salem ein recht reges Theaterleben, große Aufführungen in alter Tradition und Eigenproduktionen der Schüler.

Mindestens so wichtig sind dann Salems erste „Dienste"-Einsätze: Der von Prinz Georg Wilhelm und Jocelin Winthrop-Young aus Anavryta organisierte Hilfseinsatz 1954 auf der griechischen Insel Kephalonien nach einer Erdbebenkatastrophe: 120 Jungen aus sieben Ländern — davon 30 Salemer — helfen, bei glühender Sonne und denkbar einfacher Unterbringung, den Wiederaufbau eines Altersheimes und die Instandsetzung von drei Kilometer Straße zu bewerkstelligen: „Internationale Verständigung ohne Worte", die in Salem für die Zukunft Maßstäbe setzte.

Hilfe von Salemerinnen in einem dänischen Altersheim, Forstarbeit in Daisendorf bei Meersburg — beide Arbeitseinsätze in den Ferien; Industriereisen der Primen, um Einblicke zu erlangen in die Prozesse der modernen Wirtschaft; Wiedereinführung(sversuche) der alten „Werkarbeit"; Hilfe in Haus und Landwirtschaft (Marina Ewald bemüht sich darum).

Dann ein weiteres beispielhaftes Unternehmen Salems unter Prinz Georg Wilhelm, die Hilfsaktion 1956: Die Rettung von 60 ungarischen Kindern, die als Flüchtlinge bei der Niederschlagung des Ungarischen Aufstandes durch die Sowjets im November 1956 in Flüchtlingslagern an der öster-

Der Älteste sorgt für Ruhe

SKH Georg Wilhelm von Hannover war mit der Hockey-Mannschaft zu einem Auswärtsspiel weggefahren und übernachtete zusammen mit den Jungen in einer recht bescheidenen und wenig komfortablen Jugendherberge. Er lag, wie die Jungen auf einer Pritsche im Dachgeschoß. Abends stieg der ältliche Herbergsvater herauf, legte ihm freundlich und wohlwollend die Hand auf die Schulter und sagte: „Du bist der Älteste. Du sorgst dafür, daß ab 9 Uhr Ruhe ist."

(G. Mayr)

Prinzenschule

Ein neuer Mitarbeiter fragte den Prinzen von Hannover, ob er ihn mit „Königliche Hoheit" anreden solle, worauf dieser ihn beruhigte: „Von mir aus können Sie mich Max Pumpe nennen — das ist einfacher."

(H. v. Nostitz)

reichischen Grenze gestrandet waren. Sie wurden von Prinz Georg Wilhelm und einigen Altsalemern nach Salem gebracht und von dort nach einer Woche auf verschiedene Landerziehungsheime verteilt. In Salem selbst blieben fünfzehn ungarische Schüler, die zum großen Teil hier ihr Abitur machen konnten. Die Spendenbeschaffung für diese Großaktion ist ein Ruhmesblatt in der Schulgeschichte, und die Mithilfe der Schüler zeigte Salem vorbildlich in der „ansteckenden" Hilfsbereitschaft!

Vor der Rettungsaktion engagierten sich die Salemer schon bei der Blutspende-Aktion für Ungarn, wie der „Brief an die Eltern" zeigt:

Der Leiter
der Schulen Schloss Salem   Salem, den 3. 11. 1956

Die Ereignisse in Ungarn haben auch unsere Schule sehr beeindruckt. Als am letzten Sonntag über den Rundfunk mit grosser Dringlichkeit immer wieder zu Blutspenden aufgerufen wurde, kamen die verantwortlichen Kinder der Schule zu mir, um zu fragen, ob nicht auch Salem auf diese Weise Hilfe bringen könne. Eine telefonische Anfrage beim Roten Kreuz in Freiburg brachte die Nachricht, dass dort die ganze Nacht über gearbeitet würde, da am folgenden Morgen ein Flugzeug direkt nach Wien abgehen wollte, das die Blutspenden in die Notgebiete transportiert.

Mit der Schulärztin zusammen haben wir daraufhin eine strenge Auslese unter denen, die sich gemeldet hatten, vorgenommen, so dass nur die Kinder mitkamen, für die das Blutspenden gesundheitlich kein Risiko bedeutete. Ihr(e) Sohn (Tochter) ist dabei gewesen, als wir am letzten Sonntag nach Freiburg fuhren, um Blut für die Opfer des Freiheitskampfes in Ungarn zu spenden.

Die Haltung unserer Jungen und Mädchen war ganz hervorragend. Wir haben dafür gesorgt, dass in den folgenden Tagen durch entsprechende Zusatznahrung und viel Schlaf das Versäumte aufgeholt wurde.

Mit freundlichen Grüssen
i. E. gez. Prinz von Hannover

Das Echo bei den Eltern war fast durchweg positiv; es gab aber eine mißbilligende Stimme: Ein Schülervater schreibt:

Badenweiler, den 14.11.1956

Königliche Hoheit!

Von Ihrem Rundschreiben betreffend die Blutspende der Schüler und Schülerinnen von Salem für die Aufständischen in Ungarn habe ich Kenntnis genommen. Leider muss ich Ihnen mitteilen, dass ich keineswegs damit einverstanden bin, das mein noch minderjähriger Sohn . . ., der noch nicht einmal das 18. Lebensjahr erreicht hat, ohne mein Wissen und mein vorheriges Einverständnis zu dieser Blutspende veranlasst wurde. Ich bin leider der Überzeugung, dass diese Blutspenden und sonstigen Spenden für die Aufständischen in Ungarn ohne praktischen Wert waren und ausschliesslich einen rein demonstrativen Charakter trugen. Es ist aber nicht meine Absicht, meinen Jungen an wie auch immer gearteten politischen Demonstrationen teilnehmen zu lassen. Ausserdem erhebt sich unwillkürlich die Frage, ob die Leitung der Schulen Schloss Salem in gleicher Weise reagiert hätten, wenn innerhalb der Bundesrepublik eine national-revolutionäre Bewegung auf den Gedanken gekommen wäre, die amerikanischen, englischen und französischen Besatzungstruppen mit Gewalt aus dem Lande zu verweisen. Letzten Endes müsste uns recht sein, was den Ungarn billig ist. Abgesehen von diesen Überlegungen hab ich aus den Hilferufen der ungarischen Aufständischen lediglich den Eindruck gehabt, dass diesen vielleicht mit Männern und mit Waffen zu helfen gewesen wäre, aber nicht mit Blutkonserven.

Beeindruckend ist die darauf erfolgende Antwort von Prinz Georg Wilhelm:

Sehr geehrter Herr . . . , 22. 11. 1956
ich bestätige dankend Ihr Schreiben vom 14. 11. und nehme Ihre Ausführungen zur Kenntnis. Allerdings habe ich den Eindruck, daß . . . selbst verstanden hat, aus welchen Beweggründen wir uns zu der Aktion des Blutspendens entschlossen haben, nämlich daß es sich hier nicht um eine politische Demonstration handelte, sondern lediglich darum, die Gesetze der Nächstenliebe wahrzunehmen und Menschen, die ohne die nötigen ärztlichen Medikamente zu Tausenden in ungeheizten Häusern herumliegen, eine kleine Hilfe zu geben.

Es wird Sie vielleicht auch interessieren, daß der deutsche Rotkreuz-Zug, der in Ungarn nach allem, was man hört, Großartiges geleistet hat, nicht nur ungarische Verwundete sondern auch verwundete russische Soldaten in gleicher Weise betreut hat.

Da nach der Währungsreform 1948 auch in Salem kontinuierlich die Zeit der unmittelbaren Not und Kargheit zu Ende geht, verliert die landwirtschaftliche Arbeit der Schüler somit an unmittelbarer Bedeutung. Dennoch zählte natürlich weiterhin einfache Mithilfe jeden Kindes in Haus und Garten zu den festen Aufgaben in der Salemer Schulgemeinschaft. Aber der regelmäßige „Dienst" am Nächsten, der tätige Einsatz, das praktisch-soziale Engagement nach außen, wird durch Prinz Georg Wilhelm in Salems Erziehungskonzept fest eingebaut. Er übernimmt damit den zündenden Gedanken des Rettungsdienstes, wie ihn Kurt Hahn 1941 in Aberdovey mit der Gründung der ersten Outward-Bound-Kurzschule durch Lehrgänge für den Seenotrettungsdienst verwirklicht hatte. In Salem wurde daraus „der Dienst", zuerst noch freiwillig, heute Pflichtfach für jeden Schüler ab der 10. Klasse.

Ganz ungebrochen anscheinend also Salem, wie es eine „Regenbogenpresse" malt, die nun diese Schule „entdeckt" als Kontrast zur rasant sich verändernden Wirtschaftswunderwelt draußen: *Salem, die Insel von Wahrheit und Recht* (1952).

Doch auch auf dieser „Insel" gibt es allmählich wachsend Probleme. Gegen Ende der fünfziger Jahre häufen sich die Klagen über schlechter werdende Leistungen im Abitur, über eine sich ungünstig verschiebende Relation der Schülerzahl von Unter- und Mittelstufe zur Oberstufe. Immer mehr Schüler kommen erst spät nach Salem, oft nach katastrophalen Schulkarrieren — aber gerade deshalb: zu spät! Denn nun geht zu viel Zeit für die notwendige Nachhilfe verloren, als daß die Schüler sich voll Enthusiasmus auf die Mitarbeit im „Salemer System", auf die Dienste und Ämter und Aufgaben werfen könnten und die „Erziehung zur Verantwortung" die gesamte Schulgemeinschaft erfassen könnte.

„Zu viele Passagiere — zu wenig Mannschaft!" (Hahn)

— das wurde das stetig wachsende Problem Salems. . . . Und auch Spetzgarts, da hier die Schüler nur bis zur Beendigung der Mittelstufe sind, um zum Abitur nach Salem überzuwechseln, Spetzgart also kein eigentliches „Farbentragendes System" hat. 1956 übernimmt Herr Möller für sechs Jahre die Leitung in Spetzgart — General von Senger ist nach Bonn zum Aufbau der Bundeswehr berufen worden. Möller geht daran, die „über Spetzgart schwebende Krise" dieser reinen Mittelstufenschule „ohne Kopf" zu überwinden, indem man einen Realschulzweig mit eigenem Abschluß aufzubauen versucht. Man geht von der Voraussetzung aus, daß *nicht wenige Eltern sich*

Über den Dächern
von Salem: das
gotische Münster
aus dem
13. Jahrhundert mit
dem Uhrturm, der
nach dem Einsturz
des hohen
Glockenturms Ende
des 19. Jahrhunderts
erbaut wurde

Der Salemer
Innenhof (um 1960)
mit Holzstall-
Holzlager: Mithilfe
der Schüler bei der
Versorgung der
Öfen und Kamine
gehörte zu den
täglichen Pflichten,
ehe Salem 1967 eine
Dampfheizung
bekam und das
Holzlager abgerissen
wurde

Salem: am Sennhof
im Klosterbezirk

Kurt Hahn bei
seiner Festrede zur
Eröffnung der
„Athenian School"
bei San Francisco,
einer Salemer
Schwesterschule
in den USA, 1964

Kurt Hahn — mit
Tropenhelm — als
Zuschauer bei einem
Hockey-Turnier,
ASV-Treffen 1961.
(Seit einer
Operation lebte
Hahn mit einer
Silberplatte in
seinem Hinterkopf
und mußte im
Freien stets einen
Sonnenschutz
tragen: sehr oft
seinen Schlapphut
oder eben den
legendären Tropen-
helm)

Kurt Hahn im
Gespräch (um 1966)

Der Hohenfelser
Glockenturm

Am 10. November
1956 wurde die neue
Glocke geweiht. Sie
trägt die Aufschrift:
„Den Hohenfelser
Kindern von ihren
Eltern. 1956"

„Eidechsennest"

*Die Kleinen auf dem
Hohenfels hatten sich
ihr geheimes Reich
auf dem Speicher
eingerichtet: eine
Ecke zwischen all
dem Gerümpel der
Kisten, Kasten und
ausrangierten Mö-
belstücke, unter
Spinnweben und
Wespennestern,
im staubigen Halb-
dunkel des Lichts,
das durch die losen
Dachziegel ein-
drang: das „Eidech-
sennest". Am toll-
sten ist es nachts, ge-
gen elf, wenn alles
schläft. Da trifft man
sich dort oben und
„schmaucht" sein
Pfeifchen: Peddig-
rohrreste, im Bastel-
unterricht abge-
zweigt!
Doch eines Nachts
unterbricht Fräulein*

Köppen diese idyllische Sitzung; sie ist ihnen auf die Spur gekommen. Sie weckt die ganze Schule auf, die Glocke wird geläutet, und alle — Erwachsene wie Kinder — müssen sich sogleich in der Burgkapelle versammeln, um Dank zu sagen. Denn nur durch wunderbare Fügung sei nichts passiert, da doch die Kinder dort oben Streichhölzer hatten — absolut tabu! (Vom Rauchen aber sagte sie kein Wort.)

die Frage vorgelegt haben, ob ihr Kind wirklich neun Jahre lang das Gymnasium besuchen solle, um die Salemer Erziehung zu genießen (Bericht von H. Möller). Die Innungen werden weiter ausgebaut, der Sport in Spetzgart erhält Auftrieb durch Anlage eines Handballplatzes, und nach Erlöschen des Pachtvertrages für das Bauernhaus (Wiechehaus) wird im Mittelbau Raum für Schulzimmer, ein Krankenquartier und Lehrerwohnungen geschaffen; im Dachstock entsteht ein schöner Musik- und Vortragsraum im uralten Gebälk. Die Neubelebung der Spetzgarter Atmosphäre läßt sich auch an der sehr eigenständigen lebendigen Schülerzeitung ablesen: die „Spetzgarter Hefte" (ab 1966 „Sp. Presse") entstehen 1958 und erscheinen bis Anfang der siebziger Jahre; erhalten sogar einmal den Preis des Bundespräsidenten in einem Wettbewerb für Schülerzeitungen.

Doch mit dem Ausbau Spetzgarts erfolgte zwar eine Ausweitung der Schülerplätze auf 140, aber das sind fast alles Mittelstufenschüler, der Realschulzweig kümmert noch 1958 mit 18 Schülern so dahin — die Eltern drängen nach wie vor auf die Qualifizierung zum „Salemer Abitur". Dem wird 1962, mit der Übernahme der Leitung durch Helmut Münch, den Kurt Hahn über die Kurzschule Baad angeworben hatte, Rechnung getragen: Ab 1963 bietet die Seniorenschule Spetzgart ein eigenes Abitur für Kinder, die den mathematisch-naturwissenschaftlichen Gymnasialzweig besuchen — und von der Juniorenschule Hermannsberg kommen —, während Salem die Junioren vom Hohenfels zum humanistisch-neusprachlichen Abitur führt.

Sehr viel Engagement einer kleinen „elitären" Gruppe in Salem und für Salem! — Doch im Unterricht und im Abitur glänzt Salem nicht immer.

Schlechte Abiturergebnisse des einen Jahrgangs verstärken noch den Unwillen der nächstfolgenden Prima. Sie versagten ihre „Loyalität", klagt Prinz Georg Wilhelm und sieht sich veranlaßt, ihnen für ein Trimester den selbständig geführten Trainingsplan, die Basis der „Farbentragenden", zu entziehen und sie einer strikten Kontrolle zu unterwerfen. Als ein weiteres Abitur mit ebenfalls nicht befriedigenden Ergebnissen folgt, sind kritische Fragen nicht mehr zu vermeiden. Die Suche nach „dem Schuldigen" beginnt: Schule, das heißt Unterricht — oder Internat?

Ostern 1959 übernimmt ein Freund des Prinzen aus Studientagen als erster Nicht-Salemer die Leitung in Salem: Axel Freiherr von dem Bussche, Widerstandskämpfer gegen Hitler, schwer kriegsverwundet, eine imponierende Gestalt, mit seinen zwei Metern Körpergröße schon rein äußerlich ein Hüne von Mann. „Tok, tok" ging er schnellen Schrittes durch die Schule, die sehr bald „seine" Schule wurde, strahlte er doch sehr ähnliche Faszination aus wie der große Hahn.

„Lebhafte geistige Exkursionen",

so charakterisiert Richard von Weizsäcker die Unternehmungen seines besten Freundes Axel von dem Bussche. Und eine dieser Unternehmungen war diese kurze, dazu noch durch mehrmonatige Krankheit unterbrochene und vom Veto seines Arztes 1961 dann schon bald beendete Salem-Zeit. Ein Marsch der gesamten Schule zum KZ-Friedhof bei der Birnau, ein zweiter zur „Polenlinde" in der Nähe Salems — dazu die eindringlichen Ansprachen des Schulleiters an diesen beiden Gedenkstätten der unrühmlichen jüngsten deutschen Geschichte: Kampf war damit angesagt der für Salem in den 50er Jahren so belastend gewordenen schleichenden Trennung von Erziehung und Unterricht! Und dieser *Idylle für politische Ignoramusse* wurde wieder der Auftrag ihrer Gründer vor Augen geführt, wie ihn Markgraf Berthold 1945 erneuert hatte. Und Axel von dem Bussche gelang es, die Schüler mitzureißen.

Ein erfahrener Schulmann steht zur Seite: Dr. Flörke, als hoher Beamter aus dem hessischen Kultusministerium von Kurt Hahn über Minna Specht 1958 für Salem geworben.

Doch das Wirken Axel von dem Bussches wurde im Frühjahr 1960 durch Krankheit unterbrochen. Dr. Erich Meissner, aus England zurück und gerade dabei, auf dem Hermannsberg in der Nähe Kurt Hahns seinen Ruhesitz zu beziehen, übernahm kommissarisch die Leitung in Salem. Der unfreiwillige Krankenurlaub 1960 gab von dem Bussche den nötigen Abstand, eine Diagnose samt Therapievorschlag zu Verbesserungen in Salem zu konzipieren, denn — konstatierte eine Schülerin — *nichts bringt Bussche mehr in Harnisch als Konformismus* und das Unter-den-Teppich-Kehren grundlegender Probleme.

Von dem Bussche hatte das Salemer System der Schülerselbstverwaltung äußerst kritisch gesehen, wie er selbst in einer Podiumsdiskussion 1983 bekennt: *Noch ich selbst habe zu meinem großen Leidwesen Wächter ernennen müssen — ein ganz großer Fehler, weil es das Gesamtgewebe des Aufsteigenden beeinflußt, wenn er von oben ernannt wird.* Hier sah er einen Zusammenhang mit dem, was er 1960 in seiner Denkschrift „Korruption" nennt: die sehr laxe Regelbefolgung und das Abgehen von der unbedingten Ehrlichkeit, dem Grundprinzip der Salemer Selbstverantwortung also. Dies hatte schon Georg Wilhelm von Hannover in seiner Amtszeit dazu gebracht, die gesamte Schü-

lerselbstverwaltung zu suspendieren, einen ganzen Primaner-Jahrgang der Kontrolle zu unterstellen und ihm den selbständig geführten Trainingsplan zu entziehen. Mentoren und andere Erwachsene übernahmen alle Funktionen der Schülermitverwaltung in Salem. Diese Kontrollen begannen beim Aufstehen, setzten sich beim Morgenlauf fort und überwachten den Tag bis zum Abend. Die Befolgung der Vorschriften wurde mit harten Strafen, vorwiegend „Ex"-en und Werkarbeit, durchgesetzt. In der Folgezeit wurde zwar das Farbentragende System wieder in alter Form eingesetzt, doch hat der Trainingsplan, *dieses Kernstück unserer Erziehung* (Marina Ewald 1960), nie mehr die ihm zukommende Bedeutung zurückgewonnen.

Axel von dem Bussches Therapievorschläge,
niedergelegt in seinen „Gedankenskizzen", vor dem Vorstand am 19. November 1960 mündlich genauer ausgeführt, sahen folgendermaßen aus:

Erstens: Verkleinerung der Salemer Oberstufe mit den überproportional starken Primen — 87 Primaner, fast die Hälfte der internen Salemer Schülerzahl — durch Aufstockung Spetzgarts, Aufbau einer realgymnasialen Oberstufe. Dieser Impuls wirkte sich positiv aus: 1962 wurde Spetzgart gemäß dieser Reformpläne umgestaltet.

Weiterhin enthält die „Gedankenskizze" Axel von dem Bussches Vorschläge zur Lösung der immer wieder einmal, und 1960 noch immer, virulenten *Probleme mit der Koedukation*: Aufgeben der Koedukation (*Auslaufen lassen — Aufnahmestop!*) oder Umwandlung Salems in eine reine Jungenschule, Spetzgarts in eine reine Mädchenschule, sind von dem Bussches radikale Vorschläge, die (natürlich!) nicht befolgt werden. Marina Ewald, zu

Wir lügen nie!

Minna Specht fragte einen Salemer, was ihm an seiner Schule besonders gefalle. „Wir lügen nie!" — „Oh, dann war das hier Deine erste Lüge."

Offene Antwort

Aufregung bei dem scheidungswütigen Vater über einen Salemer Mentor, der ihn an seine Vaterpflichten erinnert. Der Vater: „Wissen Sie überhaupt, mit wem Sie sprechen!?" — „Wenn ich es nicht besser wüßte, nähme ich an, mit einem Kannibalenhäuptling, Herr Dr. X!"

123

der Zeit zur Kur im Vorarlbergischen, wirft in einem Brief vom 6. November 1960 an von dem Bussche ihre guten Argumente gegen solche Pläne, *vom Vorstand eine radikale Umschiffung der Gefahren der Coedukation zu erbitten*, in die Debatte: Da die Verantwortung für ein tadelloses Verhältnis grundsätzlich Jungen und Mädchen gemeinsam angehe, könnte sich der problematische Zustand, *wenn überhaupt*, dann am ehesten *im Zusammengehen mit den Mädchen* überwinden lassen, *und wenn er nicht bald überwunden wird, sollten die Jungen so wenig wie die Mädchen in Salem sein.*

Von dem Bussches dritter Punkt, sein Hinweis auf die Bedeutung der „Erziehung durch Unterricht", verwies Salem einmal mehr auf seine Ursprünge, als unter Geheimrat Reinhardt vorbildlicher Unterricht — beweglich in den Oberstufenkursen — schon einmal praktiziert worden war und Zusammenhang von Unterricht und extracurricularen Aktivitäten zur „Salemer Methode" hinzugehörte!

Ein schwerer Schlag, als Axel von dem Bussches Krankheit schon kurze Zeit nach Wiederaufnahme seiner Leitertätigkeit 1961 endgültig seinen Rücktritt erzwang. Sein Freund Claus Jacobi schrieb über Axel von dem Bussches Zeit als Headmaster in Salem:

(Es) schmerzte mich nur, daß Axel — auch wegen der vielen Treppen — gerade Salem so schnell wieder verlassen mußte. Er war ein begnadeter Erzieher. Von dem Vater meines jüngsten Patenkindes, Nikolas Graf Bernstorff, und anderen, die unter Axel von dem Bussche Internats-Schüler waren, weiß ich, welche beinahe magische Wirkung er auf Jungen und Mädchen ausübte. Sie beteten ihn förmlich an. Er war, was ich allen Heranwachsenden wünsche, ein Vorbild, zu dem sie aufblicken konnten. Vielleicht zu blauäugig, zu idealistisch, zu weltfremd? Vielleicht, aber keine Sorge: die Niedrigkeit dieser Welt lernen die Kinder ohnehin schnell genug kennen.

Wie ein Komet ging Axel von dem Bussche durch Salem — und machte die Schule wacher! □

Krise — Reform — Aufbruch (1962 bis 1995)

Ein ganzes Jahr dauerte es, bis nach Axel von dem Busches Abschied vom Leiteramt 1962 endlich ein Nachfolger gefunden wurde. In der Zwischenzeit übernahm Horst Freiherr von Gersdorff, seit 1959 als „Geschäftsführer" mit der Wirtschaftsleitung des stetig wachsenden Unternehmens Schule befaßt, die Oberleitung von Salem. Vor allem Herrn Schüder, dem zweiten Mann in der geschäftlichen Leitung, ist es zu verdanken, daß Horst von Gersdorff dies Krisenexperiment gelang.

Die kommissarische Leitung Salems 1961 bis 1962, eine Herkulesarbeit!

Denn wieder einmal sind Probleme mit den Primanern zu bestehen. Wieder einmal verweigern die Farbentragenden die Übernahme der Verantwortung: Aus Gewissensgründen die einen — sie wollen nicht über gleichaltrige Kameraden „herrschen" —, aus Furcht vor der Mehrbelastung andere — das „Katastrophenabitur" in frischer Erinnerung, auch in Erinnerung bei einem Teil der Eltern, die zwar eine „Salemer Erziehung" wünschen, doch zuallererst einen guten akademischen Abschluß einfordern —; ein weiterer Teil der Schüler verweigerte sich schlicht aus Bequemlichkeit. Auch geht es wieder einmal um „Probleme mit der Koedukation", und so entschloß man sich, nach ausgiebigen Beratungen mit Kurt Hahn, die Jungen der Oberprima für das Trimester vor dem Abitur nach Schloß Kirchberg zu verlegen, das seit Schließung der Juniorenschule (1959) noch leerstand. Heinz Lindenmeyer, einer der Pioniere bei der Eröffnung der Schule in Kirchberg 1946 und Leiter daselbst 1951 bis 1955, und Herr John betreuten die „Verbannten" in ihrer „Quarantänestation".

In Salem ging man derweil daran, eine neue Generation verantwortungsbereiter Schüler für das Farbentragende System heranzuziehen. Die Abiturergebnisse Ostern 1962 sind wieder beruhigend, und so können Herr von Gersdorff und sein Team im Mai 1962 Salem neugefestigt dem endlich gefundenen Leiter übergeben. Auch Spetzgart ist strukturell auf neuem Weg: Es hat in Helmut Münch nun einen neuen Leiter, unter dem die Oberstufe weiter ausgebaut wird, durch die nötigen Bauten für die Ansprüche eines realgymnasialen neusprachlichen Gymnasiums vom Wirtschaftsleiter energisch gefördert.

Hartwig Graf von Bernstorff, Salems neuer Leiter, ist Oberstleutnant, doch ganz gewiß nicht der *militärisch-zackige Typ mit Corps-Schmissen*, wie ihn sehr bald schon eine gewisse Presse im Artikel: „Unser Mann in Salem" in einem (unbekannten) Magazin namens „Underground" ihren Lesern darstellt, sondern eher bedachtsam nachdenklich, ein Kontrast zum dynamischen Axel von dem Bussche.

Kurt Hahn ist überzeugt, daß *Salem unter Graf Bernstorffs Führung einer siegreichen Rekonvaleszenz entgegengeht*, wie er in einem Interview 1962 sagt. Diese Rekonvaleszenz war vom Schulvorstand noch unter Markgraf Berthold ab 1960/61 in die Wege geleitet worden; die immer neuen Krisen, spätestens beim Abitur sichtbar, hatten eine Änderung dringend angemahnt. Kurt Hahn war bei der Suche nach neuen Leitern — 1960 hatte er auch den späteren Bundespräsidenten Richard von Weizsäcker für dieses Amt gewinnen wollen — die schwelende Krise nicht verborgen geblieben. Er forderte — wie stets — von seinen Schülern, nun im Vorstand für die Schule verantwortlich, unnachsichtige Rechenschaftslegung. Da er zu dieser Zeit bei der Gründung seines ersten United World Colleges eng mit Air Marshall Sir Lawrence Darvall zusammenarbeitete, bat er diesen, Mitglied des Salemer Internatsvereins zu werden und ein Gutachten über die Situation der Schule mit Verbesserungsvorschlägen anzufertigen. Sir Lawrence Darvall war zu einem deprimierenden Ergebnis gekommen:

Eine gründliche Reorganisation in Salem
— eine Strukturreform für Unterricht, Sport, Internat und ganz besonders der „Activities" (Dienste) — war unabdinglich. So forderte er, es müßte zum Beispiel eine Verkleinerung der Flügel erfolgen, um Partnerschaft und Vertrauen zwischen Mentor und Zögling wieder selbstverständlich möglich zu machen. Wie unhaltbar die Internatssituation tatsächlich war, zeigt der Bericht aus einer Internatsverein-Sitzung (1958), wo man feststellte: *Hatte der Vorstand zuerst angeordnet, die Salemer Jungen in zwei Gruppen zu teilen und jeweils einem Flügelmentor zu unterstellen, so ist jetzt angeordnet worden, eine Vierteilung vorzunehmen, damit jeder Mentor möglichst nicht mehr als zirka 50 Kinder zu betreuen hat.* — Diese notwendige Reorganisation hatte damals aber nicht erfolgen können. Nun, Anfang der sechziger Jahre, ging man ans Werk. Und dies war ohne umfassende Baumaßnahmen nicht zu bewerkstelligen: Modernisierungs- und Ausbaumaßnahmen waren ja längst überfällig geworden!

Mutig war man 1945 an den Neubeginn Salems gegangen: Alle äußeren Schwierigkeiten hatte man für gering erachtet, da der „Salemer Geist" gestärkt aus dem Widerstand in der NS-Zeit hervorgegangen war und Salems unversehrte Mauern in einer Welt der Kriegstrümmer Hoffnung genug gaben. Auch die Wiederaufbauzeit, die Wiedereröffnung der Zweigschulen ab 1946, wurde in

diesem Geist in Angriff genommen, wenn auch die notwendigen Renovierungen in Spetzgart und vor allem dem Hermannsberg eher bescheiden ausfielen. Doch in den fünfziger Jahren, mit Beginn des „Wirtschaftswunders", wurde deutlich, daß Salem sehr bald zu entscheidenden Baumaßnahmen würde ausholen müssen. Spenden über die Altsalemer, den Salemer Hilfsdienst, und über Freunde Salems sowie eigene Opfer schafften einiges, doch die finanziellen Probleme waren für Vorstand und Schulleitung schon gegeben, ehe in den sechziger Jahren massive Anforderungen auf Salem zukamen. Nach Ausrufung der „Bildungskatastrophe" durch Robert Picht erhielt die Reform des Bildungswesens Priorität für die moderne Wirtschaftsgesellschaft: Der Ausbau der staatlichen Universitäten und des öffentlichen Schulsystems begann und brachte die Privatschulen, vor allem freie Schulen wie Salem, hinter denen keine großen Institutionen als Rechtsträger stehen, in Zugzwang. Mindestens Anschluß zu gewinnen und Gleichziehen mit anderen, moderneren Landerziehungsheimen wie der Odenwaldschule, das war Salems Ziel.

Und mit dem Ausbau des Sozialstaates kamen im Personalsektor des Dienstleistungsbetriebes Schule Schloß Salem weitere Kostenbelastungen hinzu: Löhne und Gehälter stiegen nicht nur überproportional, auch Ruhestandsbezüge mußten neu einkalkuliert werden; dazu steigende Kosten für Mentoren- und Lehrerwohnungen, um gute Kräfte für Schule und Internat gewinnen zu können — zum ersten Mal in harter Konkurrenz zum expandierenden staatlichen Bildungssystem mit seinen flächendeckenden Schulgründungen. Da konnten die Einnahmen Salems aus den Pensionsgeldern natürlich nicht Schritt halten.

Damit tat sich für Salem eine Art „Falle" auf: Die Schule: voll! Die Betten: belegt! Von den Eltern waren zirka 40 Prozent „Mehrzahler", d. h. fanden sich freiwillig zur Zahlung von mehr als dem Grundbetrag in Salems Pensionsgeldstaffelung bereit; doch gab es nur 16 Prozent Freistellen, und Kurt Hahn warnte eindringlich vor der erneuten Gefahr der „Plutokratisierung" in Salem.

Als Graf Bernstorff die Schulleitung 1962 übernahm, war die erste Planungsphase im Bauprogramm für die Erneuerung Salems gerade angelaufen. Horst von Gersdorff hatte schon in Zusammenarbeit mit der Markgräflichen Verwaltung, mit der Finanzabteilung und mit Baudirektor Schulz, die notwendigen Schritte eingeleitet.

„Der Salemer Plan" (I)

wurde als Konzeption für Ausbau und Entwicklung der Schule Schloß Salem zur Feier des 80. Geburtstages von Kurt Hahn am 5. Juni 1966 den Eltern und Freunden der Schule vorgestellt, und Spenden wurden erbeten, *um Kurt Hahns Pädagogik den Weg in die Zukunft zu ermöglichen* (von Bernstorff, 1969).

Der „Salemer Plan" sah die Modernisierung und Erweiterung der in Salems Klostermauern bestehenden Internats- und Schulgebäude in sieben Abschnitten vor. Das Markgräfliche Haus, Markgraf Berthold und nach dessen Tod (1963) Markgraf Max, gaben die Zusage, die bereits von der Schule genutzten Gebäude zu renovieren und der Schule weitere Gebäude von Schloß Salem zur Verfügung zu stellen. Ein finanzielles Unternehmen, das den Vermögensrahmen einer Privatschule in freier Trägerschaft sprengte!

Durch großzügige Spenden — sowohl seitens des Markgrafen als auch von Schülereltern, Altsale-mern und Freunden der Schule — und dank staatlicher Zuschüsse konnten die meisten der sieben Teilprojekte im Laufe von zwölf Jahren dann unter von Gersdorffs Leitung auch fertiggestellt werden.

Und Salem wurde von einer Schule im Kloster zu einem modernen Landerziehungsheim:

1. **Das Mädchenquartier im Oberen Langbau:** 1960/61 begonnen, 1963 fertiggestellt: mit 60 Mädchenplätzen und Mentorinnenwohnungen, gemütlichen Aufenthalts- und Arbeits- und Nebenräumen half dieser Mädchenbau den Fortfall der Kirchberger Zweigschule zu kompensieren.

2. **Die zentrale (Öl-)Heizung** für alle von der Schule genutzten Gebäude wurde 1967 fertig: sie machte dem jahrzehntelangen Holzschleppen ein Ende — allerdings nicht nur den Mühen mit den Nachkriegseisenöfen (mit Ofenrohr zum Teil zu den Fenstern heraus), sondern auch der Tradition der schönen alten Kachelöfen in so manchem Raum. Der Holzschuppen konnte abgebrochen werden, was Licht und Luft im neu angelegten Innenhof schaffte.

3. **Die Turnhalle im Langbau,** Ausbau der alten Zehntscheuer, Salems legendärem „Hockey-Speicher", bis Herbst 1967 vollendet: Salem hatte nun für etliche Jahre die größte Festhalle im nordwestlichen Seegebiet und die Schule eine prachtvolle Sporthalle, einen Theater- und Konzertraum, eine Aula.

4. **Das Jungeninternat:** dank Umbau der Alten Volksschule wurde der Mittelbau Juniorenquartier für 40 Schüler mit schönen Spiel- und Arbeitsräumen, Mentorenwohnungen und Assistentenzimmern, 1968 fertiggestellt.

5. **Das Schwimmbad,** eines der teuersten Projekte: Der Umbau des ehemaligen Weinkellers

Hahn und Mäzenatentum

Hahn suchte immer Mäzene für seine Schule. Als wieder einmal eine erlauchte Gruppe fortging und Schüler ihn fragten, wie es denn ausgegangen sei, meinte er: „Gespendet haben sie nicht, aber ein schlechtes Gewissen haben sie!"

Schild am Mädchenbau:

„Herrenbesuche nicht erlaubt." Kommentar eines Schülers: „Das erinnert mich an ‚Betteln und Hausieren verboten.'"

im barocken Gewölbe des Mittelbau-Untergeschosses, 1969 im Bau und teilfinanziert — in der Zeit der Rezession kurzfristig gestoppt, dann durch großzügige Übernahme der verbleibenden Kosten durch den Markgrafen 1974 fertiggestellt, wurde nicht nur für die Salemer Schloßschüler eine wichtige Stätte für Sport und Spiel und Training im Rettungsschwimmen.

6. **Hauptbau/West- und Südbau:** Durch Aus- und Umbauten großen Stils entstanden Wohn- und Aufenthaltsräume und ganz besonders die Bibliothek im prachtvoll stukkatierten, alten Kapitelsaal. Damit war 1973 auch die internatliche Unterbringung der bis dahin noch im Unteren Langbau residierenden Internatsschüler möglich geworden, eine Voraussetzung für das nächste Projekt:

7. **Umbau des Unteren Langbaus zum Unterrichtsgebäude** — dieser siebte Teil wurde 1974 Bestandteil des „Salemer Plans II".

Zunächst wurde nach 1970 das Krankenquartier ins Obere Tor verlegt, wo auch eine Hausmeisterwohnung für Herrn Volz entstand; das Alte Postgebäude zu Büros der Studien- und Aufnahmeleitung ausgebaut.

Durch Anlage der weitläufigen Sportrasenflächen jenseits der 1962 aus dem Schloßbezirk verlegten Umgehungsstraße vor dem Stockacher Tor hatte Salem *Deutschlands schönstes Rasenhockey* (Graf Bernstorff 1967). Gerade in den schwierigen Jahren, als Sport zu einem Negativbegriff an den allermeisten deutschen Schulen, auch vielen Internatschulen wurde, gewannen sportliche Aktivitäten, gewann die Leibeserziehung unter Paul Preisser, in Salem ganz neues Momentum: *Knigge, Sport und Hochschulreife,* titelte die Zeitschrift „Epoca" 1967 und nannte Eton, Salem, Gordonstoun als die Institutionen, wo *Wissensbildung mit der Erziehung zur Persönlichkeit verbunden ist und „fair play" den Stundenplan bestimmt . . .: Sport ist Mittel zum Zweck — Latein und Griechisch sind es ebenso.*

All diese Baumaßnahmen konnten oft nur mit schierem Willen durchgehalten werden, verschlangen die Investitionen für Umbauten und Renovierungen in den altehrwürdigen, denkmalgeschützten Gebäuden allein in Salem selbst Unsummen. Und da an allen drei Zweigschulen ebenfalls ständig erweitert und modernisiert werden mußte, alte Bausubstanz auch hier zu sichern und bei Neubauten denkmalpflegerische Gesichtspunkte zu berücksichtigen waren, geriet die Schule Schloß Salem e. V. nach acht Baujahren in eine gefährliche finanzielle Schieflage — trotz aller Gelder, die Altsalemer, Freunde, Förderer spendeten, die Kurt Hahn selbst unermüdlich bei Mäzenen lockermachte, trotz staatlicher Zuschüsse und verbilligter Kredite, trotz Förderung des Markgrafen über die mietfreie Nutzung der Salemer Gebäude für die Stammschule hinaus! — Spetzgarts neue Hafenanlage, der Schwimmteich auf dem Hermannsberg, dann auch die Schwimmhalle in Salem: sie alle und vieles mehr wären ohne die vielen Hunderte Stunden von Schülereinsatz nie Realität geworden; ohne die großzügigen Elternspenden — besonders für den Hermannsberg — erst recht nicht!

Salem in den Sechzigern

— das ist auch Ort vieler großer festlicher Ereignisse zu frohen und ernsten Anlässen. 1961: Kurt Hahns 75. Geburtstag: ein großes familiäres Schulfest in Salem, da sich der Jubilar nun *auch Doktor und Professor gar* nennen durfte!

Am 27. Oktober 1963: der unerwartet frühe Tod Markgraf Bertholds, „Ritter ohne Furcht und

Salem.   22ⁿᵈ May 1965.

In order to commemorate my visit
I would like all the Salem Schools
to enjoy a free day on the Twenty second
of May in perpetuity.

Elizabeth R

Das Handschreiben der Queen Elisabeth II. von England für die Salemer Schüler. Hiermit verkündet sie, daß hinfort für alle Zeit der 22. Mai schulfrei sein soll, zur Erinnerung an ihren Besuch in Salem am 22. Mai 1965!

Es wird berichtet, daß Hahn, als er einmal wieder in London weilte, zur Hutprobe gleich zwölf Modelle zur Ansicht in sein Standortquartier, Brown's Hotel, geliefert bekam. Zur Begeisterung der Schüler — und stillen Verzweiflung der Erwachsenen — behielt Hahn einfach das volle Dutzend.

Tadel", wie Golo Mann ihn im Nachruf nennt; der Wächter der Schule von Anfang an, ihr Wächter auch in schwerster Zeit: ab 1933 gegen die Drohung des nationalsozialistischen Zugriffs; Salems Erneuerer 1945 und ihr Protector immerdar, der die Schule schon Ende der fünfziger Jahre mit Verzicht auf seine angestammte Entscheidungskompetenz in die staatlich anerkannte Selbständigkeit entlassen hatte. Die Begräbnisfeier brachte viele gekrönte und ungekrönte Häupter aus Europas Hochadel nach Salem. Auch Kaiser Haile Selassie von Äthiopien kam, der einen seiner Enkel in Salem zur Schule schickte und der Obhut von Klaus und Else von Ruckteschell anvertraute.

Am 22. Mai 1965 war dann wieder ein frohes Ereignis: Queen Elisabeth II. und Ihr Gemahl, Prinz Philip, Herzog von Edinburgh, kamen zu der markgräflichen Verwandtschaft zu Besuch. Zu dieser Gelegenheit wurde noch einmal die gute alte Salemer Eisenbahntrasse bis zum Salemer Bahnhof reaktiviert, damit die Royals auch wirklich in Salem empfangen werden konnten. Ganz Salem feierte mit, die Schüler aller Salemer Schulen standen Spalier und sangen im Chor. *Und damit dieser wunderschöne Maientag in Salem unvergessen bleiben möge, soll jeder 22. Mai fürderhin — in perpetuity — schulfrei sein.* Dieser königliche Willen wurde handschriftlich beurkundet von Ihrer Majestät!

Kurt Hahns 80. Geburtstag am 5. Juni 1966

wurde dann in Salem als ganz großes Fest mit viel Prominenz gefeiert: Viele Reden würdigten den Jubilar, der nicht nur zwei Stunden und mehr aufmerksamt lauschte — er habe so gespannt zugehört, daß er ganz vergessen habe, daß diese Elogen ihm gegolten hätten, bekannte Hahn. Und er hielt dann eine seiner wunderbaren Reden, die

dieses „Zauberers" Gabe zeigte, *to charm the birds from the tree.* — Eine dicke Festschrift: „Bildung als Wagnis und Bewährung", über „das Lebenswerk Kurt Hahns", erschien pünktlich zum Fest und enthielt kritisch prüfende Beiträge, alle (mit einer Ausnahme!) ein faires Spiegelbild der Pioniertaten dieses weltweit wirkenden Pädagogen, der mit vielfältigen Erziehungsinstitutionen — Outward-Bound-Schulen und United World Colleges — den internationalen „Brückenschlag" der Völkerverständigung tat.

Odysseus Heimkehr

Die schönste Festesgabe hatten sich die Junioren auf dem Hermannsberg ausgedacht: In bester Uralt-Salem-Tradition spielten sie ein selbstverfaßtes Theaterstück, „Odysseus Heimkehr", für Kurt Hahn, ihren Mitbewohner, der seit Niederlegung des Leiteramtes in Gordonstoun auf seinen geliebten Hermannsberg heimgekehrt war und hier — im Wechsel mit Schottland — zumindest offiziell halbjährlich residierte: von hier auszog, um seine vielen Projekte einer ganz neuartigen Erziehungsbewegung „anzustiften".

Zusammengebracht von Jocelin Winthrop-Young, dem Altsalemer, Altgordonstouner und Gründerleiter der griechischen Salem-School Anavryta, der seit 1964 Salems Internatsleitung koordinierte, sodann die zweitschönste Geburtstagsgabe, etwas, das in Zukunft immer größer werden sollte: Die Stiftung der „Round Square Conference" (R. S. C.): eine weltweite Vereinigung von Schulen im Hahnschen Sinne, die unter der Schirmherrschaft von König Konstantin von Griechenland, Anavryta-Altschüler, damals mit sechs Schulen begann und heute (1995) mehr als 23 Mitglieder hat, die zusammen internationale Hilfsprojekte verwirklichen und Hahns pädagogische Grundidee, die „Erlebnistherapie", gemeinsam umsetzen: Brunnenbau in Indien; Errichtung eines Schulhauses in Kenia; Arbeit mit Schwarzfuß-Indianern im Summer Camp in Montana; Betreuung pakistanischer Straßenkinder in Londons Eastend . . .

Ein weiterer Zusammenschluß der Alumni der RSC-Schulen: U. R. S. A. („der weibliche Bär"), wirkt seit 1988 und hat inzwischen ein Potential von 20 000 Interessierten weltweit.

Im Herbsttrimester Anno 1966 wurde badisch-österreichische Vermählung gefeiert: Markgraf Max heiratete Ihre Kaiserlich-Königliche Hoheit Valerie von Habsburg-Lothringen, und ganz Salem — Dorfgemeinschaft und Schule — feierte mit: Die Zehntscheuer war ja auch gerade rechtzeitig fertig geworden!

Rege Bautätigkeit und Feste — dazu verzeichnet die Schulchronik sportliche Begegnungen mit Mannschaften anderer Hahn-Schulen des In- und Auslandes in Salems neuer Turnhalle und auf der prächtigen Sportrasenanlage! Der „Sportbericht" in den „Salemer Heften" (1965/67) vermeldet, daß endlich *nach langer Unterbrechung!*, Salems Hockeymannschaft 1965 wieder am Festival der englischen Public Schools in Oxford teilnahm, als Höhepunkt eines wieder auflebenden vielseitigen Sportprogramms, nachdem Anfang der 60er Jahre ein bedenkliches Erlahmen der Aktivitäten festgestellt werden mußte.

Die „Dienste" sind auch nicht untätig: Besonders die Feuerwehr bewährte sich bei Großeinsätzen, zum Beispiel 1967 beim Brand auf dem Hohenfels; oder THW und Feuerwehr kamen 1965 zum Einsatz beim Hochwasser in Salem-Stefansfeld, als die Salemer Aach über die Ufer getreten war. Sie arbeiteten mit der Salemer Ortsfeuerwehr

zusammen und hielten mehrere Nächte lang Wache, bis die Gefahr vorbei war. Wie wichtig dieser Einsatz in Nachbarschaftshilfe für die Schulgemeinschaft war, dokumentieren die „Salemer Hefte" (1965/67): *Mit besonderem Stolz lesen wir den ganzseitigen Artikel über das Hochwasser im „Südkurier", in dem wir lobend erwähnt werden — Unser erster Einsatz seit 10 Jahren!*, schreibt Wolfgang Lingens. Und in den Osterferien 1967 rückt eine kleine Salemer Einsatztruppe nach Florenz aus, um bei der Reinigung der durch die Hochwasserkatastrophe 1966 geschädigten Kunstwerke zu helfen. Besonders viel Anerkennung bekam da die Salemer „Putztruppe" von den vielen deutschen Katastrophentouristen!

Gewarnt durch Deutschlands tragische Geschichte, legt Salem Gewicht darauf, in den geistig begabten Kindern die Überwindungskraft zu nähren. Damit rechtfertigen wir den Salemer Brauch, den Neigungen der Kinder zwar einen großen, aber keinen ungebührlichen Platz in ihrem Lebensplan einzuräumen. Wohl glauben wir, daß jedes Kind einer „grande passion", einer schöpferischen Leidenschaft fähig ist, die zu entdecken und zu befriedigen unsere vornehmste Pflicht ist, womöglich noch an der Schwelle der Pubertät, damit die Entwicklungsjahre vor der Alleinherrschaft des Geschlechtstriebes bewahrt werden. Es ist Vergewaltigung, Kinder in Meinungen hineinzuzwängen, aber es ist Verwahrlosung, ihnen nicht zu Erlebnissen zu verhelfen, durch die sie ihrer verborgenen Kräfte gewahr werden können. (Kurt Hahn 1957)

Ausbau und Erweiterung der Dienste-Aktivitäten

Richtungsweisend für die Zukunft wurde die Aufnahme des „Sozialdienstes" in den Kanon der klassischen Einsatz- und Rettungsdienste: Feuer-

Die Rettungsdienste

Früher:
9 gingen hinaus,
8 kamen zurück,
— 1 war leider
verunglückt.

Heute:
8 gehen hinaus,
9 kommen zurück,
— 1 wurde tatsächlich gerettet
und mitgebracht.

131

Kurt Hahn auf
dem Hermannsberg.
Portrait-Studie
von Stefan Moses
anläßlich des
80. Geburtstags 1966
für die Festschrift:
„Bildung als Wagnis
und Bewährung"

132

Salemer Schüler
im Bernhardusgang
auf dem Weg zur
Morgenandacht
(1964)

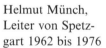

Helmut Münch,
Leiter von Spetz-
gart 1962 bis 1976

Trauerzug in Salem:
Beisetzung Mark-
graf Bertholds, 1963.
Auf dem Foto vorne:
König Paul und
Königin Friederike
von Griechenland;
dahinter (rechts)
Prinz Georg
Wilhelm von
Hannover; (links)
Prinz Philip, Herzog
von Edinburgh; in
der hinteren Gruppe
Kaiser Haile
Selassie von
Äthiopien

Jocelin Winthrop-Young, 1931 englischer Schüler in Salem; im November 1933 einer der beiden Ur-Gordonstounians. 1949 bis 1959 Gründer/Leiter der griechischen Salem School Anavryta bei Athen; dann Mitarbeit im Foreign Office, von wo ihn Hahn 1963 nach Salem ruft. Baut hier — ab 1964 „Headmaster" — das „moderne Internat" mit obligatorischen (!) Dienst-Aktivitäten auf und ist — besonders in der Zeit des „Triumvirats" (1971 bis 1972) — in der Leitung der Schule. Ab 1964 Aufbau des Schularchivs. 1966 Gründung der R.S.C.-Organisation, deren langjähriger Direktor er wurde

Betsaalmusik, Salemer Chor und Orchester unter Joachim Bühler (1966)

Linke Seite, oben: Hermannsberger Junioren in der Aufführung der Bogenszene aus „Odysseus Heimkehr", ihrem selbstverfaßten Theaterstück, zu Kurt Hahns 80. Geburtstag, 1966

Linke Seite, unten: „Die Polenlinde" am Prälatenweg in Salem. Hier waren 1941 und 1942 zwei polnische Zwangsarbeiter gehängt worden — Bestrafung durch die SS für ihre Freundschaft mit zwei jungen deutschen Frauen! Seit Axel von dem Bussche begeht die Schule Schloß Salem das Gedenken zum 8. Mai 1945 oder 17. Juni 1953 an diesem Mahnmal

135

Besuch von Queen
Elisabeth II. und
Prinz Philip, Herzog
von Edinburgh, in
Salem, am 22. Mai
1965

In der Kutsche, die
die königlichen
Gäste am alten
Salemer Bahnhof
abholte: die Queen
(vorne rechts,
Rückenansicht); ihr
gegenüber Prinz
Philip; neben der
Queen Markgräfin
Theodora, ihre
Schwägerin; neben
Prinz Philip Max
Markgraf von
Baden (verdeckt)

Die Queen grüßt . . .

Kurt Hahn
besichtigt den
im September 1965
eingeweihten
neuen Spetzgarter
Schulhafen —
zusammen mit
Altsalemern, Prinz
Georg Wilhelm von
Hannover (links);
die WaSchPo
(Wasserschutz-
polizei) des
Bodenseegebiets
ist auch da

Inschrift über der
Türe im Salemer
Betsaal, früher
Sommer-
Refektorium
(Speisesaal) der
Zisterzienser:
„Wenn es genug ist,
was du ißt, dann
nimm es dankbar an
und denke an die
Armut, wenn es
nicht genug sein
kann."

138

Das Treppenhaus im renovierten Salemer Langbau — ein gutes Beispiel für die Intentionen des „Salemer Plans" (I): Beim Umbau und Ausbau schöne und zugleich zweckmäßige Verbindungen und Übergänge zu finden von Tradition zur Gegenwart

139

„Eine saubere Familie, bitte"

Anruf eines Vaters: „Ich bin natürlich einverstanden, daß meine Tochter sich im Sozialdienst engagiert, auch daß sie eine Obdachlosenfamilie betreut. Sorgen Sie aber, bitte, dafür, daß ihr eine saubere Familie zugeteilt wird!"

Noch eine Hahn-Wette

Als Ulla Petersen in Salem den Sozialdienst einführen wollte, lehnte Hahn erst rundweg ab: In der Gemeinde Salem gebe es keine Bedürftigen! Doch Ulla Petersen ließ nicht locker und brachte Hahn dazu, mit ihr (um ein Glas Marmelade) zu wetten: es werde ihr nicht gelingen, in einem halben Jahr im Salemer Tal zehn Bedürftige zu finden. Nach knapp zwei Monaten hatte Ulla Petersen das Glas Marmelade gewonnen — und Salem seinen Sozialdienst!

wehr, THW, Seenotrettung, die durch Jocelin Winthrop-Young dann für alle verpflichtend gemacht wurden. Marina Ewald gehört zu den Anregern, als sie 1964 die ersten Salemer Mädchen für regelmäßige Hilfe bei behinderten Kindern der Dorfgemeinschaft Föhrenbühl bei Heiligenberg gewinnen konnte. Sogar Kurt Hahn ließ sich überzeugen, als er sah, daß dieser „Dienst" — viel weniger spektakulär, aber dem Samaritergedanken so nahe! — den kritischen Jugendlichen, den Salemern der „skeptischen Generation", in ihrer Suche nach Einsatz, Verantwortung und Bewährung und ihrer *natürlichen Leidenschaft des Helfens* ganz neu dringlich-eindringliche Herausforderung wurde und Chance der Verwirklichung bot. Als Frau Dr. Ulla Petersen die Betreuung dieses Dienstes übernahm, erhielt er den nötigen Anstoß, der ihn über seine schüchternen Anfänge schnell hinweghievte, so daß er sehr bald Bedeutung gewann, Anreger wurde für andere Einsatzdienste auf neuen Feldern: Ausbau eines Kinderspielplatzes durch THW und Sozialdienst oder Renovierung eines Altersheimes, zum Beispiel. Denn wie für Mutter Teresa ist auch die erste Frage für Dr. Ulla Petersen immer gewesen: *Kennt Ihr die Hilfsbedürftigen Eurer Gemeinde?* (und — wie in der Laudatio 1994 angemerkt wurde: auch diejenigen, die Ulla Petersen *für hilfsbedürftig hält?* —), so daß sich in kurzer Zeit immer neue Sozialdienstgruppen und -untergruppen gründeten, und bald schon waren in Salem mehr als 50 Prozent aller Schülerinnen und Schüler im Sozialdienst engagiert! Heimkinder und Senioren, Obdachlosenfamilien und Ausländerkinder, alleinerziehende Mütter, kinderreiche Familien, Sonderschüler und Kleinkinder — sie werden von einzelnen Salemern ein Jahr lang betreut — oder besser: sozusagen adoptiert.

„Ich geh' mit"

ist das Motto des Sozialdienstes — so lautet die Inschrift eines Kreuzes, das Prinz Max 1922 am Salemer Martinsweiher errichten ließ. Drei Menschen waren hier ertrunken: Ein Bauer, dessen Kahn gekentert war und der im Schilf steckenblieb; sein Sohn und sein Knecht, die beim Versuch, ihm zu Hilfe zu kommen, dasselbe Schicksal ereilte.

Die 50-Jahr-Feier zum Geburtstag der Schule Schloß Salem Ende 1970 wurde in der Presse stark beachtet. Man schrieb: *Salem hat durch die Konsequenz seiner Idee und die zündende Kraft seiner Gründerpersönlichkeit in der ganzen westlichen Welt zu Dutzenden von Schulen mit gleicher Zielsetzung geführt.* (Düsseldorfer Nachrichten)

Äußerlich steht Salem also stolz und attraktiv wie eh; im Inneren aber machen sich die grundlegenden Probleme, wie sie — sehr leicht damals! — schon in den 50er Jahren konstatiert werden mußten, nun immer nachdrücklicher bemerkbar: Über die baulichen Verbesserungen hinaus war eine innere Strukturreform nötig. Und natürlich wurde auch Salem in den späten Sechzigern vom Sturm der „Kulturrevolution" erfaßt, dem gravierendsten Wandel nach 1945, der Rebellion einer neuen Generation! Von den Universitäten schwappte es in die Schulen über: Mißtrauen gegen die Älteren — Eltern und Lehrer — Protest gegen alles, was auch nur nach „Autorität" riecht.

Kurt Hahn hatte das schon sehr früh gesehen und Abhilfe gerade in seinen Schulen angemahnt, damit deutlich würde, daß in seiner Erziehung zur Verantwortung die nihilistische Verzweiflung der „Rebels without a Cause" ein Gegenmittel fände. In einem Interview 1962 führt Hahn aus:

Heute verkehren viele Eltern mit ihren Kindern wie mit einer fremden Großmacht. Dieses Verhält-

nis darf nie auf einer Schule wie Salem einreißen. Vertrauen kann nur existieren, wenn es bei uns wieder zu einer echten Partnerschaft zwischen Lehrer und Schülern kommt.

Wenn der Lehrer nur seine Autorität herauskehrt, wird er nichts weiter als überlistet. Er muß bei den Kindern die Erziehung zur Verantwortung pflegen, die einzige echte Voraussetzung und Gewähr für die Erhaltung der Demokratie in Deutschland.

Wie sehr Kurt Hahn an einer Strukturänderung Salems lag, belegt dieses Interview ebenfalls:

Das Salem von heute aber ist auf neuen Wegen. (. . .) Ich denke nicht an das Salem von gestern. Aber gewisse Grundlagen sollten erhalten bleiben.

Welche „Grundlagen" Hahn meinte, geht aus all seinen mahnenden Schriften der mittsechziger Jahre hervor. Seine Denkschrift, ein Memorandum in Briefform „Am Scheideweg" (1965), enthält seine Vorstellungen ebenso wie ein Brief an eine junge Lehrerin — damals (1965) am Landerziehungsheim Louisenlund, heute (1995) in Salem —:

Hamburg, den 28. Juni 1965

Sehr geehrtes Fräulein Dingremont,

Sie fragten mich nach der Aufgabe der Landerziehungsheime.

Ich möchte die bereits mündlich angedeutete Antwort noch näher erläutern.

Der Auftrag des Landerziehungsheimes ist es, Methoden zu entwickeln, die geeignet sind, die heranwachsende Jugend gegen unsere kranke Gesittung widerstandsfähig zu machen, und zwar mit dem Ziel, daß diese Methoden auf die Staatsschulen der westlichen Welt überspringen. Sie haben die Aufgabe als pädagogische Werkstatt . . ., deren Arbeit der öffentlichen Schule zugute kommt.

Beispiele können besser deutlich machen, was ich meine: Gordonstoun hat den Dienst am Nächsten (Küsten-wache, Feuerwehr, Bergrettung und Rettungsschwimmen) als vorherrschende freiwillige Erholungstätigkeit eingeführt — in unserem pädagogischen Labor wurde der Beweis geliefert, daß die Leidenschaft des Rettens die höchste Dynamik der menschlichen Seele entbindet, ja daß der Rettungsdienst mehr ist als das moralische Äquivalent für den Krieg, das zu entdecken William James um die Jahrhundertwende Staatsmänner und Erzieher beschwor „im Interesse des Friedens". Wenn heute Hunderte von Tagesschulen in England in ihrer großen Sorge um die fortschreitende Unmenschlichkeit der modernen Gesellschaft ihre Schüler zur Linderung menschlicher Not einsetzen (Hilfe für alte und einsame Leute, Hilfe für Blinde, Taube, Spastiker, Hilfe für die mit Zerstörung bedrohte Naturschönheit), so können wir sagen, daß der überzeugende Präzedenzfall, der in Gordonstoun geschaffen wurde, zu dieser heilsamen Entwicklung wesentlich beigetragen hat.

Das Gleiche gilt für die Jahresarbeiten, die zuerst die Lietz'schen Schulen eingeführt haben, in der Absicht, die Freude an der Vertiefung zu entwickeln als Gegengewicht gegen die Versuchung zur Oberflächlichkeit, die uns alle heimsucht. In diesem Zusammenhang erwähne ich auch die forschenden Expeditionen, die Jean Walther zuerst im Jahre 1938 als lockende Ziele der französischen Jugend der höheren Schulen anbot, um wie er sagte, die erlöschende Initiative neu zu beleben (1956 in Salem übernommen). Ich bin Jean Walther und der Zelidja Fondation, die er gründete, sehr dankbar. Vor sieben Jahren gelang es mir, die Trevelyan Scholarships mit Hilfe führender Gelehrter für Oxford und Cambridge ins Leben zu rufen. Meine Bemühungen waren erfolgreich auf Grund der eindrucksvollen Expeditionsberichte, die mir die „Fondation" zur Verfügung gestellt hatte, und die mich stets in einem kleinen Handkoffer auf meiner Campagne begleiteten. Ich konnte Jean Walther noch kurz vor seinem Tode für seinen Beistand danken. (. . .)

*Herzlichst grüßt
Ihr aufrichtig ergebener*

Kurt Hahn

„Bubsche!"

Frau Mila staubsaugt in der Lounge in Spetzgart, ächzt und stöhnt über ihre Füße — ihr Kreuz — seufzend bewegt sie den Staubsauger. Schüler Musie G. kommt herein, führt sie zum Sessel, nimmt den Staubsauger und saugt die Lounge für sie.

„O Bubsche!"

Amerikaner fällt deutsche Eiche

RSC-Konferenz in Salem 1977 zu Besuch in Spetzgart, damals unter der Leitung von Daniel Miscoll: Eine junge Sportlehrerin vom Birklehof fragt eine Salemer Lehrerin: „Kennen Sie sich hier aus? Können Sie mir vielleicht den Amerikaner zeigen, der eigenhändig die 100jährige deutsche Eiche gefällt hat?" Die Angesprochene wollte gern, doch konnte sie nicht: Die Eiche war eine Esche, knapp über fünfzig, völlig von Hornissen ausgehöhlt und unrettbar zerstört. Und gefällt hatte sie das zuständige Forstamt.

Seit den fünfziger Jahren zieht sich durch Salems Geschichte wie ein feiner Faden die

Kritik an dem überkommenen festen System der Schülermitverantwortung

dieses kleinen Kreises der sich durch Kooptierung ergänzenden Farbentragenden Schüleroligarchie, und gerade die besten Schüler melden Zweifel an. So schreibt Eggolf von Lerchenfeld nach seinem Austauschaufenthalt an der holländischen Schule in Eerde 1950 in den „Salemer Heften":

Was auf diese (demokratische) Art (— das heißt, daß in Eerde alle Schüler und Schülerinnen mitberaten, wählen und mitentscheiden) etwa falsch gemacht werden könnte, . . . wird reichlich ausgeglichen durch das völlige Fehlen jener ungesunden inneren Opposition oder Gleichgültigkeit, welche sich in den . . . anderen Systemen so hemmend bemerkbar macht. Für den einzelnen besteht der Gewinn darin, daß er schon sehr früh daran gewöhnt wird, in einer Gemeinschaft zu denken und sich für sie einzusetzen.

„Demokratisierung" Salems: 1950 vielleicht etwas verfrüht — in den Sechzigern dann überfällig!

Ab 1966 fordern die Schüler in ihren Schülerzeitungen — „7777" für Salem und der „Spetzgarter Presse" — immer energischer eine demokratische Mitbestimmung ein, doch mit geradezu dogmatischer Sturheit wird an den traditionellen Formen festgehalten, wobei nach und nach der lebendige Geist zu Ritualen erstarrt. Das *Schwimmen gegen den Strom* (von Bernstorff 1964 in einem Interview) beschäftigte so stark, daß der partnerschaftliche Dialog mit den Schülern verlorenging. Die Atmosphäre verhärtete sich ständig. Und die finanziellen Probleme der Riesenbauunternehmung

des „Salemer Plans" geboten es, die *Betten zu belegen*, und zwar hundertprozentig; der Trend ging aber weiter mehr und mehr dahin, daß Eltern ihre Kinder immer später nach Salem gaben und diese für die Salemer Erziehung mit „Farbentragenden-System" so ungünstige Relation: übervolle Primen und unterbelegte untere Klassenstufen — nicht überwunden werden konnte. Als in dieser Phase wachsender Krisenstimmung ein anonymer Artikel „Unser Mann in Salem" einer unbekannten Zeitschrift „Underground", Nr. 1 vom November 1968, durch perfide „Enthüllungen" und Verleumdungen in der Schulgemeinschaft Mißtrauen und Verdächtigungen verbreitete, versuchte der Schulleiter 1968 den „Befreiungsschlag", das „Zerbrechen der Gesetzestafeln", wie es unter anderem ein sehr kritischer Artikel K. H. Bohrers in der „Welt" für Salem gefordert hatte:

Graf Bernstorff setzte die von unten gewählte Schülermitverantwortung durch!

Aber diese längst überfällige Umwandlung fiel *zeitgleich zusammen mit dem Einbruch einer Welle ärgerlicher Disziplinlosigkeiten* und Skandale, die die Schulgemeinschaft schwer belasteten: *Sie fanden Salem hilf- und schimmerlos*, wie Botho Petersen schreibt.

Vielleicht ist es nur aus dieser Situation der Lähmung und Erschütterung, des Abscheus und der Trauer zu verstehen, daß bei dem Vorgang der Umwandlung der Salemer Mitverantwortung zugleich auch Einrichtungen und Traditionen hinweggespült bzw. ersatzlos gestrichen wurden, die eigentlich nichts Undemokratisches an sich hatten: der (obligatorische) Schulanzug, der morgendliche Betsaal, etwas später auch das Schullied. Nun wurde Salem karger, wurde ärmer!

Richtig ist aber auch, daß die Grundlagen der Salemer Erziehung Bestand hatten, letztendlich sogar aufgefrischt aus dieser Krise hervorgegangen sind: *Erziehung zur Verantwortung, Bildung des ganzen Menschen als Individualität und in der Gemeinschaft, die Barmherzigkeit des Samariters, Toleranz und Festigkeit.*

Daß aber der „Trainingsplan" abgeschafft wurde und es doch stark bei (Fremd-)Kontrolle — durch die Mentoren — geblieben ist, *das ist nicht dem Grafen Bernstorff anzulasten,* schreibt Botho Petersen als Resümee dieser Zeit. 1971 erfolgte die vom Markgrafen erzwungene Demission Graf Bernstorffs.

Die Schule verblieb in großer Verwirrung

Das kann auch die Tatsache beleuchten, daß im gleichen Zeitraum der Internatsvereins-Vorstand zurücktrat; ein neuer Vorstand unter dem Vorsitz Jürgen Schulte-Hermanns wurde gewählt, der in den nun folgenden Krisen die Schule nachhaltig gestützt hat.

Wieder übernahm Horst von Gersdorff in der Schule die Verantwortung als „Oberleiter", zusammen mit Jocelin Winthrop-Young als Zuständigem für den gesamten Internatsbereich und Georg Mayr in der Studienleitung — das „Triumvirat", das getreulich ein erschüttertes Salem leitete.

Und Salem in dieser Zeit die Treue zu halten, war nicht leicht. Daß es fast alle Altsalemer getan haben, ist Salems Glück!

Glück auch, daß Kurs in gefährlichen Situationen gehalten wurde, bis es auf neue Wege gebracht war. 1972 ernannte der Vorstand Frau Professor Ilse Lichtenstein-Rother zur Leiterin Salems. Ein Mitkandidat, auch ein Professor, hatte es in allerletzter Minute doch vorgezogen, der mutigeren Dame allein das Feld zu überlassen. Nur kurz ist Frau Lichtenstein-Rothers Amtszeit, knapp zwei Jahre, und die ist noch verkürzt, da ihr Professorenamt in Augsburg ihr für Salem nur drei Tage die Woche übrigläßt. Doch um so intensiver ist ihr Wirken. Ihrer kühlen Analyse folgend wagte man sich an chirurgische Eingriffe in die Struktur der Schule und Grundsteinlegung für weitgehende Reformmaßnahmen, Horst von Gersdorffs bauliche Unternehmung macht das Ganze auch möglich. Die alten Zöpfe wurden abgeschnitten, Salem wurde strukturell völlig umgebaut: Einführung der Reformierten Oberstufe, Schließung des Hermannsbergs, Überlegungen zum Verkauf einer der beiden Juniorenschulen, und Salem wird zu einer dreiteiligen Stufenschule.

Das Kollegium *hofft, daß dieser Plan wenigstens die finanzielle Rettung Salems bedeutet* (Internatsverein-Sitzung 1972). Denn verzweifelt desolat war die Finanzlage der Schule: Die großzügige Spende einer „ungenannten Geberin" (wohl Marina Ewald) konnte nicht sogleich für den notwendigen Bau eines Internatsgebäudes in Spetzgart — Mädchenbau — verwendet, sondern mußte zur Tilgung dringendster Schulden eingesetzt werden. Der Kreditrahmen war völlig überzogen, die Banken bestanden auf sofortigem Sanierungskonzept, und sogar Vorstandsmitglied Erik Warburg sah schließlich keine andere Möglichkeit als den Verkauf einer der Juniorenschulen, des Hermannsbergs. Das war das bitterste, aber der Hohenfels war wegen denkmalpflegerischen Auflagen uninteressant für die Käuferin, die Camphill Dorfgemeinschaft Düren.

Trost

Marina Ewald geht langsam und ernst die Treppen in Salem herauf. Ein Schüler war auf furchtbare Weise ums Leben gekommen. Ein Tertianer überholt sie, hält an, als er ihre Trauer bemerkt und bittet: „Seien Sie doch nicht so traurig. Wir sind doch noch 200 und wir brauchen Sie doch!"

Schimmel

Nach dem mündlichen Abitur ist großer Auszug der Spetzgarter Kollegiaten, und die gesamte Einrichtung wird an die nächste Spetzgarter Generation verhökert: „Uralter Spiegel, etwas blind, für 15 Mark; Kopfteil Bettgestell, garantiert Jugendstil, 10 Mark." Für nachrückende Freunde oder Geschwister aus Salem werden ab und an einige Kostbarkeiten — sorgfältig gekennzeichnet — auf dem Speicher bis zu Beginn des nächsten Schuljahres aufbewahrt. Ein Kühlschrank, der mit dem Zettel „Schimmel" versehen war, wurde natürlich(!) vom eifrigen Hausmeister entsorgt. Dabei hatte Pauline Schimmelpenningk („Schimmel") diesen Oldtimer nur für ihren Bruder Robert („Schimmel") reservieren wollen.

So wurde der Hohenfels Stufenschule für die Junioren Salems, Spetzgart Kollegstufe für die Primaner, Salem Mittelstufenschule

Mit der Einführung der „Reformierten Oberstufe" in Spetzgart — Kurssystem mit Pflicht- und Wahlfächern in bestimmter Kombination von Leistungs- und Grundkursen — wurde Salem einer der ersten Pioniere, Modellschule in Baden-Württemberg, und war schon ein „alter Hase", als diese Form der gymnasialen Oberstufe 1984 obligatorisch wurde.

Salem, bisher „Stamm" und Haupt der „Zweigschulen", wurde durch Amputation und nach Verpflanzung des Kopfes nach Spetzgart zum Testfall der Salemer Erziehung: Obersekundaner waren nun die Ältesten, denen die besondere Verantwortung im „Salemer System" zukam: die Ämter zu tragen — als Flügelhelfer, Kapitäne, Helfer in den Innungen, im Betrieb, der Hauswirtschaft, im Eßsaal, in der Bibliothek, als Assistenten bei Salems Junioren im Mittelbau und Novizenflügel — und die Jüngeren an die Pflichtenübernahme heranzuführen.

1972 wurde Götz Plessing Salemer „Stufenleiter", der als Mentor auf dem Hohenfels angefangen hatte, in der turbulenten Zeit in Salem ein Mentorat führte und als Feuerwehr-Dienstmentor bestes „Training im Ernstfall" absolviert hatte.

Gleich schon im Herbst 1972 war es soweit: Die Primaner zogen nach Spetzgart, unter lautem Protest, denn Spetzgart galt als „eher spießig" (manche sagten „konservativ"), hatte Spetzgart doch nicht einmal einen Sozialdienst.

Für die jüngeren Spetzgarter aber war der Umzug nach Salem ebenso schmerzlich: Ängste vor den „Salemer Snobs" und Trauer über die Vertreibung aus ihrem Paradies, den Hügeln, Wiesen und Höhlen am Tobel über dem Überlinger See. Einige Schüler verbarrikadierten sich und verweigerten den Auszug.

Und die kleinen Hermannsberger, die 1974 zum Hohenfels oben im Wald umquartiert wurden: Viele vermißten zuerst die Weite der Hermannsberger Landschaft über dem Salemer Tal. Noch 1978 geht die — vergebliche — Suche nach einem Spetzgarter Mitschüler zuerst zum Hermannsberg, wo er als Sextaner in den selbstgebauten Hütten so glücklich gewesen war!

Alle Kräfte in Salem sind auf das Gelingen des Experiments ausgerichtet, von Gersdorffs Wirtschaftsleitung wagt das Experiment; die Oberstufenreform unter Studienleiter Dr. Krümmer ist in sicherer Hand. Die Lehrer machen sich mutig an die neuen Stoffe, viel Zeit geht auf Fortbildung in den Ferien, im Unterricht ist man den Kollegiaten gerade immer „einen Schritt voraus" — kurz, das Akademische hat absoluten Vorrang; das erste Reformabitur 1975 wird dann auch recht erfolgreich.

Aber die Schüler waren nicht (mehr) glücklich. In Spetzgart besonders breitete sich Frust aus, der teilweise in offene Aggression der Schüler umschlug — auch gegeneinander! Die Mentorenstellen waren nur schwer zu besetzen, und ein herrliches Lehrerhaus auf dem Spetzgart stand über zwei Jahre leer. Der Spetzgart galt als „schwierig", die Schüler nannten die Kompensation der Fachlehrer im Kurssystem für die zusätzliche Mehrarbeit spöttisch „Gefahrenzulage". Der Bus, der zum Chor nach Salem fuhr, war übervoll: doch von den achtundvierzig Schülern waren nur knapp zehn Chormitglieder, die anderen Spetzgarter saßen jammernd bei ihren alten Freunden, in ihren alten Flügeln ...

Die Schule war insgesamt immer noch in eher desolatem Zustand, als im August 1974 für Salem der nächste Leiterwechsel erfolgte: Dr. Bernhard Bueb übernimmt, seit 1945 als Zehnter in der bunten Reihe, den Führungsposten mit dem inzwischen zum wahren Schleudersitz gewordenen Chefsessel des Oberleiters. Salem ist zwar energisch auf neuem Kurs, doch unklar war, ob die Reform gelingen würde, denn die Schülerzahlen sanken weiter, die Schulden sind ebenfalls noch nicht beseitigt, kurz: Salem befand sich weiterhin in „Schieflage".

Im Dezember 1974 starb Kurt Hahn auf dem Hermannsberg. Die letzten Lebensjahre waren ihm schon recht beschwerlich geworden, seit er in London einen schweren Unfall gehabt hatte. Die Schließung des Hermannsberges im Sommer 1974 hatte man vor Hahn nicht verbergen können — den Verkauf hat er aber nicht mehr erleben müssen. Auf dem Friedhof in Salem-Stefansfeld hat Kurt Hahn sein Grab. Golo Mann, einer seiner getreuesten Schüler und später auch Freund, hat die schönsten Worte des Gedenkens gefunden:

Er war der hilfreichste, generöseste Mensch, den ich je kannte; reich an Ideen, reich an List, um sie zur Wirklichkeit zu bringen. Er hatte es nicht leicht: als Jude in einer zuerst diskret, dann immer brutaler anti-semitischen Gesellschaft; als einer, der von Natur aus kränkelte, auch psychische Depressionen kannte, aber die Gesundheit liebte und andere zur Gesundheit führen wollte; als christian gentleman unter Heiden, Menschenbildner, mit Leidenschaft und aus Intention, ein Erzieher der Jugend, ein feuriger Berater von Erwachsenen.

Kritik an Salem und der Hahnschen Erziehung war in den sechziger Jahren gewachsen: erst vorsichtig, dann — nach einem „Zerrbild" in einem Beitrag der Hahn-Festschrift zu seinem 80. Geburtstag 1966 — massiv und kulminierte in einem Artikel der „Züricher Weltwoche" vom 31. De-

zember 1974 über Salem. Alfred Schüler entdeckte dort die „Elite-Eleven", die das „Leben im Spartaner-Staat" „im Rechtsdrall" verbringen. Das Begräbnis des „Weltschulmeisters" Kurt Hahn habe es an den Tag gebracht, daß Salem „die Schule der Wohlstandsgeschädigten" sei.

Golo Mann schrieb darauf am 19. Januar 1975 in derselben Zeitung eine Erwiderung: *Salemer Schulen — Dichtung und Wahrheit,* die den „seit bald einem halben Jahrhundert unausrottbaren Mißverständnissen und Legenden" zu Leibe rückte und die fünf gängigsten Vorwürfe als notorische Vorurteile entlarvte:

1. *Die markgräflich-badische Schule:* Träfe diese Bezeichnung zu, dann wäre „die Universität München noch immer kurfürstlich-bayerisch". „Der Markgraf von Baden bleibt ein freundlich-interessierter Nachbar und einer ihrer Treuhänder, mit dem wenig bedeutenden Titel eines Schirmherrn. Ein zu irgendwelchen Entscheidungen berechtigter „Besitzer" ist er durchaus nicht."

2. *Die Prinzenschule:* „Dieser schöne Name geht darauf zurück, daß der spätere Herzog von Edinburgh in Salem zur Schule ging — sechs Monate lang."

3. *Die Adels-Schule:* Daran stimme so viel, daß 1920 die Salem-Gründung auch Hilfe für die Kinder des deutsch-russischen, baltischen Adels bedeutet habe, der durch die Russische Revolution „ohne eine Kopeke" vertrieben wurde. So auch und besonders nach 1945, als Salem seine Tore den Kindern der Opfer des Widerstandes gegen Hitler weit geöffnet habe, „und da waren nun einmal viel Adelige darunter ... Den Hinterbliebenen der Aufgeopferten Vater und Heim, so gut es ging, zu ersetzen, hatte schwerlich etwas mit Snobismus zu tun."

Meine schönste Zeit in Salem

Die 10. Klasse macht (verbotenerweise) ein Abschiedsfest für die Elftkläßler im Wald. Ein Faß Bier wird angeliefert! Durch die Abendkühle schallt der Lärm bis zum Schloß. Die Mentoren rücken an — verdeckte Ermittlung ... Und für die nächsten drei Wochen haben die Bauern im Salemertal ausgesorgt: „Ferien auf dem Bauernhof" auf andere Art. „Das war meine schönste Zeit in Salem!", sagt E. F. auf dem ASV-Treffen 10 Jahre später.

Die Salemer Turn-
halle im Langbau,
1967 vollendet
(ehemalige Zehnt-
scheuer aus Kloster-
zeiten, alter
„Hockey-Speicher")

Georg Mayr,
Studienleiter 1971
bis 1982

1951 war Georg
Mayr schon einmal
in Salem, als Lehrer
und Mentor; 1971,
nach öffentlichem
Schuldienst, als
Studienleiter
zugleich einer der
„Triumvirn", der
Leitung Salems in
schwerer Zeit. Unter
Georg Mayr konnte
die Umwandlung
Salems in die Drei-
Stufen-Schule
schulrechtlich
pädagogisch in
Angriff genommen

Kurt Hahns Räume
auf dem Hermanns-
berg, 1953 bis zu
seinem Tod, 1974

Linke Seite:
Kristin und Götz
Plessing (1985)

Götz Plessing,
Salems Stufenleiter
1972 bis 1985. Daß
Salem das Herz der
Schule geblieben ist,
bleibt ihm zu
danken, und auch
Kristin Plessing, die
mit den großartigen
Festen am „Salemer
Wochenende" diese
„Tradition" weiter-
führte

Öko-Tag ist
Schülerpflicht —
ein Salemer im
Hausdienst-Einsatz,
1990: getrennter
Müll wird ein-
gesammelt, die
Küchenabfälle per
Rad zum nächsten
Bauernhof
transportiert

Dr. Werner Esser,
Salemer Stufenleiter
1988 bis 1993, ab
1993 Leiter
der Kollegstufe
Spetzgart

Die Spetzgarter
Turnhalle: 1978 mit
Zuschüssen der
Robert-Bosch-
Stiftung errichtet

Feuchtwiesen- und
Schilfpflege —
Neuanpflanzung —
Uferbefestigung:
Salemer und Spetz-
garter Umwelt-
schutzdienst beim
Großeinsatz im Ried
(1987)

Dieter Plate, bei der
Abiturfeier 1993 mit
den Zeugnis-
blättern

Der Buß- und
Bettag-Lauf der
gesamten Schule
startet in Salem
(1985)

Friedhelm und
Hanna Schramm
beim großen Fest
zu ihrer
Verabschiedung auf
dem Hohenfels,
1989

Friedhelm
Schramm, Leiter des
Hohenfels 1959 bis
1989:
Der Hohenfels blieb
trotz aller baulichen
Veränderungen, die
ihn zu einem
gepflegten Juwel
machten, genauso
„ideal für Kinder"
wie die „herrliche
Bruchbude", als die
sie Schramm 1959
übernommen hatte

Dr. Bernhard Bueb
bei der Abitur-
Ansprache in der
Salemer Turnhalle,
1985

Elisabeth Schüder,
bis zu ihrer
Pensionierung 1995
die rechte Hand
jeden Studienleiters
seit 1960

150

Golo Mann im Gespräch mit (von links) Professor Ernst Klett, Professor Manfred Fuhrmann und Dieter Plate, 27. Mai 1987: Golo Mann (Abitur 1927) hat gerade den Bodensee-Literaturpreis der Stadt Überlingen erhalten für seine „Erinnerungen und Gedanken. Eine Jugend in Deutschland", besonders „die dem Bodensee geltenden Teile"

Max Markgraf von Baden bei seiner Rede zur Geschichte der Salemer Schulgründung, anläßlich der 60-Jahr-Feier der Schule beim Großen Festakt in der Salemer Turnhalle, 1980

Heidi Fieser — Chefsekretärin des Leiters der Schule Schloß Salem (seit 1975)

Festakt zur 60-Jahr-
Feier der Schule
Schloß Salem, 1980

Der Begrüßung
durch den Schul-
leiter, Dr. Bernhard
Bueb, lauschen in
der großen
Salemer Turnhalle
(1. Reihe von links)
der baden-
württembergische
Kultusminister
Professor Roman
Herzog, Königin
Sophia von Spanien
und Max Markgraf
von Baden

Vesper im Salemer
Innenhof anläßlich
der 60-Jahr-Feier
der Schule, 1980.
Dr. Helmuth
Poensgen, Salems
Wirtschaftsleiter,
versorgt die Gäste:
Königin Sophia
von Spanien,
Altsalemerin, in der
Mitte; neben ihr
die Markgräfin und
der Markgraf

Frage

Die Schülerzeitung „7777" fragt 1968: „Was halten Sie von einem System, bei dem das Prinzip wichtiger ist als der Mensch, und der Mensch wichtiger als die Menschlichkeit?"

68er in Salem

„Ho-Ho-Ho-Chi Minh" wurde in Salem nicht skandiert. Der äußerste Frevel: daß auf der Orgel im Betsaal ein Rebell „Die Internationale" spielte, alle Register gezogen!

4. *Die Schule der Geldaristokratie, der Plutokratie, der Neureichen usw.:* Nichts sei den Gründern der Schule „widerwärtiger" gewesen; Kampf gerade dagegen immer Aufgabe in Salem geblieben: Stipendienfonds der Altsalemer und Freunde, die Praxis der „mehrzahlenden Eltern", was Freistellen ermögliche — nicht genug! — aber wenn der Staat die Lehrer an diesen Schulen genau so bezahlte wie die der staatlichen Institute, wäre dieses Problem einer Lösung ein ganzes Stück näher.

5. *Die Elite-Schule:* Der eminente Kenner, Hellmut Becker, habe seinen Nachruf auf Kurt Hahn überschrieben: „Er wollte keine Elite", d. h. in Salem sollte keine elitäre, dünkelhafte Jugend heranwachsen. Hätte Kurt Hahn ein „deutsches Eton" als Schiene zum Aufstieg in Regierungshierarchien gründen wollen, „er hätte es nicht hingebracht", denn so seien 1920 die Verhältnisse der deutschen Gesellschaft nicht gewesen — und seien es auch 1975 nicht. Außerdem: Die Salemer „Coedukation" von Beginn an habe deutlich gezeigt, daß keine Kopie der großen englischen Public Schools intendiert gewesen sei — im Gegenteil: übernähme doch Eton selbst 55 Jahre später nun, sehr zögerlich, gerade dieses Prinzip Koedukation!

Dann würdigt Golo Mann die behutsamen Reformen in Salem: Der gewählte „Rat" bemühe sich wie ehemals die „Farbentragenden" um die Schülerselbstverwaltung; vernünftige Strafen, über die der Reporter Schüler Spott ausgieße, zur Sicherung der Gesundheit, gegen Rauchen und Trinken in der Mittelstufe, seien doch wohl vonnöten, oder meine Schüler etwa, „daß 14jährige sich tüchtige Whisky-Vorräte in ihren Zimmern halten" sollten?

Die langjährigen liberalen Salemer Lehrer seien genau so wenig glücklich über die „rechte" wie über die „linke Welle", die ja gerade über die Oberschulen am kräftigsten schlug, deren Klientel aus den wohlhabendsten Quartieren stammte. Was deutlich zeige, daß die Jugend in Salem genau wie anderswo gerade nicht die Eltern kopiere! Massenmedien, Reisen etc. sorgten doch für Kontakte mit den Zeitströmungen; und: „Auseinandersetzung muß sein!".

Hahns Erziehungsideen seien nach wie vor „ansteckend": Einige überholte Vorstellungen Hahns seien revidiert worden, wie „Überschätzung der Funktion des Willens", die „Rolle des Sports" und ebenso sein „Glaube, die Pubertät nahezu überspringen zu können".

„Daß die Schule von morgen etwas Mehreres bieten muß als nur Chance und Zwang zum Lernen, daß sie den Heranwachsenden helfen muß, ihre Verpflichtungen, Anpassungsfähigkeit, Erlebnisfähigkeit, geformte Freiheit, Glück für sich selbst und in der Gesellschaft zu finden, das ist alte Salemer Erkenntnis und immer neu . . .".

Frau Lichtenstein-Rother hatte ihren Nachfolger selbst entdeckt, auf einer Landerziehungsheim-Tagung 1973 hatte sie ihn getroffen. Dr. Bernhard Bueb war zu der Zeit Lehrer und Erzieher an der Odenwaldschule. Er schien ihr gleich der Richtige, das begonnene Werk in Salem fortzuführen. Er hatte weder Angst vor aufmüpfigen Schülern, noch schreckten ihn Lehrer oder Skeptiker, die Salems Niedergang in den düstersten Farben ausmalten. Sein trockener Kommentar: *Wenn es so schlimm ist, dann kann es ja nur noch aufwärts gehen!*

Diese Gabe stoisch-optimistischer Zuversicht war sicher Erbe seines fabelhaften Vaters, der ziemlich bald in der Oberleiterwohnung im Oberen Tor mit einzog.

Kurt Hahn, der Bueb noch „sanktionierte", hat voll auf ihn gesetzt — mit einiger Berechtigung, hatte doch Bueb nicht schon vorher besserwisserische Reformkonzepte von außen herangetragen, sondern hörte Hahn wirklich zu und fand seine Erziehungsidee durchaus modern: Sport, Dienste, Expeditionen, Erlebnisse — nicht als Kompensation für den Frust des rein akademischen Unterrichts! — sondern: Entdeckendes Lernen und forderndes Gemeinschaftsleben in Schule und Internat, je nach Altersstufe gut dosiert!

Eine progressive Schule lebt von dem fortschrittlichen Geist ihrer Träger, die heute bereit sind, den Plan von gestern zu revidieren in der Hoffnung auf ein besseres Programm für morgen. Hahn hat die seltene Gabe, derartige Menschen zu finden und in den Dienst seiner Vorhaben zu stellen. Das pädagogisch Geniale ist an diesem Verfahren indessen, daß jeder in diesem Dienst seine eigentliche Selbsterfüllung und die Vollendung seiner persönlichen Möglichkeiten findet. (Hermann Röhrs, FS Hahn, 1966).

Die Strukturveränderung der Salemer Schulen hielt Dr. Bueb nicht für hinderlich: Eine seiner ersten Anregungen war die, daß die Salemer Kollegen in Austausch treten mit Lehrern von Hahns anderen Gründungen, sich kundig machen an den United World Colleges. Auch die ersten Mitarbeitertagungen — finanziert von einem Gönner — in Hindelang die erste 1975, eine zweite 1976 in Schröcken (nomen non est omen!) — brachten Zuversicht in das Salem-Team.

Als Meisterprobe kann Buebs Lösung der „Krise in Permanenz" in der Spetzgarter Kollegstufe gesehen werden. Die Stimmung war eisig zwischen Zwölft- und Dreizehn-Kläßlern, zwischen Neuen auf dem Spetzgart und verschworenen Cliquen von Salem. Vor allem aber vermißten die richtigen „Salemer" die ihnen von Frau Lichtenstein-Rother zugesagte erweiterte Mitverantwortung. Da reichte eine Kleinigkeit, und Anfang Oktober 1975 führte tatsächlich eine Belanglosigkeit — die Verkündigung dessen, was das Oberschulamt für das Fehlen im Kursunterricht festgelegt hatte — zum berühmten „Streik".

Streik

110 Spetzgarter Schülerinnen und Schüler zogen aus der Schule aus, nach Hödingen, wo sie sich für etliche Tage und Nächte in einer Scheune einquartierten, apfelerntenderweise ihren Lebensunterhalt verdienten und schworen, nicht eher zurückzukehren, bis ihre Forderungen verfassungsmäßig gesichert wären, und zwar in einer Verfassung, die sie selbst mitgeschaffen hätten!

Die meisten Erwachsenen verfielen in Panik, doch Dr. Bueb behielt die Nerven. Er versicherte sich beim Oberschulamt, daß er freie Hand habe, und nach zwei Tagen ging das zähe Verhandeln los. Die technischen Mitarbeiter standen voll auf der Seite der Schüler: Drei Tage lang gab es nur Suppe in Spetzgart, die Lehrer mußten aber erscheinen, falls die Sache bereinigt wäre und der Unterricht weitergehe. Und am Abend sah man reges Kommen und Gehen an der Küchentüre, wo Würste, Schinken und andere Dauerware aus der Speisekammer in Rucksäcke gepackt und fortgetragen wurde. Decken und gar Federbetten wurden von den getreuen Küchenfrauen nach Hödingen gebracht, wo dann Einheimische, die die Entwicklung der Angelegenheit höchst gespannt verfolgten, den Streikenden in der kalten Scheune die Sachen zukommen ließen. Nicht jeder durfte nämlich ins Lager; nachts wurden sogar, so hieß es, Wachen aufgestellt.

Zuerst forderten die „Rebellen" durch Emissäre, daß der Oberleiter zu ihnen ins Standortquartier, dem „Hödinger Kreuz", zu Verhandlungen erscheinen möge. Dr. Bueb lehnte ab: Die Schüler wollten doch etwas von ihm und sollten sich zu ihm begeben! Nach etlichen Hin- und Herbotschaften trafen dann die Kontrahenten in der Mitte des Weges, im „Andelshofener Kreuz", zu konkreten Besprechungen zusammen. Bald setzte sich eine Verfassungskommission zusammen, die Spetzgart sein noch heute bestehendes Grundgesetz gab.

Spetzgarter Grundgesetz

Die Auffassung vor allem der Kollegiaten in Spetzgart, daß in einer „offenen Gesellschaft" Interessenunterschiede legitim, deshalb auch wirksame Schülervertretungen notwendig sind, und daß trotzdem die Leitidee einer Internatsgemeinschaft mit sozialer Harmonie und Verantwortung als zentralen Werten immer wieder auf Basis konstruktiver Diskussion und gemeinsamer Arbeit zu verwirklichen sei, hatte sich in dieser gleichsam revolutionären Situation in Hödingen manifestiert.

Das Spetzgarter System der „Demokratie der checks und balances" wird von Michael Knoll, einem der „Väter" der neuen Verfassung von 1975/76, folgendermaßen beschrieben:

Vom Salem Hahnscher Prägung unterscheidet sich das „neue" Spetzgart durch mehr Partizipation, mehr Chancengleichheit, mehr Tranzparenz. Die Legitimationsbasis hat sich grundsätzlich verändert, doch die Befürchtungen, daß nun die Falschen gewählt und Entscheidungen willkürlich gefällt werden, haben sich nicht bestätigt. Einem potentiell starken Parlament steht ein tatsächlich starker Leitungsrat gegenüber, und der Stufenleiter hat von dem absoluten Veto, das ihm heute wie früher zu-

kommt, bisher keinen Gebrauch gemacht. Das System der „kooperativen Demokratie" von Kollegiaten und Haustutoren funktioniert, auch weil die Möglichkeit besteht, fähige Helfereliten zu bestellen und Konflikte offen auszutragen.

Der Spetzgart wurde zum Feld der Erprobung im weiten Rahmen dieses Systems der „kooperativen Demokratie" von „Lehrenden und Lernenden" — nach Rücktritt Helmut Münchs 1976 unter der Leitung von Dr. Daniel Miscoll, als Amerikaner mit dem System der *checks and balances* wohl vertraut, durch seinen Stellvertreter Dieter Plate unterstützt, der hinwiederum mit Salems Auf und Ab wohl vertraut war. Denn Plate war vom Hermannsberg über Salem bis zur Oberstufenschule — über die Lehrjahre: Praktikant — Referendar — Studienrat — zum Oberstudienrat und Meister geworden. Nach zwei Jahren des grundlegenden Aufbaus übernahm er dann 1978 den Spetzgart in seiner Konsolidierungsphase.

Plate benutzte das Bild vom Spetzgart-Kolleg als Gebäude, das auf fünf Säulen ruht, um den vom Miscoll-Plate-Sittler-Cettour-von Trotha-Leiter-Team geschaffenen Bau zu skizzieren:

1. Unterricht in der Reformierten Oberstufe: mit dem vielfältigen Kanon der Pflicht- und Neigungskurse, Anforderungen an die Kollegiaten, die über die Schulmauern hinausgehen müssen, wenn sie gute Ergebnisse im Abitur und geistige Herausforderung auf dem Campus schaffen wollen.

2. Lebendiges Gemeinschaftsleben: Selbstverwaltung im Flügel, im Haus und auf dem gesamten Campusgelände durch tätige Mithilfe, Pflichten- und Ämterübernahme vom Morgen bis zum Abend und Teilnahme am System der demokratischen Schülermitverwaltung.

156

3. „Dienste" — Pflichtfach für jeden Schüler in den Salemer Diensten bzw. Dienstersatz (wie Bibliotheksdienst).

4. Sport: Spetzgarts „liebste Nebensache" mit vielen Möglichkeiten in Individual- und Mannschaftssport auf dem Gelände oder im schuleigenen Hafen.

5. Musen: Kunst und Kultur, Musik, Theater: Spetzgarts „zweitschönste Nebensache". Beim Theater stand Herr Plate in edlem Wettstreit: zuerst mit Dr. Karl Hauer, dessen Motto lautete: „Der beste Unterricht über ein Theaterstück ist, es aufzuführen!", und der mit der Stiftung des „Charly", Salems „Oskar", weiteren Ehrgeiz weckte. (In Dr. Hauers Inszenierung des „Kaukasischen Kreidekreises" 1974 übernahm Dieter Plate eine Rolle — er wurde „entdeckt", was fast dazu geführt hätte, seinen alten Wunsch wahrzumachen und Salem 1974 den Rücken zu kehren, um auf anderen „Brettern, die die Welt bedeuten", sein Glück zu suchen.)

Nach Herrn Dr. Hauers Tod (1983) übernahm Johannes Seiler diese Hauer'sche Domäne. Und mit Steffen Tiggeler wurde in den achtziger Jahren das Musical in Salem heimisch: „Anatevka", „Hello Dolly", „Pygmalion" — da engagierte sich die gesamte Schule! Und seit 1990 bringt Keith Le Fever modernes — oft amerikanisches — Theater zur Aufführung, meist von Bernhard Hubers Bühnenbildnern und elektronisch von perfekten „Computerfreaks" unterstützt.

Grundsatz:

Jeder Schüler muß sich zumindest bei der Arbeit an drei „Säulen" so engagieren, daß das Ganze zusammenbrechen muß, nicht wenn die Erwachsenen, sondern wenn die Schüler ihre Mitarbeit versagen, so wie Kurt Hahn es einmal formulierte: *da*

schließlich das Wohl und Wehe des kleinen Staates von ihnen abhängt (Kurt Hahn 1957).

Der Erfolg dieser Unternehmung, des legendären Auszugs nach Hödingen, wirkt bis heute nach: Die Gemeinschaft unter den Kollegiaten erwies sich als stärker als ihre egoistisch-individuellen Befindlichkeiten. Seitdem gibt es in Spetzgart zu Beginn eines neuen Schuljahres die „Integrations-Projekt-Fahrten". Vor allem aber eines zeigte sich bei diesem „Streik": Die „Dienste" sind „Salems wichtigste Tradition", denn wenn die Kollegiaten auch auf Unterricht, Bett und warme Mahlzeiten verzichteten, die „Dienste" wurden in der Woche getreulich versorgt.

Seit jenem „Streik" ist „der Spetz" ihre Schule; und die Kollegstufe in Spetzgart wurde „Salems Flaggschiff". Vor allem diese Stufenschule hatte den größten Zuwachs: Waren es 1975 insgesamt 111 Kollegiaten, davon neun Externe, so leben 1995 insgesamt knapp 200 Kollegiaten auf dem Campus, der seit 1976 fast von Grund auf renoviert, saniert und ausgebaut wurde.

Der „Salemer Plan II",

im Dezember 1974 vom neuen Oberleiter Dr. Bernhard Bueb und dem Wirtschaftsleiter, Freiherr von Gersdorff, herausgegeben, stand — nach Beendigung der Baumaßnahmen im „Salemer Plan I", der Modernisierung und dem Ausbau des Hauptstandortes Salem — unter dem Vorzeichen der „Rationalisierung" und Weiterentwicklung der Schulen.

Schwerpunkt: die neue Kollegstufe Spetzgart, da die bisherigen Bauten teilweise zu eng oder nicht zweckmäßig waren oder auch nicht mehr den Anforderungen eines modernen Unterrichts oder den Internats-Lebensformen der siebzehn-

Wecker . . .?

Tiefe Nacht in Spetzgart, Ruhe allerorten. Da ertönt der Beeper, Sven springt aus dem Bett, wirft sich in seine Feuerwehrkluft und ist weg wie ein geölter Blitz. Sein Zimmerkamerad schält sich langsam aus dem Bett und schlurcht unter die Dusche, zieht sich noch halb schlafend an und wankt tranig die Treppe hinunter. Erst vor der versperrten Speisesaaltür kommt ein alarmierender Verdacht auf: „Es war nicht der Wecker, der da gebeept . . .!"

1986: Salem feiert
Kurt Hahns
100. Geburtstag —
sogar zweimal!

Im Festzelt erinnert
sich Bundespräsi-
dent Richard von
Weizsäcker in seiner
Begrüßungsan-
sprache an Salems
Schulgründer, dessen
100. Geburtstag
offiziell am
11. Oktober gefeiert
wurde

Am 5. Juni 1986,
Kurt Hahns echtem
Geburtstag, war ein
familiäres Fest: für
die Altschüler aus
den ersten 14 Jah-
ren, zusammen
mit den heutigen
Salemern — hier
beim Mittagessen
im Kreuzgang

Karl-Wolfram
Elmenhorst (links,
in Salem 1923 bis
1928) war sogar aus
Guatemala ange-
reist — hier trifft er
Friedel Braumann
(1920 bis 1927) und
dessen Frau Erika
vor dem Salemer
Langbau

Festakt am
11. Oktober 1986

Vordere Reihe von
links: Ehrengast Erik
M. Warburg, durch
seine Schwester mit
Hahn verschwägert
und einer seiner
besten Freunde,
Mitglied des Schul-
vorstands; König
Konstantin von
Griechenland als
Vorsitzender der
R. S. C.; die
Altsalemerin Dr.
Hildegard Hamm-
Brücher (MdB), die
die Festrede
„Erziehung zur
Verantwortung in
der Demokratie"
hielt;
Bundespräsident
Richard von
Weizsäcker

5. Juni 1986: für alle
Gäste gibt es in den
Schülerzimmern
Kaffee, Tee und
regen Gedankenaus-
tausch. Hier: Beppo
(Margrit) Wolff,
geb. Lessing (1929
bis 1935 in Salem),
bei den Salemer
Junioren

Im Spetzgarter
neuen gläsernen
Eßsaal stellt sich
Bundeskanzler
Helmut Kohl am
30. August 1988
zwei Stunden lang
den Fragen der
Schüler; Schul-
sprecher Karlheinz
Schuleri moderiert.
(Hinten 2. Reihe
Mitte: Helge Bewer
und links, Rudolf
Bewer, Leiter von
Spetzgart 1987 bis
1990)

Türkei-Projekt,
Salemer Entwick-
lungsprojekt in
Kazançi bei
Dyarbakir.
Auf dem Foto:
die Salemer
Projektgruppe und
die kurdische
Bauernfamilie 1989,
im fast vollendeten
Foliengewächshaus
(ganz rechts: Jürgen
Metz, ständiger
Projektbegleiter)

Besuch von
Marianne von Weiz-
säcker in Salem und
Spetzgart (1991)

Im Spetzgarter
Sekretariat bei
Monika Spach wird
das neue Faxgerät
ausprobiert (rechts:
Dieter Plate und
Dr. Bernhard Bueb)

. . . und in Salem
führt Inge Hubert,
zuständig für
Öffentlichkeits-
arbeit, Salems
neuesten Prospekt
vor (links:
Studienleiter
Siegfried Utermark)

Podiumsdiskussion
beim ASV-Treffen
1985: unter der
Moderation von
Günther von
Lojewski.
Auf dem Foto links
Frau Lichtenstein-
Rother, Leiterin der
Schule Schloß Salem
1972 bis 1974,
und rechts
Dr. Michael Knoll,
Spetzgarter Lehrer

161

Spetzgarter Tuto-
rengruppe Liehl auf
Exkursion (1992)
(Dr. Bernhard Liehl,
Mathematik-
Lehrer, im Foto
oben links)

Dr. Bernhard Bueb
im Gespräch mit
Salemer Schülern
(1990)

Dr. Botho Petersen,
unterrichtete bis
1992 Griechisch,
Latein und
Philosophie – und
war Aufnahmeleiter
seit 1975; hier im
Gespräch mit
Schülern, 1990

Eberhard von
Kuenheim, Vor-
standsvorsitzender
des Internats-
vereins (seit 1993),
besucht den Salemer
Informatik-Raum
(1993)

Salemer Morgen-
lauf (1988)

Die Spetzgarter
„Comedian
Harmonists" 1993
(ständige Mitglieder
der Truppe:
Musiklehrer Thomas
Braun am Klavier
und Informatiker
Christoph Sessler,
links stehend)

Zwei Spetz-
garterinnen — die
Abiturientin Juliane
von der Groeben
(rechts) und die IB-
Kandidatin Verena
Lawaez — im
Sozialdienst:
diesmal Eisessen
mit ihren
Asylbewerber-
kindern an der
Überlinger
Schiffslände (1994)

Die Spetzgarter
Feuerwehr bei einer
Diensteübung

164

THW-Einsatz: Das Spetzgarter THW, mit Dienste-Mentor Rainer Bueb (links oben), richtet den neuen Hohenfelser Morgenlaufweg ein (1994)

Eisnotrettung: die Nautik übt mit den Junioren auf dem Andelshofener Weiher

Mithilfe in Haus, Hof und Garten gehört zu den „Pflichten" der Salemer Schüler: Kartoffeln fürs Mittagessen werden im Salemer Innenhof auf den Lift zur Küche gehievt, Schüler gehen Hausmeister Keller dabei zur Hand (1988)

bis zwanzigjährigen Schüler entsprachen, zumal die Kollegiaten und Kollegiatinnen — ab 1976 ja nicht mehr erst mit 21, sondern mit 18 Jahren volljährig werden.

Nicht allein Internatsgebäude — außer dem noch unter Frau Lichtenstein-Rother begonnenen Mädchenbau — umfaßte dieses Bauprogramm, das von Dr. Poensgen, Salems kongenialem Geschäftsführer seit 1975 beharrlich und mit schönstem Erfolg in Spetzgart verwirklicht wurde, sondern vor allem Unterrichtsräume, Fachzentren für die Naturwissenschaften, ein Kunst- und Computerzentrum, Bibliothek und Aufenthaltsräume, eine prachtvolle Turnhalle, einen Speisesaal. Und die Fachräume wurden sehr gut ausgestattet; die Bibliothek wurde von Anfang an in Zusammenarbeit mit einer eigenen Bibliothekarin, Frau Stocker, systematisch aufgebaut; da halfen besonders die „Förderer unter Professor Carl-Jochen Winters Regie; und fürs IB-Programm verfolgt Dr. Poensgens Nachfolger, Herr Ritscherle, dieselbe Linie weiter: Beim Ausstatten gleich an die Zukunft zu denken. Desgleichen haben die Dienste ordentliche Zuwendungen erhalten. Der Spetzgarter Hafen, der nach der Käpt'n Briddigkeit-Ära eher Surf- und Schwimmparadies geworden war, ist unter dem Altsalemer Uli von Mühlen zur echten Nautischen Station mit funktionierendem Seenotrettungsdienst zurückverwandelt worden.

„Promi" — grundlegende Reform
Die Mittelstufe in Salem, unter Götz Plessings Leitung bis 1985, als er den Birklehof übernahm — das war die Zeit der inhaltlichen Reformen, für die die Baumaßnahmen des „Salemer Plans" Gehäuse geschaffen hatten. Nach einem vorsichtig experi-

mentierenden Vorlauf wurde ab 1981 „Promi" (Projekt Mittelstufe) von Dr. Otto Seydel mit einem mutigen Team eingeführt: die Neukonzeption der Mittelstufe war eine Reform im ursprünglichen Sinne, denn sie nahm ursalemerische Ideen der ganzheitlichen Erziehung wieder auf und baute Elemente der Hahnschen „Erlebnispädagogik" ein.

Wichtigste Stufen der Entwicklung von „Promi", das nach Plessings Weggang von den Stufenleitern Jörg Haubold, Promotor gerade dieser Reformidee (bis 1988), sodann Dr. Werner Esser und ab 1993 Jürgen Metz weitergeführt wurde.

1981: „Epochenunterricht": Intensivierung bestimmter Fächer in einer „Epoche" (Trimester) und Verlagerung des nächsten „Epochen"-Schwerpunktes auf ein anderes Fach — mit Projekten, Untersuchungen draußen vor Ort und Präsentation der Ergebnisse am Ende der Epoche.

1984: Einführung des dreiwöchigen Betriebspraktikums für die 10. Klassenstufe und der „Intensivwoche" für die 11. Klassenstufe zur Vorbereitung auf die Wahl der Leistungsfächer in der Kollegstufe.

1985: „Profilfach"-Wahl in 9. Klassenstufe: Möglichkeit der Schüler, sich für ein sprachliches oder naturwissenschaftliches oder musisches Profil zu entscheiden; Spanisch als dritte Fremdsprache möglich, ab 1990 auch Griechisch; Praktika und Informatik im naturwissenschaftlichen „Profil".

1987: Einführung des Outward-Bound-Kurses für die 9. Klasse. Über Erlebnis und Abenteuer hinaus wird durch Rückanbindung an die Unterrichtspraxis (Themen: Ökologie, Tourismus . . .) das Problembewußtsein ganz allmählich vertieft.

1990: Einführung des „IU": „Integrierter Unterricht", in Klasse 8 mit fächerübergreifenden Projektthemen. — Im selben Jahr dazu die „Freiarbeit": Vertiefung in ein selbstgewähltes Thema — ähnlich wie einst die „Herolde"-Innung.

Salem hat als eine von ganz wenigen Schulen in Baden-Württemberg für die Oberstufe die „Facharbeit" als Modellversuch eingeführt. Mit Erfolg, wie die ersten beiden Jahrgangsergebnisse 1993/94 und 1994/95 zeigten, so daß das Oberschulamt Tübingen die von Martin Kölling ausgearbeiteten „Handreichungen" zur Anfertigung der Facharbeiten für die Gymnasien druckte.

Ökologie

Der Einbau der Öko-Projekt-Woche auf Hallig Hooge/Nordsee im Unterricht der 11. Klasse erwies sich gleich vom ersten Mal an als gelungen und gab dem Fach Biologie in der Oberstufe Auftrieb.

Überhaupt wurde „Ökologie" in Salem schon recht früh zu einem zentralen Thema: 1976 führte Daniel Miscoll in Spetzgart den Umweltschutz-Dienst ein; im folgenden Jahr wurde er in Salems Dienstekanon aufgenommen; 1990 hat Sigurd Körber in Spetzgart den „Mobilen Einsatzdienst" (MED) ins Leben gerufen: ein diensteübergreifender Bereitschaftstrupp, der für Nachbarschaftshilfe und im Umweltschutz meist an den Wochenenden tätig wird: Erntehilfe, Pflege von Streuobstwiesen, von Schilfgürteln ... Seit 1986 gehen Salemer in den Ferien — zum Teil mit Schülern anderer Landerziehungsheime und der R. S. C.-Schulen — auf Einsatz, mehr und mehr auch bei Projekten des Umweltschutzes: Das Boronka-Projekt in Ungarn sowie das Öko-Camp im Oderbruch bei Stettin (1994 zum dritten Mal) zeigen die neubelebte Idee der *internationalen Verständigung ohne Worte* im Dienste der Bewahrung der Natur.

Großeinsätze der Salemer „Dienste" verzeichnet die Chronik seit 1978 fast für jedes Jahr. Die beiden spektakulärsten: Katastropheneinsatz in der Bretagne 1978 gegen die Ölpest nach dem Unglück der „Amoco Cadiz"; 1981 Hilfseinsatz im Erdbebengebiet bei Colliano in Süditalien. Ab 1981 jährliche Hilfsgüter-Transporte für Polen zusammen mit der „Caritas"; ab 1990 Hilfssendungen für Vologda in Rußland: 1991 allein Sammeln von 14 Tonnen Nahrungsmitteln und Verpacken in 5 000 Pakete, deren Transport und Verteilung von Salemern auf recht abenteuerlichem Wege sichergestellt wurde ...

Mit den sichtbaren Erfolgen Salems im Unterricht und all den Projekten wuchs die Attraktivität der Schule — Ende der siebziger Jahre, nahm die Anmeldungsquote wieder zu — vor allem für die Oberstufe.

Mit dem „Salemer Plan II" konnte das rapide Anwachsen der Primen — fast eine Verdoppelung zwischen 1974 und 1994! — durch die Neu-, Um- und Ausbauten in Spetzgart aufgefangen werden.

Stipendienpolitik

1985 gelang die Einführung der „Heinrich-Blendinger Stipendien", vom Altsalemer Claus Hüppe gestiftet. Die „Blendinger-Stiftung" wurde ein Grundstock der „Kurt-Hahn-Stiftung", einer rechtsfähigen Kapitalstiftung unter dem Dach des „Stifterverbandes der Deutschen Wissenschaft". In ihr fand auch Salems bis dahin wichtigste Stipendienunterstützung Aufnahme, die „Stiftung zur Unterstützung der Schule Schloß Salem", die von ASV und Freunden Salems nach dem Krieg aufgebaut und 1967 offiziell gegründet worden war. Die neue Stiftung, initiiert von Heinz Lessing und Hans-Helmut Kuhnke, 1984 offiziell konstituiert, in die auch Gelder des Fördervereins unter Jochen Winter eingehen, stellt nach wie vor Stipendiengelder zur Verfügung, Gelder aus Zinserträgen des

Persönlicher Eindruck

Schulbusfahrer Ulli, im Salem-Bus 1986 mit der Musikgruppe in Zürich unterwegs, wird von zwei älteren Herrschaften angesprochen, ob er von der Schule Salem sei. „Ja." — „Von der so viel Übles in den Zeitungen steht?" — „Ja." — „Oh, da werden wir aber mal einen Leserbrief schreiben, denn wenn Sie ein typischer Salemer im Dienst sind, dann hat wohl jemand den Markgrafen kräftig angelogen!"

167

Kapitalstocks. So wurden die vielen ad-hoc-Bemühungen zur jeweils kurzfristigen Unterstützung der Schule zur systematisch langfristigen Sicherung, die der Zukunft der Schule Schloß Salem und eventuell auch anderer Hahnscher Einrichtungen dient. (Daher auch die volle Zustimmung der Familie Hahn bei der Namensgebung dieser Einrichtung, lehnt sie doch sonst prinzipiell — ganz im Sinne Kurt Hahns — eine Verbindung seines Namens mit einer speziellen Institution der Hahnschen Erziehungsbewegung ab!) Das Gewicht der „Kurt-Hahn-Stiftung" ist seit 1984 unter der Führung Dr. Alfred Mauritz' ständig gewachsen. Er, Altsalemer und schon Präsident der alten Stiftung, gewährleistet Treue und Kontinuität des Stiftungswesens zur Unterstützung der Salemer Schulen. Mit diesen „Blendinger-Stipendien" für jüngere Schüler der Mittelstufe änderte sich der Trend, daß Eltern ihre Kinder in Salem vornehmlich für die oberen Klassen anmeldeten. Nun konnte die Mittelstufe von unten stabilisiert werden: mehr Auswahl unter begabten Schülern ohne Rücksicht auf die finanziellen Beschränkungen führte zu *mehr Mannschaft.*

Die gleiche Wirkung hatten die „Theodor-Heuss-Stipendien", die über Frau Hamm-Brücher zum Fest des 100. Geburtstages von Kurt Hahn 1986 der Schule geschenkt wurden. Das „Hohenfels-Stipendium" kam 1994 hinzu und nützt der Juniorenschule seit 1993 unter dem neuen Leiter Otto Seydel.

Erhebliche Beträge fließen dem Stipendienfonds durch die „Vereinigung der Förderer der Schulen Schloß Salem e.V." zu, der, seit 1975 unter dem Vorsitz von Professor Carl-Jochen Winter, zu einer florierenden Vereinigung im Dienste Salems geworden ist; ohne die finanziellen Zuwendungen und enormen Sachförderungen stünden die Bibliotheken, die Computerzentren und die Fachbereiche an allen Stufenschulen eher dürftig da!

Hohenfels — Salem — Spetzgart

Seit Frau Lichtenstein-Rothers rettendem chirurgischen Eingriff in das Gewebe und die Struktur der dahinkriselnden Schule und den sichernden Reformmaßnahmen unter Dr. Bueb war Salem wieder *auf dem Wege der Besserung,* wie Kurt Hahn zu sagen pflegte und Marina Ewald bestätigte. 1980 wurde die 60-Jahr-Feier der Schule begangen — Königin Sophia von Spanien, Altsalemerin, und Professor Roman Herzog, damals baden-württembergischer Kultusminister, führten die illustre Gästeliste an. Markgraf Max, der als Schirmherr und Mäzen ab 1963 wie sein Vater, Markgraf Berthold, der Schule durch alle Krisen zur Seite gestanden hatte, gab ein höchst lebendiges Resümee der Schulgeschichte. Er schloß mit den Worten, daß *wir heute auf eine gefestigte, bekannte und gute Internatsschule unter Dr. Bueb schauen dürfen.*

Zwar hielt er auch in dieser Rede nicht mit seiner Kritik zurück, als er an die Altsalemer erinnerte, die *nicht wie heute „ohne mich" gesagt* hätten, sondern *durch ihre Haltung vieles Schlimme* hätten verhindern können, was aber durchaus so gedeutet werden konnte, daß er noch viel mehr von dem gerade wieder beginnenden Engagement der Salemer Schüler von allem in den Diensten einfordere — nicht nur in spektakulären Großeinsätzen, sondern täglich im fordernden Gemeinschaftsleben, gerade nun, da Eltern wieder verstärkt Vertrauen in Salems Erziehung zeigten, die Schülerzahlen zunahmen und die Spetzgarter Kollegiaten gezeigt hatten, daß ihr Interesse an einer Salemer Erziehung mehr umfasse als ein gutes akademisches Abschlußzeugnis!

Der Streit

Wie ein Donnerschlag traf dann die fristlose Kündigung der Schule auf Ende 1986 durch die Markgräflich-Badische Verwaltung am 18. Dezember 1985, und auch ein zweiseitiges Schreiben an die Mitarbeiter der Schule im Januar 1986 machte nur eines klar: Der Markgraf wollte dieses Salem nicht mehr, da *die Prinzipien der Hahnschen Erziehung unter der derzeitigen Leitung nicht gewahrt* seien. Das aber war für eigentlich alle völlig unverständlich, die Salem gerade zu der Zeit *auf dem Wege der Besserung* sahen. So hatte Professor Otto Baumann 1979 nach dem ASV-Treffen geschrieben: *Was bin ich froh, daß ich, alles Mißtrauen gegenüber dem heutigen Salem überwindend, mich zum Besuch der Tagung entschloß! Das Gefühl der Zusammengehörigkeit der Salemer, das kräftige Weiterleben des „Salemer Geistes", seine sich immer wieder verjüngende Lebenskraft, aller Irrwege spottend, hat mich einfach hingerissen ...*

Eine fatale Indiskretion, die den Brief des Markgrafen an die Mitarbeiter zur Erläuterung der Kündigung der dpa zuspielte und damit den „Streit" publik machte, verschärfte die Situation. Und der Schock, der durch die deutsche und bald auch internationale Öffentlichkeit ging, war tief. Er traf zusammen mit den Vorbereitungen der Schule, Kurt Hahns 100. Geburtstag zu begehen. Noch im Frühjahr 1986 einigten sich aber beide Seiten im „Streit", wie im Vertrag vorgesehen, ein gemeinsam zu bestellendes Schiedsgericht einzuberufen, das die Klage des Markgrafen, in einem nie offiziell bekannt gewordenen Papier in 18 Punkten niedergelegt, genau untersuchte, etliche Anhörungen vornahm und Ende 1986 dann die fristlose Kündigung für unwirksam erklärte.

15H, EATON SQUARE
LONDON SWIW 9DD
TEL: 01-235 4285

Es ist mir schmerzlich, dass ich nicht in der Lage bin, an der Gedenkfeier fuer meinen Schwager Kurt Hahn teilzunehmen. Ich bin die letzte Ueberlebende der Familie Hahn, die sich an die Gruendung noch greifbar erinnert.

Sie bot einen Lichtblick in den dunklen Jahren der Nachkriegszeit des ersten Weltkrieges, von der wohl die Jugend am meisten betroffen war. Politische Unruhen und geistige Krisen gefaehrdeten das Klima wahrer Erziehung.

Das galt sowohl für den einzelnen als auch fuer die Gemeinschaft im weitesten Sinne.

Prinz Max von Baden und Kurt Hahn — in langjaehriger Zusammenarbeit waren sie Freunde geworden — erkannten das brennende Problem.

Der Tatkraft des weitsichtigen Staatsmannes verdanken wir die Gruendung, die aus einem Zisterzienser Kloster die Schule werden liess. Es ist kein Zufall, dass kloesterliche Lebensregeln sich im Aufbau der Schulgemeinde verankerten. Es war die Inspiration des Erziehers Kurt Hahn, der hier ein Werk schuf, dessen Ideen und Zielsetzung dauernden Widerhall, weit ueber die Grenzen Salems hinaus, gefunden haben.

Seine Worte aus der Anfangszeit: „Aus der Vergangenheit holen wir uns die Impulse zur Gestaltung der Gegenwart", wurden hier verwirklicht. Sein erzieherischer Genius gewann fuer Salem einen besonderen Platz in der zukuenftigen Geschichte moderner Erziehung.

Lola Hahn

In der Zwischenzeit hatte die Schule den 100. Geburtstag Kurt Hahns gefeiert — gleich zweimal sogar: Am 5. Juni 1986 als schuleigene Feier, zusammen mit zirka 100 Uralt-Salemern, die noch zu Hahns Zeiten in Salem erzogen worden waren, viele zum allerersten Male wieder zu Besuch in Salem, viele von weit her aus der Welt angereist. Sie

Grußbrief von Lola Hahn, geb. Warburg, 1986 an die Salemer zur Kurt-Hahn-Feier

Englisch-
Leistungskurs bei
Daniel Miscoll im
Spetzgarter
Mittelbau (1987)

Griechisch-
unterricht bei
Hans-Joachim Dorn
im Salemer
Fachraum im
Langbau (1993)

Im Salemer Trep-
penhaus: nach der
zweiten Stunde auf
dem Weg zum
Vesper (1989)

170

Die alte „Salem"
vom Seenot-
rettungsdienst vor
Sipplingen, Käpt'n
Briddigkeit am
Steuer (1983)

Hohenfelser auf der
„Spetzgart" im
Schulhafen. Seit
1976 üben die
Spetzgarter
Nautiker mit den
Junioren vom
Hohenfels
Seemannschaft

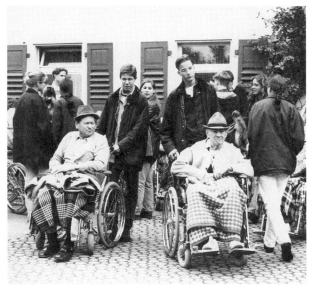

Sozialdienst im
Altersheim: die
Salemer machen
einen Ausflug mit
den Senioren von
Wespach (1992)

171

„Innung — Pflicht-
fach" für die
Salemer der
8. Klasse: Eine
Sache präzise zu
Ende zu führen,
Freude am Umgang
mit der Technik zu
wecken und zugleich
die handwerklichen
Fähigkeiten zu
üben, ist der Sinn
der „Innungen" —
für Mädchen wie für
Jungen!

Schreinern in der
Schulwerkstatt

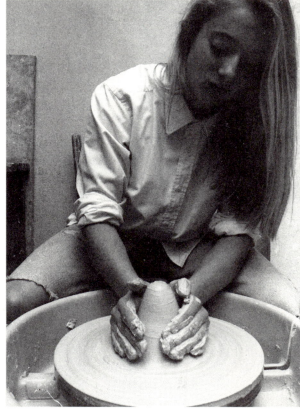

Töpferinnung

Kfz-Innung

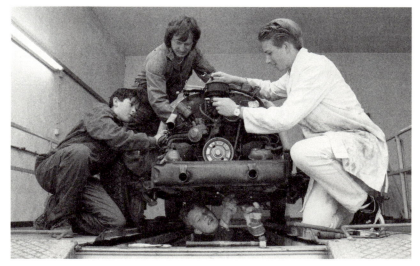

Schmiede-Innung
bei Herrn Kutter in
der (alten) Mark-
gräflich-Badischen
Kunstschmiede im
Salemer Kloster-
bezirk (1982)

173

Jürgen Metz,
Salemer Stufenleiter
seit 1993

Katrin und Otto
Seydel, Leiter des
Hohenfels, mit Insa,
Rieke, Jan (1993)

Heike und Bernhard
Bueb mit Valerie
und Leonie (1993)

Mithilfe in Haus
und Garten: hier bei
Heinz Birkenmayer
am „West" in Salem

174

Der Vorstand des Internatsvereins der Schule Schloß Salem nach seiner Konstituierung im November 1993 im Salemer Priorat. Vordere Reihe von links: Levin von Wulffen, Gerda Koepff, Dr. Hartmut Rahn, Prof. Dr. Hermann Steinthal; hintere Reihe: Rudolf von Sandersleben, Dr. Eberhard von Kuenheim, Dr. Marcus Bierich, August Oetker, Dr. Ulrich Wackerhagen

Präsidenten der Altsalemer Vereinigung im Salemer Priorat, November 1993.
1. Reihe von links: Jürgen Schulte-Hermann (Ehrenpräsident der ASV), Günter von Haniel, Wilhelm Peppler;
2. Reihe: Levin von Wulffen, Dr. Peter Michaelis (Präsident der ASV), Dr. Ulrich Wackerhagen, Nico Becker

175

alle waren entsetzt und betrübt über den „Streit", konnten aber nicht glauben, daß die Schule ihre Loyalität gegenüber dem Markgräflichen Hause tatsächlich verletzt hätte und hofften zusammen mit den Salemern und Altsalemern auf eine Aussöhnung spätestens zum Großen Fest im Oktober 1986, zu dem Bundespräsident Richard von Weizsäcker und der Vorsitzende der R. S. C., König Konstantin von Griechenland, ihr Erscheinen zugesagt hatten. Zwar brachte dieses Fest am 11. Oktober unter den 2 000 internationalen Gästen viel Prominenz, doch die markgräfliche Familie blieb auch diesmal fern!

Die ASV-Mitteilungen im November 1986 über die Festlichkeiten konnten dann allerdings schon vermelden, daß der Schiedsspruch die Kündigung des Markgrafen für unwirksam erklärt hatte, und druckten auch schon die erste, kurze Stellungnahme des Markgrafen dazu ab:

Max von Baden und der Schiedsspruch: „Etwas enttäuscht akzeptiert" (SÜDKURIER, 5. November 1986)

— und Hoffnung stieg: In einer „Friedenskonferenz", die arrangiert werden sollte, könnte die Aussöhnung gemeinsam erreicht werden, ein Ausgleich, der die Interessenwahrung des Hauses Baden, des Schirmherrn der Schule, genauso beinhalte wie die Wahrung der Unabhängigkeit der Schule, wie sie Markgraf Berthold der Schule Schloß Salem e. V. ermöglicht hatte. Über drei Sitzungen aber kam die „Friedenskonferenz" nicht hinaus, obgleich sie erhebliche Arbeit geleistet und etliche Steine aus dem Weg geräumt, Vorschläge erarbeitet hatte, gemeinsam mit dem Haus Baden die Schule erfolgreich weiterzuführen.

Die Verhandlungen aber scheiterten: Der Markgraf war nicht mehr gewillt, seiner Delega-

tion ein weiteres Mandat zu erteilen; ein Vermittler war zudem zu einem einseitigen Ermittler geworden. Und der Markgraf leitete ein zweites Schiedsgerichtsverfahren ein, da, wie er meinte, nicht alle Klagepunkte hatten vorgebracht werden können. 1987 hatte er vor dem Landgericht Konstanz für Aufhebung des Schiedsspruchs (I) geklagt und versucht, die Schule zu einem Auszug vor Auslaufen des Vertrags 1999 zu zwingen; am 31. März 1988 war diese Klage zurückgewiesen worden, und das Oberlandesgericht Karlsruhe wies sehr bald die dagegen eingelegte Berufung zurück, worauf der Markgraf Revision beim Bundesgerichtshof einlegte.

Auch der im November 1987 neugewählte Vorstandsvorsitzende Levin von Wulffen hielt an der Unterstützung der Schule fest, auch die absolute Mehrheit der Altsalemer bekundete Solidarität, der Elternbeirat tat es ebenso — vor allem die einmütige Zurückweisung der schmierigen Unterstellungen in einem Artikel des Zeitgeist-Magazins „TEMPO" vom September 1987 machte das klar! — Viele Vermittlungsversuche erreichten nichts; manch uralte Freundschaft ging zu Bruch . . .

Ende 1988 verhärteten sich die Fronten weiter: In München gründeten zwanzig Altsalemer einen neuen „Salemer Bund", um angeblich *Schaden von Salem abzuwenden und vor dem Verfall zu retten,* und fast zeitgleich fiel die Entscheidung des Markgrafen, die Schirmherrschaft über die Schule abzulegen und zusammen mit seinem Bruder, Prinz Ludwig von Baden, aus sämtlichen Vereinigungen der Schule auszutreten. Frau Lola Hahn hatte noch 1988 über ihren Schwager Kurt Hahn geschrieben: *I would like to stress here that the greatness of Kurt lies in the fact that he never had a theory of education. but he was acutely aware of the*

176

needs of youth and the problems of the day. This lead to a constant adaption of his ideas. Doch am 17. Februar 1989 folgte der nächste Schlag: Die Bekanntgabe auf einer großen Pressekonferenz in Überlingen, daß der Markgraf die Errichtung einer eigenen Internatsschule in Salem plane und dafür die Eintragung beim Amtsgericht Überlingen erwirkt habe. Er hätte sich angesichts des Zwistes zwischen ihm und der heutigen Schule in Salem um Erziehungsfragen *nicht nur genötigt, sondern fast gezwungen gesehen*, einen neuen Träger für diese seine neue Schule zu finden, eben diese Gesellschaft „Schule Salem GmbH", an der er selbst sowie seine Familie Gesellschafter seien.

Auch in einer Fernsehsendung „Titel, Thesen, Temperamente (TTT)" in derselben Februarwoche wurde deutlich, daß sich der Markgraf nun absolut darauf versteift hatte, die Schule aus Salems Mauern hinauszudrängen — und daß er zu Kompromissen nicht mehr bereit war.

Die befremdlichen Anschuldigungen durch den „Salemer Bund — neugegründet 1988", in Salem wären die moralischen Werte und Normen christlicher Erziehung verraten und statt dessen *Erziehungsprinzipien der Frankfurter Schule* zum Programm erhoben, hatten den Markgrafen wohl überzeugt. Er *hoffe, daß die Schule eher auszieht (als zu Ablauf des Mietvertrags).* Das war „ein unüberhörbares Signal": *Die Schule Schloß Salem tut gut daran, sich für spätestens 1999, wenn der Mietvertrag ausläuft, eine neue Bleibe für ihre heute in Salem befindliche Mittelstufe zu suchen*, schrieb der SÜDKURIER.

Nun war das vom Markgrafen angerufene Schiedsgericht II, das zum 27. April 1989 in Mannheim zur ersten mündlichen Verhandlung zusammentreten und möglicherweise den Parteien Vor-

schläge zur Beilegung des Konflikts unterbreiten würde, kein wirklicher Hoffnungsschimmer mehr.

Salem mußte sich auf das Unvermeidliche, Undenkbare ernsthaft einstellen!

„Projekt Salem 2000"

Aber dieser Krisentiefpunkt wurde als Herausforderung akzeptiert, und am 28. April 1990, fast auf den Tag genau 70 Jahre nach Gründung der Schule Salem in den Mauern des ehemaligen Zisterzienserklosters, begann das „Projekt Salem 2000". Nicht nur Verlegung der Mittelstufe nach Spetzgart und Neubau für die Kollegstufe — zuerst auf schuleigenem Gelände in Spetzgart — wurde geplant; die Kommission Salem 2000 entwarf ein völlig neues Konzept, für das sogleich schon mit Vorbereitungen begonnen wurde. Als erste deutsche Internatsschule bietet die Salemer Kollegstufe neben dem Abitur auch das International Baccalaureate („IB"), eine in englischer Sprache zu erwerbende internationale Hochschulreife. Daß damit Salem 2000 noch ein wenig mehr eine echte Hahn-Schule für das 21. Jahrhundert wird, ist kein Zufall: Hatte doch Kurt Hahn 1962 bei der Einführung der IB-Lehrpläne in Genf mitberaten, so daß im Curriculum nun wie bei Hahns United World Colleges dem akademischen Studium forderndes Gemeinschaftsleben gleichberechtigt zur Seite steht.

Der Aufbau des IB-Zweigs des Salem-College konnte sogleich in Angriff genommen werden: Unter den Spetzgarter Leitern Rudolf Bewer, Dieter Plate und ab 1993 Dr. Werner Esser, wurde es in der Verantwortung von Anne-Cläre Gurlitt begonnen. Denn kompetente Lehrer, die sich so etwas zutrauen, gab es in Salem. Die Genehmigung aus Genf kam — nach strenger Prüfung vor Ort

Salem und die „Frankfurter Schule"

Schulsprecher Andreas P. auf die Frage nach der Erziehung in Salem unter Dr. Bueb und ihrer Verbindung zur „Frankfurter Schule": „Das sagt mir im Moment nicht viel; ich kenn' da keine Schule in Frankfurt."

BURS

Wirtschaftliche Verwaltung des Klosters heute Leitung der Schulen Schloß Salem

„Was ist Begabung?"

Hartmut Rahn, damals Generalsekretär der Studienstiftung des Deutschen Volkes auf die Frage, was denn Begabung eigentlich sei und wie man sie am besten fördere:
„Der Verstand reicht nicht: Man muß auch ein Huhn schlachten können."

— sehr bald, der Vorstand bewilligte die nicht unerhebliche Startsumme, und im Sommer 1994 hatte Salem neben seinen 87 Abiturienten vier IB-Kandidatinnen (sehr erfolgreich) durchgebracht.

Der „Streit" war dabei keinesfalls in den Hintergrund getreten: Das Jahr 1993/94 verlief zwischen Hoffen und Bangen. Im Juni 1993 erging der Schiedsspruch II: Bleiberecht in Salem bis 1999, Einigung auf rückwirkende Mietzahlung in Höhe etlicher Hunderttausend DM.

Zur selben Zeit etwa hatte ein neuer Mann das Amt des Generalbevollmächtigten des Markgräflich-Badischen Hauses übernommen. Dr. Sonnfried Weber begann mit einem rigorosen Sanierungsplan für das schon seit längerem in eine „finanzielle Schieflage" geratene Haus Baden — (Verbindlichkeiten von 264 Millionen DM zu dem Zeitpunkt, und noch 45 Millionen bis Ende 1993 hinzu, wie Dr. Weber dem SÜDKURIER in einem Interview im April 1995 bekanntgab). Dazu gehörte auch ein neues Konzept zur touristischen Nutzung des Salemer Schloßgeländes. In diesem Zusammenhang tauchten Gerüchte auf, daß ein Verbleiben der Schule nun doch nicht mehr ganz unerwünscht wäre, Gerüchte, die sich in zwei Gesprächen mit dem Markgrafen — einem persönlichen Gespräch des Vorstandsvorsitzenden Levin von Wulffen im Herbst 1993 und einem weiteren im Mai 1994 mit einem Mitglied des im November 1993 neugewählten Schulvorstands — als Illusion erwiesen, weil der Markgraf weiterhin erklärte, ein Verbleib der Schule in Salem sei unter den gegebenen Bedingungen unmöglich.

1993 bis 1994 war auch die Zeit der Suche nach einem Standort für das Salem-College, da der vorgesehene eigene Bauplatz in Spetzgart (auf dem Kamm) absolut gesperrtes Landschaftsschutzgebiet bleiben muß. Die Gemeinde Salem hatte *kein geeignetes Grundstück*, und das schöne Gelände neben Schloß Heiligenberg war nicht groß genug. Unter zirka 15 Angeboten von weiteren Schlössern und Hotels wurde noch sortiert, als ein Idealgelände in Überlingen gefunden wurde, das dann mit viel Glück auch endlich über die Stadt gekauft werden konnte. Als die Verhandlungen fast erledigt waren, erhielt der Schulverein ganz plötzlich doch noch ein Angebot zum Bleiben in Salems Mauern. Verlängerung des Mietvertrages auf 25 Jahre wurde angeboten, doch Steigerung der bisherigen Mietsumme um das fast Vierfache, und als weitere Forderung: sofortige Mietvorauszahlung für die kommenden 25 Jahre, ein zweistelliger Millionenbetrag, doch ohne ein gesichertes Bleiberecht für die Schule — das war nicht akzeptabel. Nach ausgiebigen und gründlichen Diskussionen faßte der Verein der Schule Schloß Salem am 19. November 1994 dann einstimmig folgenden Beschluß: den Plan „Salem 2000" in Überlingen zu realisieren. Dr. Hartmut Rahn hat die Arbeit als Leiter des Projekts Salem College übernommen. ☐

Heike Bueb
Das Prinzip „Internationalität"

Wer das Adressenverzeichnis der Altsalemer-Vereinigung durchgeht, wird feststellen, daß eine beträchtliche Anzahl von Altschülern ihren Wohnsitz im Ausland haben. Ihr Anteil wächst, besonders durch die steigende Tendenz jüngerer Altsalemer, ihr Studium außerhalb Deutschlands aufzunehmen.

So mancher schlägt im Ausbildungsland Wurzeln und viele, die nach dem Studium zurückkehren, bleiben in Theorie und Praxis Globetrotter und Kosmopoliten.

Zwar läßt sich allenorts eine Internationalisierung der höheren Bildungsschichten feststellen, doch bei den Absolventen Salems erscheint sie als nahezu unvermeidliche Folge eines Grundprinzips der Hahnschen Pädagogik: der „international-mindedness".

Hahn gründete und inspirierte zahlreiche Kurzschulen in primär angelsächsischen Ländern; die Einrichtung des ersten United World Colleges 1962 in Wales hat seit Hahns Tod sechs weitere Colleges dieses Typs in Italien, Nordamerika, Asien, Norwegen und Afrika initiiert.

Auch das Konzept Salems war von Hahn grenzübergreifenden Erfahrungen und Idealen durchdrungen: dem Prinzip Landerziehung wird das Prinzip Internationalität zur Seite gestellt. Es ist mit fünf modernen Fremdsprachen im Fächerangebot und der Einführung des International Baccalaureate (IB) in Salem fest verankert, aber dies natürlich nicht nur akademisch: die Internationalität des Lernangebots prägt das Leben und die Atmosphäre im Internat auf vielerlei Weise.

Besonders seit der Einführung des IB wächst der Anteil an ausländischen Schülern und Mitarbeitern mit jedem Schuljahr. So sind es zur Zeit etwa 15 Prozent der Schüler und etwa zwölf Mitarbeiter, die einen ausländischen Paß oder zeitweiligen Wohnsitz vorweisen können.

Längst hat das Englische seinen Einzug als Medium auch außerhalb des Klassenzimmers gehalten; besonders in der Kollegstufe hört man nicht nur englischsprachige Musik, sondern ebensolche Tisch- und Telefongespräche.

Auch die Schüler der Mittelstufe sind daran gewöhnt, des öfteren schon vor Unterrichtsbeginn in der Morgensprache englische Kurzvorträge von Gastschülern oder Lehrern zu hören. Zum diesjährigen ASV-Treffen wird ein Musical in englischer Sprache einstudiert — die Schüler und Mitarbeiter nehmen diese Herausforderung mit großer Selbstverständlichkeit an.

Den Salemern steht ein großes Angebot an Lern- und Erfahrungsaufenthalten im Ausland zur Verfügung, und sie greifen gerne zu:

Auf dem Hohenfels sind zweiwöchige Gruppen- oder Klassenaufenthalte an Partnerschulen in Frankreich und Schottland zur festen Einrichtung geworden; den besonders Mutigen oder Sprachbegabten steht sogar ein Trimester in Schottland zur Verfügung.

In der Mittelstufe vergrößern sich Nachfrage und Angebotspalette noch: Im angelsächsischen Sprachbereich unterhält Salem Beziehungen mit zirka 30 Internaten auf fünf Kontinenten; dem francophilen Schüler stehen vier Schulen in Frankreich und der französischen Schweiz zur Auswahl; die jüngste Austauschbeziehung wurde dieses Jahr mit einer Schule in Spanien geknüpft.

Zwischen 30 und 40 Mittelstufenschüler dürfen jährlich diese Möglichkeiten des individuellen Auslandsaufenthaltes nutzen. Wem die Auflagen für einen solchen drei bis zwölfwöchigen „Botschafterdienst" zu hoch sind, oder wer lieber ein

Jocelin Winthrop-Young (3. von rechts) und seine „Gründermann-schaft" auf der — 2. Round Square Conference in Box Hill, Groß-britannien, 1968

Zwei „Gründer-väter" der Round Square Conference, Jocelin Winthrop-Young und Roy McComish, in der Planungsphase, 1963 in Box Hill

10. Round Square Conference in Salem 1977: Mitglieder von zehn RSC-Schulen auf den Treppen beim Salemer Münster.
Ohne Vorstandsmit-glieder, Altschüler, Lehrer und Schüler ihrer verschiedenen Schulen könnten sich die Leiter schon bald keine RSC mehr vorstellen! (auf dem Foto: in der untersten Reihe 4. von rechts, Dr. Bernhard Bueb)

ganzes Schuljahr im Ausland verbringen möchte, profitiert ebenfalls von Salemer Kontakten.

Daß Salem den Ruf einer Schule mit internationalen Beziehungen besitzt, zeigt sich nicht zuletzt auch an den vielen Anfragen von „außen", in denen um Beratung, Empfehlungen und Kontaktadressen gebeten wird.

Daß Salem seinen geographischen Standort zwar in Deutschland, seinen geistigen jedoch auch jenseits der Landesgrenzen besaß, dafür sorgten schon in den Anfangsjahren ausländische Mitarbeiter und Schüler. Schon früh förderte man den Schüleraustausch und organisierte mit bescheidenen Mitteln Studienreisen nach Island, Italien, Österreich und in die Schweiz.

Internationaler Humanismus nationalem Denken vorangestellt hatte seinerzeit auch Prinz Max von Baden; als Vorstand des Internationalen Roten Kreuzes hatte er während des Ersten Weltkrieges für „feindliche" verletzte Soldaten in der Schweizer Enklave Sorge getragen.

Unter dem Druck der nationalsozialistischen Herrschaft drohten dann Kontakte mit dem Ausland und kulturelle Toleranz zu ersticken: nach und nach verließen alle, die nicht deutsch oder arisch genug waren, um der Bedrohung zu entgehen, die Salemer Gemeinschaft; zuletzt auch Kurt Hahn.

Es war Heinrich Blendingers diplomatischem Geschick und seiner Unbestechlichkeit zu verdanken, daß Salem in schwerer Zeit sein Gesicht wahren konnte.

Nach Kriegsende zeigte sich, daß Salem aus der NS-Diktatur gelernt hatte: während des Ungarn-Aufstandes 1956 brachte der damalige Leiter Prinz Georg Wilhelm 60 politisch verfolgte Ungarn in Salem und anderen deutschen Schulen in Sicherheit. Man verstärkte die Kontakte mit dem

Ausland. Unter der Schirmherrschaft von C.I.S., der „Conference of Internationally-Minded Schools", der Salem seit Gründung Ende der vierziger Jahre angehörte, baute Marina Ewald ab 1956 die „ZIS"-Studienreise-Organisation auf, und Salemer Schüler waren die ersten, deren ZIS-Projekt sie hinaus zur Erfahrung Europas führte. Erste Pläne im gleichen Zeitraum, die Hahn-Schulen im Rahmen der Conference of Internationally-Minded Schools näherzubringen, zerschlugen sich. 1966 aber gelang dann die Gründung der „Round Square Conference". (Der paradox anmutende Name dieser Vereinigung von Hahn-Schulen leitet sich von einem wichtigen Gebäude in Gordonstoun her: einem alten Rundbau, der als „Square" dient.)

Der „spiritus rector" dieser Vereinigung von zunächst sechs Schulen war Jocelin Winthrop-Young, der, geprägt von seinen Erfahrungen in Salem, Gordonstoun und Anavryta, beharrlich auf eine Institutionalisierung der bis dahin sporadischen Zusammenarbeit hingewirkt hatte. Sein Ziel war nicht nur pädagogischer, sondern auch politischer Natur: Nur wer mit anderen Kulturen vertraut ist und in der Zusammenarbeit nationale Vorurteile abgebaut hat, kann die eigene Kultur verstehen und sich zu ihr bekennen.

Hahn dagegen sah den Nutzen einer internationalen Schulvereinigung in der ihm eigenen, eher nüchternen Weise: Regelmäßiger Gedanken- und Erfahrungsaustausch zwischen den Schulen würde als Präventiv gegen Selbstgefälligkeit oder auch Resignation in den eigenen vier Wänden wirken.

Bis 1980 war die „Round Square Conference" bereits auf zwölf Mitgliedsschulen angewachsen, die nicht mehr nur im europäischen Ausland, sondern auch in Amerika, Australien und Indien la-

Round-Square-Projekt in Boronka, Ungarn, 1991: Südlich des Balaton (Plattensee) arbeitet eine international zusammengesetzte Truppe des R. S. I. S. (Round Square International Service) seit 1991 jeden Sommer für die Erhaltung eines außergewöhnlichen Naturschutzgebietes

Round-Square-Projekt in Mukoe, Kenya, 1990: In den Weihnachtsferien baute der R. S. I. S. unter Leitung des „Starehe Boys' Centre" (RSC-Schule seit 1988) mit Teilnehmern aus Kanada, Großbritannien, Indien und Deutschland ein Dorfschulhaus in Mukoe

Teilnehmer der sechs RSC-Schulen in Boronka (hintere Reihe, 3. von rechts: Bernd Stocker, Salems Küchenchef und ausgewiesener Nachtfalterforscher, ein sehr wichtiges Team-Mitglied)

181

gen. Glücklos verlief hingegen Jocelin Winthrop-Youngs Suche nach „Hahn-verdächtigen" Schulen im Nahen Osten, in Südafrika oder romanischen Ländern.

Heute gibt es 23 „Round Square"-Schulen auf fünf Kontinenten, und es scheint, als ob das Austauschtrimester an einer dieser Schwesterschulen gleich ein wenig leichter fällt, weil einem so viel Vertrautes, nämlich Hahnsches, in ihnen begegnet.

Auf den alljährlichen Round-Square-Konferenzen treffen Schüler, Lehrer, Schulleiter und Vorstandsmitglieder aus aller Welt unter dem Dauermotto „learning from each other" genauso wie „celebrating differences" zusammen. Nicht zuletzt soll auch die Schirmherrschaft von König Konstantin von Griechenland, Sonia Ghandi, dem Herzog von York und Richard von Weizsäcker für eine ausgewogene Orchestrierung dieser internationalen Schulgemeinschaft sorgen.

Ein weiteres wertvolles Element weltläufiger Erziehung sind die Projekte, die von einzelnen „Round Square"-Schulen organisiert und zur internationalen Teilnahme angeboten werden:

1954 leisteten 120 Schüler aus acht Ländern unter der Leitung von Prinz Georg Wilhelm Hilfe auf der griechischen Erdbebeninsel Kefalonia, 1967 arbeitete ein großer Hilfstrupp im Überschwemmungsgebiet um Florenz, half 1978, Schäden des „Amoco Cadiz"-Tankerunglücks in der Bretagne zu beseitigen, und 1981 organisierte Salem einen weiteren Erdbebeneinsatz in Italien.

1980 wurde der „Round Square International Service" gegründet, und aus den Hilfseinsätzen früherer Jahre entwickelten sich weitere Arbeits- und Studienprojekte in Ungarn, Rumänien, Rußland, Großbritannien, Nordamerika, Venezuela, Kenya und Indien.

Die Kombination von Helfen und Lernen im abenteuerlichen Kontext ist eine altersgemäß ideale Erfahrung, die jedoch leider oft einen finanziell höheren Aufwand fordert, als ihn viele Schüler zu leisten vermögen.

Nach dem Abitur bietet sich Salemern die Stelle eines „assistent teacher" an einer der ausländischen Partnerschulen, von denen einige fast regelmäßig um die Vermittlung eines frischgebackenen Altsalemers bitten!

Es gibt noch andere Facetten in der Internationalität Salems, etwa die alljährliche Teilnahme einer Spetzgarter Delegation am „Model United Nations" in Den Haag; den traditionellen Weihnachtsbasar zur Unterstützung eines indischen Kinderheims; die Aktivitäten der „Dritte-Welt-AG"; die Vergabe von Outward-Bound-Stipendien; oder auch die Teilnahme von Salemer Schülern an den Reisestipendien der ZIS-Organisation.

Immer mehr wird sich Salems pädagogisches wie akademisches Programm multi-kulturellen Einflüssen stellen müssen; zum Englischen können, zumindest auf dem College Campus, weitere „Verkehrssprachen" hinzukommen, und Lehrern wie Schülern werden noch mehr sprachliche Kompetenz und Flexibilität abverlangt, jedoch gleichzeitig auch mehr Anregungen und Einblicke geboten.

Wer um die vielen Blickrichtungen und Möglichkeiten weiß, dem dürfte das Leben im Internat schwerlich eng werden.

Und wer Salem ohne eine beträchtliche Portion „international-mindedness", ohne den unbeschwerten Umgang mit zumindest zwei Fremdsprachen, ohne den Sinn fürs Andersartige und ohne Aufgeschlossenheit gegenüber fremden Kulturen verläßt, der wurde um ein Kernstück der Salemer Erziehung betrogen. □

Bernhard Bueb
Eine Schule wird erwachsen — 75 Jahre Salem

Die erfolgreiche Gründung eines Klosters ist eine Frage der zweiten und dritten Generation — dieser Satz gilt für alle vergleichbaren Institutionen, also auch für eine Einrichtung wie Salem. An der Geschichte der Klöster läßt sich diese Regel erkennen: Wenn sich das Kloster oder gar der Orden nicht von seinem Gründer lösen konnte, war sein Überleben bedroht. Die Lösung des Franziskanerordens von seinem Gründer Franziskus ist ein eindrucksvolles Beispiel dafür: eine bewegende Geschichte und um so dramatischer abgelaufen, als der Gründer noch lebte und tief an dieser Lösung litt, ja sie teilweise als Verrat an seinen Ideen empfand. Aber der Orden gedieh und trug den Geist des Gründers in die folgenden Jahrhunderte.

Welchen Weg ist Salem in seiner Geschichte gegangen?

Ist es erwachsen geworden?

Hat es sich von seinen Gründern lösen können, um selbständig und schöpferisch seine Zukunft zu gestalten?

Erwachsen werden heißt: Sich von den Eltern lösen, um sich in Freiheit ihnen wieder zuwenden zu können.

Salem und seine Väter

Prinz Max von Baden und Kurt Hahn sind als Gründer unserer Schule nicht nur Väter, sondern erscheinen vielfach als Überväter. Selten habe ich eine Schule erlebt, die sich so heftig mit ihren Vätern auseinandergesetzt hat wie Salem. In Gordonstoun scheint mir Kurt Hahn eine verehrte Persönlichkeit zu sein; aber es weht dort eher der Geist einer britischen public school als der Geist Kurt Hahns. Die Waldorfschulen sind dogmatisch auf Rudolf Steiner fixiert — eine schöpferische

Loslösung scheint mir noch bevorzustehen. Salems Geschichte interpretiere ich als die wechselvolle Auseinandersetzung mit den Vätern.

Erich Meissner

Den Gründern war es nicht vergönnt, ihr Werk über lange Jahre zu begleiten. 1929 starb Prinz Max von Baden, 1933 mußte Kurt Hahn Salem verlassen. Salem war in diesen kurzen 13 Jahren eine überzeugende Einrichtung geworden. Die Schule wurde früh gezwungen, ohne ihre Gründer und Leiter ihren Weg zu gehen. Erich Meissner folgte Hahn und konnte Salem ein Jahr lang mutig gegen den Ungeist der Zeit leiten — unter der Protektion von Berthold Markgraf von Baden — dann mußte er eines Nachts über die Schweizer Grenze fliehen; sein Leben war bedroht.

Heinrich Blendinger

Es war ein glückliches Geschick, daß Heinrich Blendinger die Nachfolge Hahns antreten konnte und wollte. Es war der erste Schritt Salems aus dem Schatten seines Übervaters. Mit Heinrich Blendinger übernahm ein Gegentyp die Leitung: Dem Mann der vita activa folgte ein Mann der vita contemplativa, dem Dramatiker, ruhelosen Schulgründer und unentwegt Reisenden folgte der bedächtige, in sich ruhende Humanist, der der monastischen Regel der stabilitas loci verschrieben war. Dem Politiker folgte der Lehrer.

In meinen Gesprächen mit Altsalemern der Hahn-Epoche stellt sich Salem anders dar als in Gesprächen mit Altsalemern der Blendinger-Epoche. Der Leiter ist nicht mehr der ferne Jupiter tonans, strafend, fordernd, sondern väterliche Güte strahlt vom Leiter aus, der Humor und das Augenzwinkern relativieren die Härte des Salemer

Kurt Hahn-Gedenkmünze (Vorderseite), anläßlich seines 100. Geburtstags geschaffen und gestiftet von Harry M. Buchberger, 1986

Alltags. Blendinger hat das Salem Kurt Hahns kongenial weitergeführt, aber nicht als dogmatischer Erfüllungsgehilfe des Gründers.

Salem hatte nicht nur den Verlust des Gründers zu verkraften, es mußte einem neuen Zeitgeist standhalten — Anpassung oder Widerstand, das schien die Frage. Blendinger hat keinen der Gegensätze gewählt, sondern Salem auf seine Weise behutsam und glaubwürdig durch die schlimmen Zeiten geführt. Nach außen wirkte es wie die einzig mögliche Überlebensstrategie, nämlich alle Kompromisse mit dem Regime zu schließen, die nicht inhumane Aktionen forderten, und dadurch nach innen einen gewissen Handlungsspielraum zu wahren. Eine gewisse Immunität gegen den nationalsozialistischen Geist war in seiner Person begründet: Als Metaphysiker, unpolitisch von Natur, nur der Humanität verpflichtet, perlten alle Ideen der Zeit an ihm ab wie an einem Schwanengefieder. Nie dürfen wir vergessen, welche wichtige und beschützende Rolle Markgraf Berthold gespielt hat. Es bedeutete damals viel, unter der Protektion des Markgrafen zu stehen. Daß er ein Gegner der Nazis war, daraus hat er nie einen Hehl gemacht.

Salem nach dem Krieg

Die Nachkriegszeit war die Zeit der Restauration. Salem orientierte sich vor allem an den Jahren, als Kurt Hahn Leiter war. Das hing auch mit der Rückkehr Hahns aus dem Exil zusammen. Es hing aber auch damit zusammen, daß die Nachkriegszeit pädagogisch keine Herausforderung bedeutete, denn jedermann war mit seinem Überleben beschäftigt. Die Jugend lebte in der realistischen Welt von Kargheit und Mangel, Ablenkungen und Verführungen gab es kaum — es waren pädagogische Glückszeiten, wie Marina Ewald die Nachkriegszeiten bezeichnete, denn Verzicht war keine Forderung in einer Welt des Überflusses, sondern Realität des Alltags.

Es war eine Eigenart Salems nach dem Krieg, daß die Leitung ehemaligen Offizieren anvertraut wurde. Keine andere Schule, weder Internats- noch Tagesschule ist mir bekannt, die nicht gelernte Pädagogen an ihre Spitze stellte. Prinz Georg Wilhelm von Hannover, Axel von dem Bussche, Graf Bernstorff, in Spetzgart General von Senger und Etterlin, oder die rechte Hand von Prinz Georg Wilhelm von Hannover, der Offizier und spätere General Rall — es waren nicht irgendwelche Offiziere, sondern ausgewiesene Persönlichkeiten.

Die Einsetzung von Offizieren als Leiter ist zweifellos mit Billigung von Kurt Hahn erfolgt. Die Vorstellung von Führung, von Disziplin, überhaupt soldatischen Tugenden und das hohe Ethos von Offizieren und Generälen entsprach dem Weltbild Hahns, obgleich das Kriegshandwerk ihm fremd und er der Gegensatz eines martialischen Menschen war.

Rückkehr zum Salem der zwanziger Jahre

Zweifellos war die Epoche bis 1970 der Versuch einer Rückkehr zum Salem der zwanziger Jahre. War die Blendinger-Zeit ein Schritt in die Selbständigkeit, so konnte die Nachkriegszeit das nicht sein, denn Hahn bestimmte viel zu sehr den Geist der Schule. Am deutlichsten hat das Axel von dem Bussche ausgesprochen: Die Interventionen Hahns, direkte und indirekte, erlaubten es den Leitern nicht, eigene Wege zu gehen. Das Ausscheiden von dem Bussches hatte darin *eine* Ursache.

Die sechziger Jahre — Abschaffung traditioneller Elemente

Die Jahre nach dem Krieg waren große Jahre in der Salemer Geschichte. Es waren Jahre, in denen noch einmal der Geist einer vergangenen Epoche beschworen wurde. Mit Recht sind die Altsalemer stolz auf das Salem dieser Jahre. Die Pädagogik orientierte sich aber nicht an einem zukünftigen Ideal, sondern maß sich daran, wieweit sich überkommene Formen durchsetzen ließen. Salem war daher auf die „68er Jahre" nicht vorbereitet. Das System brach zusammen, weil die brüchigen Formen nicht mehr hielten, demokratische Vorstellungen und Strukturen wurden hektisch eingeführt — es war mehr ein Prozeß der Anpassung als der schöpferischen Neuordnung. Im Laufe der sechziger Jahre, aber auch schon davor, wurden tradierte Erziehungsmittel abgeschafft: der Trainingsplan bereits Ende der fünfziger Jahre, die Regel, daß der Lehrer während einer Arbeit den Raum verläßt, die tägliche Andacht im Betsaal, die Trainingspause, die Ernennung von Wächter und Helfer durch den Leiter wurde durch eine demokratische Wahl ersetzt, die farbentragende Versammlung wurde aufgelöst, der tägliche Schulanzug konnte nicht mehr durchgesetzt werden. Als Graf Bernstorff als letzter Repräsentant dieser Epoche abtrat, drohte Salem zu zerfallen.

Salem gerät in Schwierigkeiten

Es waren insgesamt schwierige Zeiten für Eltern, Lehrer und Erzieher. Eine summarische Auflösung aller Normen drohte jede Form der Erziehung unmöglich zu machen. Da die Diskussion um Erziehungsgrundsätze mit der Diskussion um die politische Vergangenheit verquickt wurde, war kaum mehr ein Konsens herzustellen. Salem war auf die Umwertung aller Werte auch durch seine Führungsstruktur nicht vorbereitet, weil unklar war, wer die Richtlinien der Pädagogik bestimmte: der Vorstand, der Markgraf von Baden, das Kollegium, maßgebliche Altsalemer, Kurt Hahn? Horst von Gersdorff übernahm neben der Wirtschaftsleitung auch die Oberleitung im „Triumvirat", zusammen mit Jocelin Winthrop-Young und Georg Mayr die Führung der Schule. Die Suche nach einem Leiter blieb vorerst offen, niemand meldete sich für die Position. Schließlich hatte der Vorstand einen Professor der Musik gekürt; der türmte aber in letzter Minute — er verließ Salem durch die Hintertür; die versammelten Eltern mußten von einem eingeflogenen Vorstandsmitglied, Nico Becker, beruhigt werden. Es fand sich dann zum Schuljahr 1972/73 Frau Professor Ilse Lichtenstein-Rother, Professorin für Pädagogik an der Universität Augsburg. Sie konnte zusagen, drei Tage in der Woche Salem zu leiten; die übrige Zeit mußte sie ihre Aufgaben an der Universität wahrnehmen.

Eine Frau bringt Salem auf neuen Kurs

Ilse Lichtenstein-Rother begann sofort, konzeptionell zu arbeiten. Sie war nach Heinrich Blendinger die erste gelernte Pädagogin. Sie war keine Wunschkandidatin — eher eine Verlegenheitslösung. Ihre spektakulärste Tat war die Stillegung des Hermannsbergs — und dieses noch zu Lebzeiten Hahns, dessen Altersitz der Hermannsberg war. Ihre zukunftsweisende Tat war die Einrichtung der Kollegstufe Spetzgart. Zugleich wurden Verfassungen der Schülermitverantwortung entworfen, die Struktur der Leitung neu konzipiert, personalpolitische Grundsatzentscheidungen getroffen.

Axel von dem Bussches Botschaft für die junge Generation: „Ihr müßt wissen, was früher geschah, aber ihr dürft deshalb nicht nur nach hinten starren. Seid aufmerksam, auch heute drohen uns ähnliche Gefahren wie damals!"

Kurt Hahns Auftrag:

„Übt die Euch anvertrauten Kinder in der Verantwortung, entwickelt ihre Fähigkeit zu bundesgenössischem Handeln, lehrt sie das große Geheimnis, wie sich Kräfte zu Kraft zusammenfinden."

Erneute Suche nach einer Leitung

Aber das eigentlich Neue war etwas ganz anderes: Ohne eine Grundsatzentscheidung oder eine formelle Satzungsänderung begannen sich Kompetenz und Legitimation von pädagogischen Entscheidungen zu klären. Der Vorstand nahm die Rolle eines Aufsichtsrates an, und der Markgraf von Baden wurde mehr und mehr in die Rolle eines einfachen Vorstandsmitgliedes verwiesen. Allerdings wurde seinen Meinungsäußerungen und Ansichten nach wie vor ein Gewicht beigemessen, das die Kompetenzen eines Vorstandsmitgliedes weit überschritt. Das zeigte sich bei der Suche nach einem neuen Leiter. Frau Lichtenstein-Rother wurde nicht länger als zwei Jahre von der Universität beurlaubt — es mußte zum Schuljahr 1974/75 ein Nachfolger gefunden werden. Es fand sich wieder niemand wirklich Überzeugendes. Schließlich wurde einer vom Vorstand gekürt — wieder eine Verlegenheitslösung, faute de mieux. Zu meiner Person, die damals gewählt wurde, kann ich nur so viel sagen, daß mir weitgehend alle Voraussetzungen fehlten, die mich als Leiter empfohlen hätten. Die Situation muß schon sehr verzweifelt gewesen sein, daß man auf eine völlig unerfahrene Person verfiel, deren einzige für Salem brauchbare Qualifikation darin bestand, Fahnenjunker der Reserve zu sein — der aber, wie Ilse Lichtenstein-Rother es ausdrückte, noch jung und naiv genug war, um sich auf diese Aufgabe einzulassen.

Zu meiner Zeit möchte ich nur folgendes sagen: Ich habe bald nach meinem Antritt festgestellt, daß die von Ilse Lichtenstein-Rother eingeführten Neuerungen von Dauer waren. Die Errichtung der dreistufigen Schule mit der Kollegstufe in Spetzgart war ein mutiger, ja genialer Einfall. Sie hat diese Konzeption gegen die Auffassung und

den entschiedenen Protest aller durchgesetzt. Diese Tat wurde als der Untergang Salems, das Ende der Erziehung zur Verantwortung, der Verrat aller Hahnschen Pädagogik bezeichnet. Sie ließ sich nicht beirren. Heute baut auf dieser Konzeption unsere ganze Planung 2000 auf: Das Salem College ist die folgerichtige Fortsetzung der Entscheidung, die Ilse Lichtenstein-Rother 1972 gefällt hat. Ihre Vision einer Kollegstufe ist zu einem herausragenden Markenzeichen Salems geworden. Die Kassandrarufe aus den siebziger Jahren sind verhallt, die drei Stufen haben sich als eine überzeugende Konstruktion erwiesen. So radikal hatte sich noch kein Leiter von den Vorstellungen des Gründers entfernt: Nicht von seinen leitenden Ideen und Prinzipien, aber von den Mitteln und Wegen, die Ideen zu verwirklichen.

Salems Lösung vom Markgräflichen Haus

Zu den Jahren 1974 bis 1995 kann und will ich nichts sagen, weil ich nicht mein eigener Interpret sein kann. Aber einen Prozeß will ich kommentieren, nämlich die Lösung Salems vom Markgräflichen Haus. Diesen Prozeß kann man als die Folge personeller Konstellationen sehen, und so ist er häufig gesehen worden: Der Markgraf von Baden war mit der Person des Leiters, dessen pädagogischen Auffassungen und insbesondere mit seinen Möglichkeiten der Einwirkung auf die Schule nicht einverstanden und hat ihr deswegen gekündigt.

Meine Sicht ist eine andere: Salem konnte es sich nicht mehr leisten wie noch in den fünfziger und sechziger Jahren, in hohem Maße fremdbestimmt zu arbeiten. Noch in den siebziger Jahren war die Politik der Schule abhängig vom Markgrafen von Baden, von Strömungen unter den Altsalemern, aber vor allem von einem nicht faßbaren Konsens, der auch von vielen Mitarbeiterinnen und Mitarbeitern geteilt wurde, daß Salem einer bestimmten Vorstellung, dem sogenannten Salemer Geist, zu folgen habe. Der Markgraf von Baden war nur ein Exponent dieses „Salemer Geistes" — genau charakterisieren ließ er sich nicht. Dieser Salemer Geist war eine Fiktion: die Fiktion einer Welt, in der die Hahnschen Prinzipien galten und die dem Zeitgeist widerstehen sollte. Es schien mir mehr ein Rückzug auf eine Insel als ein Schritt in die Zukunft. Die Fiktion einer Insel, auf der sich alles bewahren ließ, was in der Außenwelt zerbrochen war. Während dieser Geist beschworen wurde, entstand in der Schule eine starke Bewegung, ein modernes Salem zu schaffen. Diese Bewegung hatte ihre Wurzeln weit in den sechziger Jahren; sie wurde vor allem vom Kollegium getragen, aber auch vom Vorstand und von Eltern. Sie war der Versuch, die nach wie vor gültigen Erziehungsvorstellungen Hahns für die Gegenwart und Zukunft zu aktualisieren. Es entbrannten Diskussionen um die Mittel der modernen Erziehung, über die Ziele bestand Einigkeit.

Neuer Führungsstil

Dieser schöpferische und fruchtbare Prozeß führte zu erstaunlichen Leistungen der Schule — aber auch zu Auseinandersetzungen mit den Repräsentanten des „Salemer Geistes". Einer restaurativen Forderung — Herstellung des alten Salem — stand gegenüber die Arbeit an einem Salem der Zukunft. Das galt übrigens auch für den Führungsstil von Vorstand und Leitung. War es in den früheren Jahren üblich gewesen, im Vorstand Entscheidungen zu treffen und dann die Leitung mit der Durchführung zu beauftragen und zum Teil

auch Vorstandssitzungen ohne die Leitung stattfinden zu lassen, so änderte sich der Stil radikal unter dem Vorsitz von Jürgen Schulte-Hermann:
— Die Leitung nahm an allen Vorstandssitzungen teil.
— Der Vorstand definierte sich als Aufsichtsrat.
— Pädagogische Konzeptionen wurden von der Leitung und dem Kollegium entwickelt.
— Der Vorstand nahm Stellung, engte aber die Entscheidungsbefugnis der Leitung nicht ein.

Neue Spannungen mit dem Markgrafen

Der zunehmend selbständige Weg der Schule verschärfte die Spannungen zum Markgräflichen Haus. Die Spannungen wurden ins Kollegium getragen — es kam schließlich folgerichtig zum Bruch und zur Lösung der Schule vom Markgräflichen Haus. Diese Lösung der Schule wurde durch die Kündigung des Markgrafen eingeleitet. Die weiteren Ereignisse sind bekannt. Nach zwei verlorenen Schiedsgerichtprozessen verließ der Markgraf von Baden alle Gremien der Schule. Die Schule ging ihren eigenen Weg: selbstbewußt und frei entschied der Vorstand, Salem zu verlassen und das Salem College zu gründen. Dieser Prozeß war notwendig, wenn Salem als freie Schule eine zukunftsweisende Pädagogik entwerfen wollte. Die Lösung hätte eleganter verlaufen können, aber sie mußte erfolgen.

Das Salem College — seine Ziele

Salem College ist die folgerichtige Konsequenz einer langen Entwicklung.

Niemand hätte vor 20 Jahren geahnt, daß Salem einmal ein College dieser Art gründen würde: mit deutschem Abitur und International Baccalaureate, nach alter Salemer Tradition der Charakterbildung dasselbe Gewicht zumessend wie der akademischen Bildung.

Worin besteht der Anspruch des College? Das College soll heraustreten aus dem Status der Beliebigkeit von Erziehung und Bildung. Es soll ein Geist der Selbstverpflichtung und Selbsterziehung in die Mauern des Colleges einziehen. Lehrende und Lernende sollen sich wie in einer Art „weltlichem Orden auf Zeit" den Zielen des Colleges verpflichten. Selbsterziehung gewinnt an Bedeutung — ich will ein Instrument des alten Salem wieder zu Ansehen bringen: den Trainingsplan, ein Mittel zur täglichen Selbstprüfung anhand selbstgesetzter Ziele, inwieweit ich diese erreicht oder verfehlt habe. Freiwilligkeit und Freiheit von fremder Kontrolle sind die Bedingungen.

Wir wollen junge Menschen dazu bewegen, ihr Leben in den Dienst höherer Ideale zu stellen und dafür Egoismus und Selbstgenuß einzuschränken. Orden wurden immer gegründet gegen den Verfall der Sitten und Tugenden. Das Salem College soll den einzelnen gegen die Krankheiten unserer Zeit festigen, gegen die grenzlos ich-zentrierte Genußgesellschaft, gegen das zukunftslose Aufgehen in der Gegenwart. Es muß die Einsicht vorherrschen, daß mein Leben erst lebenswert wird, wenn ich mein eigenes Wohl mit dem anderer verbinde.

Eine Trias von Tugenden möchte ich dem College voranstellen: Wahrhaftigkeit, Mut und Verantwortung. In diesen drei Begriffen ist vieles enthalten, was wir von einem Salemer erwarten:

Wahrhaftigkeit, d. h. Wahrheitsliebe in der Wissenschaft, deren Handwerk die Schüler lernen sollen; aber auch Wissenschaftsethik; Ehrlichkeit im Alltag, anderen und sich selbst gegenüber.

Mut, d. h. Zivilcourage, also eine politische Tugend, ohne Angst vor den Mächtigen, wenn es um Wahrheit, Freiheit und Gerechtigkeit geht; aber auch Mut zum Wagnis, zur Initiative, zum Unkonventionellen; Mut, sich selbst zu sein, Mut zur Freundschaft, Mut, seine Gefühle zu äußern, Mut zum Vertrauen in andere Menschen.

Verantwortung oder auch Gemeinsinn, d. h. für praktische Nächstenliebe, wie sie im Gleichnis vom Barmherzigen Samariter deutlich wird; das Gemeinwohl über das eigene Interesse stellen, auch Verantwortung gegenüber der Natur.

Es wird noch notwendiger, daß sich jeder mit Salem identifizieren kann, und daß ihn dieses Gefühl, einer großen Einrichtung anzugehören, beflügelt. Es kann als Korsett dienen, um nicht immer wieder den eigenen Schwächen zu erliegen. Der Stolz, dazuzugehören, kann ein Schutz und eine Stärkung sein. Er führt auch zu Arroganz. Dieses Übel müssen wir hinnehmen. Es ist das Hochgefühl der Schwachen.

Kurt Hahn hat Platons Staat (Politeia) zum Vorbild genommen, der letztlich nichts anderes ist als ein Orden und mit Staat im modernen Sinne wenig zu tun hat. Die Menschen führen ein strenges Leben unter der Herrschaft der Phylakes, der Wächter; diese sind die Bewahrer der Idee der Gerechtigkeit; sie denken über das Gemeinwohl nach, sie leben asketisch ohne Familie und Besitz; ihr Verstand befähigt sie zum Herrschen. Hahn wollte mit Salem und den United World Colleges nichts anderes als die platonische Politeia — Gemeinschaften, die einer Idee folgen und sich von der Sittenlosigkeit der übrigen Welt abkehren; ich nenne das provokativ weltliche Ordensgemeinschaften auf Zeit. Das sind die Träume aus der Jugend Salems. Salem ist erwachsen geworden und kann sich in Freiheit wieder auf die Träume seiner Jugend besinnen. □

Prinz Max' Grundsatz:

„Der Wert einer Überzeugung liegt nicht in der Klarheit, mit der sie verkündet wird, sondern in der Standfestigkeit, mit der sie verteidigt wird."

Hartmut Rahn
Salem 2000 — Von der Idee zur Wirklichkeit

Neuanfänge sind in der deutschen Bildungslandschaft selten geworden. Der Aufbruch der Reformpädagogen der zwanziger Jahre scheint für lange Zeit die Kraft zur Neuorientierung verbraucht und den Willen zu Veränderungen erschöpft zu haben. In vielen öffentlichen Schulen regiert zur Zeit die Administration des Mangels, sinkt das Leistungsniveau in grundlegenden Kulturtechniken, herrschen Orientierungslosigkeit, Gewalt und Drogenprobleme, sind Eltern, Lehrer und Schüler gleichermaßen verunsichert, während die politisch überfrachteten Neugründungen der sechziger Jahre sich bei der Mehrheit der Eltern nicht haben durchsetzen können.

Immer mehr aktive junge Menschen und immer mehr verantwortungsbewußte Eltern suchen in dieser Situation nach Schulen, die ganzheitlich alle Kräfte des jungen Menschen ansprechen, die ein Lernen durch Erfahrung ermöglichen, die eine tragfähige Bildung vermitteln, humane und soziale Wachheit fördern, die in Wissenschaft, Sprachen, Kunst, Musik und Sport Herausforderungen anbieten und die den jungen Menschen in einer internationalen Gemeinschaft auf die Wirklichkeiten des Studiums und des Berufslebens vorbereiten. Internatsschulen, die sich solchen Herausforderungen stellen, haben Hochkonjunktur.

In der Geschichte Salems war es eine solche Herausforderung, daß Auseinandersetzungen über pädagogische Ziele mit dem Markgrafen von Baden in den achtziger Jahren dazu zwangen, von Grund auf neu darüber nachzudenken, was Kurt Hahn und Prinz Max mit ihrer Schulgründung 1920 gewollt hatten, und wie sich der Kerngedanke einer weltoffenen, demokratischen, im aktiven Handeln erziehenden Schule in der Welt des Jahres 2000 werde verwirklichen lassen. Stufe um

Stufe dieses nachdenklichen Entscheidungsprozesses läßt sich heute im Rückblick erkennen.

Das Ringen um „Salem in Salem"

Die kompromißlose Kündigung des Markgrafen von Baden vom Dezember 1985 und die in mehreren erfolgreichen Schiedsgerichtsverfahren abgewehrten Versuche, die Schule zum sofortigen Auszug aus dem Standort Salem zu zwingen — und damit zu zerstören — leitete dieses Nachdenken ein. Sie entschied darüber, ob Verträge gelten und ob der gewählte Internatsverein und sein Vorstand weiterhin entscheidungsberechtigt sein würden, oder ob ein einzelner Salem nach seinen Vorstellungen verändern könne. Sie entschied darüber, ob Bernhard Bueb und sein Kollegium das Schul- und Internatsgeschehen verantworten dürften, ob die überzeugenden Reformen in Hohenfels, Salem und Spetzgart weiterhin dafür sorgen würden, daß die Schule voll besetzt sei, und nicht zuletzt entschied sie darüber, ob Helmuth Poensgen und Wolfgang Ritscherle auch in Zukunft ausgeglichene Haushalte würden vorlegen können.

Kein einziges Mitglied des Internatsvereins, des Vorstandes, der Elternvertretung, der Schul- und Stufenleitungen, des Lehrerkollegiums, der ASV und der befreundeten Vereinigungen hat die notwendigen Entscheidungen leichten Herzens mitgetragen oder abgelehnt. Jeder, dem Salem etwas bedeutet, hat versucht, zu vermitteln oder Kompromisse zu finden, und noch 1987 hat Levin von Wulffen seine Wahl zum Vorstandsvorsitzenden davon abhängig gemacht, daß es ihm gelingen werde, Salem in Salem zu erhalten. Die Hoffnungen haben sich nicht erfüllt. Unnachgiebig hat Markgraf Max gefordert, daß der geltende Pachtvertrag am 31. Dezember 1999 enden müsse. Als

189

sich Ende 1994 unter wirtschaftlichen Zwängen eine Änderung dieser Haltung anzubahnen schien, waren die Würfel gefallen.

Konzeptionen im Wettstreit: Das Vellbergtreffen 1988

Die zweite Stufe im Nachdenken über Salem 2000 bildete ein Treffen, zu dem sich Mitglieder des Internatsvereins und des Vorstandes, der Eltern- und Lehrerschaft, Altsalemer und Vertreter befreundeter Institutionen im September 1988 auf Schloß Vellberg bei Schwäbisch Hall trafen.

Zwei Aufgaben hatten sich die Klausurteilnehmer gestellt:

— Die Erarbeitung eines Konzeptes für Prinzipien und Ziele der Salemer Erziehung und für konkrete pädagogische Mittel zu ihrer Verwirklichung.

— Und die Erarbeitung eines Konzeptes für die zukünftige Struktur der Schule, für die Nutzung der verbleibenden Standorte Hohenfels und Spetzgart sowie für notwendig werdende neue Standorte und die Finanzierung baulicher Maßnahmen.

Im ersten der beiden Themenbereiche war man sich darin einig, daß die Grundwerte der Salemer Erziehung: Verantwortung, Zivilcourage, politisches Denken und Handeln in der Gemeinschaft, Weltoffenheit, Toleranz und Achtung des Andersdenkenden, Bescheidenheit, Kompetenz und Initiative seit 1920 nichts von ihrer Bedeutung eingebüßt haben und unverändert Grundlage der Salemer Erziehung bleiben werden.

Im zweiten Themenbereich standen mehrere Konzepte im Wettstreit miteinander: von der baulichen Aufstockung der beiden Standorte Hohenfels und Spetzgart über die unterschiedlichsten Kombinationen der Jahrgangsstufen fünf bis drei-

zehn, von der Errichtung eines zweiten Schulbezirks auf dem Gelände oberhalb von Spetzgart bis zur Suche nach neuen Standorten in Überlingen, Meersburg, Pfullendorf und Stockach. Schon damals wurde sowohl über erste Kontakte zur Stadt Überlingen als auch über die Möglichkeit eines „Dreistufenmodells" berichtet, mit der Unterstufe in Hohenfels, der Mittelstufe in Spetzgart und einer zum „internationalen College" ausgebauten Oberstufe an einem neuen Standort am Bodensee. Erfahrungen der United World Colleges flossen in dieses Konzept ebenso ein, wie Überlegungen zur Einführung des Internationalen Bakkalaureats als Voraussetzung einer wirklichen Internationalisierung der Schule.

Der Blick von außen: Die Bain-Studie „Salem 2000"

Da Institutionen nur selten in der Lage sind, eigene Stärken und Schwächen sicher zu erkennen und Strukturreformen von innen einzuleiten, bestimmte der unbefangene Blick von außen durch ein professionelles Beratungsunternehmen die dritte Stufe des Entscheidungsprozesses.

Vom 14. August bis zum 11. Oktober 1992 ließ sich Salem von der Unternehmensberatung Bain & Company auf Herz und Nieren prüfen und stellte zugleich die seit 1988 intern entwickelten Konzepte zur Diskussion. Das Ergebnis hätte kaum günstiger ausfallen können. In einem Vergleich der zehn größten deutschen Internatsschulen zeigte sich:

— daß Salem, gemessen an der Zahl der internen Schülerinnen und Schüler das mit Abstand größte deutsche Internat ist;

— daß die drei pädagogisch weitgehend autarken Schulstufen eine differenzierte Erziehung ermögli-

Dr. Bernhard Bueb (rechts) mit Salems Wirtschaftsleiter, Wolfgang Ritscherle, und dem Oberbürgermeister von Überlingen, Klaus Patzel (links), an einer topographischen Karte der Stadt im Überlinger Rathaus, 1994. Dr. Bueb deutet auf die Lage des Geländes für das geplante Salem College

chen, wie es sie so an keiner anderen Schule gibt;
— daß ein eigenständiges Oberstufenkolleg Angebote an Grund- und Leistungskursen, Arbeitsgemeinschaften und voruniversitären Arbeiten ermöglicht, wie sie nicht einmal an großen Münchener Gymnasien bestehen;
— daß die Intensität der Schülerbetreuung, das Angebot an Diensten und Aktivitäten sowie an Freizeitbetätigungen breit und überzeugend ist;
— daß Salem es sich leisten kann, in seine weithin bekannten Stipendienprogramme nur qualifizierte Bewerberinnen und Bewerber aufzunehmen, und

daß für die meisten Salemer Schüler das „geistige Klima" der Schule und der aktive Wunsch der Kinder, gerade in dieser Schule zu leben, entscheidende Faktoren sind;
— daß Salem unter allen deutschen Internaten über das breiteste Netzwerk ehemaliger Schüler verfügt;
— daß die Schule eine starke und gesunde wirtschaftliche Basis hat, erfolgreiche Öffentlichkeitsarbeit leistet und regional wie international als Marktführer und als bekanntestes deutsches Internat gilt;

191

— und daß das Marktsegment Salems sowohl in Deutschland wie im Ausland noch ein großes, ausbaufähiges Potential besitzt.

Die Idee findet einen Ort: Überlingen

Frühzeitig hatte sich in den Diskussionen gezeigt, daß das Kernstück des Salemer Neubeginns, „Salem College", sich weder in Spetzgart noch in Hohenfels, weder im Landschaftsschutzgebiet oberhalb Spetzgarts noch an Standorten im Hinterland des Bodenseegebietes würde verwirklichen lassen. Es war deshalb ein weiterer Glücksfall, daß die Stadt Überlingen und ihr Oberbürgermeister Patzel nachdrückliches Interesse an der Ansiedlung von Salem College im Überlinger Stadtgebiet zeigten und daß im Bereich „Untere Härlen" zwischen dem Städtischen Krankenhaus und der in einem Taleinschnitt verlaufenden Bundesstraße 31 ein insgesamt 10 Hektar umfassendes Gelände für das Projekt gefunden werden konnte. Rund 8,5 Hektar dieses Geländes sind inzwischen von neun Grundstückseignern für Salem College zu einem Quadratmeterpreis von 120 DM erworben worden. Vermessungen, Bodenproben und die Ablösung bestehender Verpflichtungen sind auf gutem Wege, so daß im Frühsommer 1995 mit dem Projekt begonnen werden kann.

Salem entscheidet sich

Der Herbst 1994 brachte noch einmal Turbulenzen mit dem Angebot der Markgräflichen Verwaltung, nun doch über eine Verlängerung des Mietvertrages in Salem gegen Mietvorauszahlungen in Millionenhöhe zu verhandeln. Da die Markgräfliche Verwaltung jedoch nicht bereit war, Sicherheiten in Form von Eigentum, Erbbaurecht oder einem dinglichen Wohnrecht für den Verbleib

der Schule im Schloß anzubieten, die angesichts der wirtschaftlichen Lage des Markgrafen unerläßlich gewesen wären, und da bereits im August 1994 bindende Zusagen an die Stadt Überlingen gegeben worden waren, war der „point of no return" längst überschritten. Pacta sunt servanda — und selbst bei einem nicht durch finanzielle Engpässe erzwungenen Angebot hätte Salem nicht mehr umkehren dürfen, ohne den Ruf eines verläßlichen Partners in der Bodenseeregion zu verspielen.

Am 5. November 1994 haben daher Präsidium und Beirat der ASV auf einem Treffen in Berlin einstimmig beschlossen, dem Internatsverein die Errichtung des Salem College in Überlingen zu empfehlen. Dieser Empfehlung schloß sich der Verein Schule Schloß Salem e. V. auf seiner Sitzung am 19. November 1994 mit dem einstimmig gefaßten Beschluß an: *Nach Information durch den Vorstand über den Stand des Projekts „Salem 2000" einschließlich der Standortwahl in Überlingen sowie über Gespräche mit der Markgräflich Badischen Verwaltung beschließt die Mitgliederversammlung, den Plan „Salem 2000" in Überlingen zu realisieren. Der Vorstand wird ermächtigt, die entsprechenden rechtlichen Schritte vorzunehmen.*

Die Idee wird Wirklichkeit

Mit den Entscheidungen vom November 1994 ist Salem 2000 in die Wirklichkeit eingetreten. Die ersten vier Millionen DM für Grundstückserwerbungen wurden an die Stadt Überlingen überwiesen, die ersten großen Spenden zugesagt. Zug um Zug wird das pädagogische Konzept der Dreistufenschule in architektonische Realität übertragen, für die ein Architektenwettbewerb im Frühsommer 1995 die Form liefern wird. Ein umfassendes

Blick (von Süden) auf das Gelände „Untere Härlen" für das geplante Salem College in Überlingen: Zirka 10 Hektar Wiesengelände am Härlenweg, unter Aufkirch gelegen; zwischen dem Überlinger Krankenhaus (unten rechts, nicht mehr im Foto; das Auto fährt in Richtung Krankenhaus-Parkplatz) und der B 31-Umgehungsstraße (in der oberen Bildhälfte, parallel zum Härlenweg, eher undeutlich zu erkennen, da in einer Talsenke verlaufend)

Finanzierungsmodell wird von einem langfristigen Fundraisingkonzept getragen. Unter der Leitung von Eberhard von Kuenheim, Markus Bierich, Levin von Wulffen, Alfred Mauritz, August Oetker und vielen anderen stehen Vorstand, Internatsverein und ASV geschlossen hinter dem Konzept. Hartmut Rahn hat das Projektmanagement übernommen, um sicherzustellen, daß Salem 2000 mit aller Energie vorangetrieben wird, ohne daß die tägliche pädagogische Arbeit im Salem 1995 behindert wird. Die Schule ist bis zur Kapazitätsgrenze gefüllt, ihre Stipendienprogramme und das 1992 eingeführte Internationale Bakkalaureat sichern ihr einen Überhang interessierter Bewerber, und mit gespannter Neugier sehen Schüler und Lehrer der kommenden Pionierphase entgegen.

Die Dreistufenschule

Als einziges deutsches Internat wird Salem weiterhin an drei Standorten eine Erziehung anbieten, die sorgfältig auf die Bedürfnisse unterschiedlicher Altersgruppen in der Unter-, Mittel- und Oberstufe abgestimmt ist.

Burg Hohenfels wird bis zu 85 Schülerinnen und Schüler der Jahrgangsstufen 5 bis 7 (im Alter

193

von zehn bis dreizehn Jahren) in kleinen, sorgfältig betreuten Gruppen fördern und im Unterricht wie im Gemeinschaftsleben des Internats die Grundlagen einer erfolgreichen Schullaufbahn schaffen.

Schloß Spetzgart wird bis zu 230 Schülerinnen und Schüler der Jahrgangsstufen 8 bis 11 (im Alter von etwa dreizehn bis siebzehn Jahren) aufnehmen, sie durch einen modernen Unterricht in kleinen Klassen fördern und ihnen in Praktika, Projektarbeit, sozialen Diensten, sportlichen, musischen und künstlerischen Aktivitäten, aktiver Mitwirkung in der Schulgemeinschaft und der Weckung und Förderung vielfältiger Interessen eine breite Grundlage für eine verantwortliche Lebensgestaltung vermitteln.

Salem College am neuen Standort Überlingen wird zunächst 216 — später bis zu 300 — Kollegiatinnen und Kollegiaten der Jahrgangsstufen 12 und 13 eine international geprägte Bildung anbieten, die sowohl zum deutschen Abitur als auch zum „Internationalen Bakkalaureat" führt und damit sowohl für deutsche wie für ausländische Kollegiaten den Zugang zu Universitäten und Hochschulen in der ganzen Welt sichert.

Zunehmende Selbständigkeit und Entwicklung eigener Interessen, eine selbstverständliche Internationalität der Lehrer- und Schülerschaft, des Unterrichtsstoffes und der täglichen Umgangssprache, die enge Zusammenarbeit mit der Universität Konstanz und benachbarten Hochschulen oder Unternehmen werden die Kollegiaten auf kommende Studien-, Berufs- und Lebensentscheidungen vorbereiten und ihnen das Handwerkszeug für die Bewährung im 21. Jahrhundert vermitteln.

Der Architektenwettbewerb:
Salem College gewinnt Kontur

Mehr als 170 Architekten aus dem In- und Ausland haben sich bereits um die Aufgabe beworben, der neuen Schule ein „Gehäuse" zu geben, das Menschen unmittelbar anspricht, in dem Kollegiatinnen und Kollegiaten sich wohlfühlen und gerne leben und arbeiten, und das auch in fünfzig Jahren noch Qualität und Geschmack ausstrahlt und Maßstäbe für menschliches Bauen setzt.

Kleine Komplexe von jeweils drei einander zugeordneten Wohnhäusern werden über das Collegegelände verteilt sein, in denen jeweils 24 Kollegiatinnen und Kollegiaten zusammen mit Mentorenehepaaren und Tutoren leben. Fünf derartiger Häusergruppen werden neben modernen Zweibettzimmern, Sanitäreinrichtungen und kleinen Küchen Gemeinschaftsräume enthalten, die Platz zum Arbeiten, zum Feiern, zum Diskutieren und zum Zuhören bieten und die gelegentlich flexibel als Seminarräume genutzt werden, um ein ausgeglichenes Geben und Nehmen von stiller Arbeit und lebhaftem Gedankenaustausch, von Zurückgezogenheit und Begegnung zu ermöglichen. Unterrichts- und Laborgebäude, Sportanlagen und Einrichtungen für Kunst, Musik, Besinnung und Werkarbeit werden inmitten der Wohnhäuser liegen und dokumentieren, daß Salem College den ganzen Menschen anspricht, statt die Lebens-, Arbeits-, Freizeit- und Dienstleistungswelten voneinander zu trennen. Mittelpunkt der autofreien, landschaftlich sorgfältig gestalteten Collegeanlage wird ein Collegezentrum sein, das eine großzügige Mensa, einen Mehrzwecksaal, die Bibliothek, Einrichtungen für Theater, Orchester, Aufführungen, Ausstellungen und Besinnung ebenso beherbergt wie den Gesundheitsdienst und die notwendige Verwaltung. Unter der

Auf dieser Gouache von J. S. Dirr: „Bürgermiliz der Freien Reichsstadt Überlingen" (um 1820), kann man sehr schön das Gelände für das geplante Salem College erkennen: Das große freie Feldstück, halbwegs zwischen Spetzgart (oben rechts) und der Stadt gelegen

Beratung des Präsidenten der Technischen Universität München, Professor Dr. Ing. Otto Meitinger, wird großer Wert auf gesundes, umwelt-, energie- und verkehrsgerechtes Bauen mit natürlichen Baustoffen gelegt, das seine Wirkung aus Maß und Form bezieht, moderne Möglichkeiten der Energienutzung aufgreift und auf modisches Beiwerk verzichtet. Wenn auch nicht — wie beim Lester-Pearson-College, dem Hahnschen United World College in Kanada — die Mithilfe der Kollegiaten gleich beim Aufbau der Grundgebäude eingeplant ist: Freiräume zur Mitgestaltung des Salem Colleges wird es sehr wohl geben!

Finanzierungskonzept und Fundraising

Die breite Zustimmung zu Salem 2000 unter Altsalemern, Freunden der Schule und Eltern hat bewirkt, daß bis heute bereits spontan Stiftungen, Spenden und andere Zuwendungen zugesagt worden sind, die etwa ein Viertel der veranschlagten Kosten von 50 Millionen DM decken.

Zusätzlich ist von Experten ein Finanzierungskonzept erarbeitet worden, das eine breit angelegte Fundraising-Kampagne bei Einzelpersonen, Unternehmen, Stiftungen und anderen Einrichtungen vorsieht, das Großsponsoren einlädt, ihren

195

Namen mit einem Gebäude des Salem College zu verbinden, das sich um die öffentliche Förderung von Unterrichtsgebäuden und um Toto/Lotto-Mittel für Sportanlagen bemüht und andere Quellen erschließt. Zugleich wird ein Immobilienfonds aufgelegt, an dem sich jedermann beteiligen kann. Dieser Immobilienfonds wird Teile des Salem College bauen und die Gebäude an die Schule vermieten. Die Anleger erhalten die Mieterlöse und entsprechende Abschreibungsmöglichkeiten.

Ausbau von Spetzgart

Bis 1999 muß zugleich Spetzgart so ausgebaut werden, daß die 240 Schülerinnen und Schüler der Mittelstufe dort untergebracht werden können. Da vorgesehen ist, die Gesamtleitung, die Studienleitung, das Aufnahmebüro und die Verwaltung nach Spetzgart — in den Mittelbau — zu verlegen, dort also 30 Plätze entfallen, bedeutet das den Bau eines weiteren Internatsgebäudes.

Einzug 1999: Der Zeitrahmen

Mit der Entscheidung für den Collegestandort Überlingen ist im Herbst 1994 ein Zeitrahmen in Kraft getreten, der nur fünf Jahre bis zur Eröffnung von Salem College und bis zur Umgestaltung von Schloß Spetzgart zur Mittelstufenschule vorsieht. Der Erwerb der Grundstücke in Überlingen schloß 1994 die Standortsuche zeitgerecht ab, für 1995 sind nun die erforderlichen Genehmigungsverfahren, die restlichen Grundstückskäufe, der Architektenwettbewerb mit etwa zehn eingeladenen Teilnehmern und das Fundraising vorgesehen. Von 1996 bis 1999 wird das Projekt ausgeschrieben und gebaut, am 1. September 1999 wird Salem College eröffnet.

Neuanfänge sind in der deutschen Bildungslandschaft selten geworden. Salem hat den Neubeginn gewagt, und es erlebt „den Zauber, der jedem Anfang innewohnt". Eine Schule im Aufbruch ist eine gute Schule. Sie beweist Vitalität und Fantasie, und sie gewinnt Menschen für sich, die in einer lethargisch gewordenen Welt Neues wollen. □

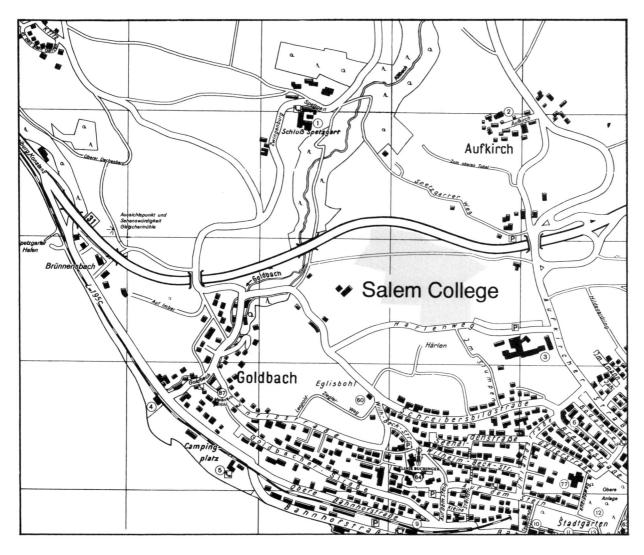

Auch auf diesem Überlinger Stadtplan wird die Lage des Salem Colleges zwischen Spetzgart – Aufkirch – Überlingen gut deutlich (auch der Spetzgarter Hafen ist eingetragen)

Abbildung unten: Signet des Salem College, mit Salemer Schulwappen

197

Chronologie 1919–1929

1919

ab Mai/Juni — Prinz Max v. Baden und Kurt Hahn: Planung der Schloßschule Salem

26. Oktober — 1. Hockey-Wettkampf des Salemer Hockeyclubs gegen Freiburger Hockey-Club

23. Dezember — Offizielle Genehmigung zur Gründung der Schule Schloß Salem durch die Badische Kultusbehörde

1920

14. April — Prinz Max von Baden: Feierliche Eröffnung der Schule Schloß Salem: Internatsschule, Humanistisches und Real-Gymnasium, Leiter: Kurt Hahn; Studienleiter: Geheimrat Karl Reinhardt (bis 1923)

21. April — Unterrichtsbeginn (8 Interne, 20 Externe)

1921

Januar — Kurt Hahn kauft den Hermannsberg Kommunistischer Anschlag auf Prinz Max vereitelt

1922/23

Frl. Marina Ewald in USA zur Spendenbeschaffung

1923

Herbst — Nazi-Anschlag auf Kurt Hahn vereitelt

24. Oktober — Tod Karl Reinhardts Studienleitung: Geheimrat Wilhelm Schmidle (bis 1930)

1924

Ostern — Erstes Abitur (extern in Konstanz) Große Auslandsreise: Italien (Frl. Ewald und gemischte Gruppe)

1925

Ostern — Gründung der Juniorenschule Hermannsberg, Leitung: Frl. Maria Köppen Vereinigung der Förderer der Schulen Schloß Salem gegründet Große Expedition: Finnland (Frl. Ewald und Jungen)

1926

Dependance in Bruckfelden bei Frickingen, das Jagdhaus: Junioren und Mittelstufe (Jungen) Wirtschaftsleitung: Wilhelm von Jürgensonn (bis 1934) Polizei-Kommissar Furtwängler („Kommi") für Ordnung

1927

März — Gründung des (Alt-)Salemer Bundes (mit bes. Regeln und Verpflichtungen) Große Auslandsreise: England (Frl. Ewald und Mädchen)

1929

10. März — Erstes internes Abitur: 7 Humanisten, 9 Realisten

3. Mai — Gründung Spetzgart: Realgymnasium, (ab Tertia); Leitung: Frl. Marina Ewald, 35 Schüler

Herbst — 53 Schüler

6. November — Tod des Prinzen Max 1. „Salem"-Film

Chronologie 1930 – 1933

_____1930_____

Studienleitung Salem:
Prof. Otto Baumann (bis 1934)

_____1931_____

Mai   Gründung der Juniorenschule Hohenfels, Leitung: Herr Quiring

Sommer   Kurt Hahns Amerikabesuch für Fundraising

Herbst   Freddy Crevenna, Primaner, dreht seinen „Spetzgart-Film"

Dezember   Wirtschaftstagung in Salem unter Beteiligung von Unternehmern, Finanz- und Wirtschaftswissenschaftlern, initiiert von Kurt Hahn; Thema: Antizyklische Konjunkturpolitik und Arbeitsbeschaffungsmaßnahmen zur Überwindung der Weltwirtschaftskrise

_____1932_____

Ostern   Gründung der Schule Birklehof im Schwarzwald, Leitung: Dr. Günther Mittelstraß
Erstes Spetzgarter Abitur

13. – 25. August   Kurt Hahn auf Wanderung in Schottland

9. September   Hahns Rundschreiben an 400 Altsalemer: „. . . die in einer SS und SA tätig sind, entweder ihr Treueverhältnis zu Salem oder zu Hitler zu lösen."

_____1933_____

Februar   Kurt Hahn: Vorträge in Hamburg, Berlin, Göttingen: „Wir weigern uns, die Jugend für den faschistischen Staat zu erziehen!"

11. März   Kurt Hahn verhaftet und „in Schutzhaft" in Überlingen

Mgf. Berthold unterstellt die Schule seiner Leitung

14. März   Mgf. Berthold: Anschlag am Schwarzen Brett: „Flaggen können nicht gehißt werden, da die Schule . . . in Trauer . . . solange K. Hahn noch in Haft ist."

16. März   Kurt Hahn freigelassen, aber aus Baden verbannt, nach Berlin

April   Mgf. Berthold bei Hitler

17. Mai   Aussprache zwischen Min.Rat Herbert Kraft vom Bad. Min. der Justiz u. Unterrichts und Mgf. Berthold

Mai/Juni   Nationalsozialisten versuchen, Salem „gleichzuschalten"
Schülerabmeldungen von 360 auf 190

5. Juni   Kurt Hahn in Heringsdorf/Ostsee „An Freunde und Eltern": Appell an Gewissen bei Verhältnis zu NS-Regime; Spendenaufruf; Appell, Salem die Treue zu halten nach seinem Fortgang: „Die Sache steht über der Person und die Sache heißt Salem für Deutschland!"

Sommertrimester   Regierung schickt Kommissar Dir. Müller von der Oberrealschule Überlingen

nach 9. Juli   Hahn emigriert von Heringsdorf/Ostsee über Holland nach Großbritannien

16. Juli   Ankunft in Southhampton

Juli   Leitung Salem: Dr. Günther Mittelstraß (bis Sept. 1934); Leitung Spetzgart: Dr. Meese; Leitung Hohenfels: Herr Quiring, dann Dr. Meissner, Dr. Kuchenmüller, Frau Lietz

Herbst   Gründung von Gordonstoun „British Salem School" beginnt
Schließung von Hohenfels und Hermannsberg; Junioren nach Spetzgart unter Frl. Köppen und Frau

Chronologie 1933—1939

Dr. Kupffer; Spetzgarter Realgymnasium nach Salem verlegt
Min.Rat Herbert Kraft für Salem
eingesetzt

9. November Internatsleitung Salem: Dr. Erich
Meissner, Rede: „Fordernde Kamerad-
schaft" statt „Lumpenkameradschaft",
„Treue zu Salem und seinen
Gründern!"

18.—20. Wehrsportliches Wissenschaftslager in
Dezember Salem mit dem Freiburger Philosophen
Martin Heidegger, Vortrag: „Die Hochschule als politische Erziehungsgemeinschaft."

_____1934_____

Ostern Gründung der „Frauenoberschule
wirtschaftlicher Form" in Spetzgart,
Leitung: Dr. Olga Engelhardt; Junioren
verbleiben (bis 1937) in Spetzgart;
Internatsleitung Salem: Dr. Meissner;
Leitung der Mädchen: Frl. Marina
Ewald

Mitte Juli 800-Jahr-Feier Kloster Salem; Günther
Spinner, Salem-Schüler, dreht Film
über 800-Jahr-Feier
Emigration Dr. Meissners nach Schott-
land zu Hahn
Frl. Marina Ewald tritt zurück

September Birklehof wird selbständig, Leitung:
Dr. Wilhelm Kuchenmüller (bis Okto-
ber), danach Dr. Günther Mittelstraß
„Salem-Schüler filmen ihre Schule"
(Salem-Film)

Oktober Leitung Salem: Dr. Heinrich Blendinger
(bis 1943/44); Wirtschaftsleitung: Hans
Schüder (bis 1945)

_____1935_____

21. März Umwandlung des Rechtsträgers: statt
„Internatsverein Erziehungsheim Schule
Schloß Salem e. V." nun: „Markgräflich
Badische Schulstiftung"

Geschäftsführung/Wirtschaftsleitung:
unter dem Gen. Dir. der M.B.V., Franz
von Hornstein: Hans Schüder (bis 1945)

_____1936_____

Ostern White City/London: Salemer erringen
„The Cup" in Public Schools Leicht-
athletik-Wettkämpfen zum zweiten Mal.
Engl. König Edward VIII. lädt sie
zum Tee

Dezember Frl. Maria Köppen denunziert und
suspendiert

_____1937_____

Ostern Wiedereröffnung Hohenfels;
Leitung: Frl. Maria Köppen

Sommer Große Expedition durch Island:
Frl. Ewald und gemischte Gruppe

Jahreswende Frl. Marina Ewald wird suspendiert

_____1938_____

Ostern Salem erringt zum dritten Mal
„The Cup" in London

1. Wirtschaftsabitur der
Spetzgarterinnen

_____1939_____

Ostern Wiedereröffnung des Hermannsbergs,
Leitung: Frau Dr. Gertrud Kupffer

1. September Kriegsbeginn: Salem Reservelazarett im
W-Flügel, aber:

November als Lazarett ungeeignet

200

Chronologie 1941–1945

_____1941_____

31. August Salem wird „Inspektion deutscher
Heimschulen" unterstellt, für Salem
zuständiger Inspektionsleiter:
Dr. Heissmeyer
12tägige SS-Inspektion Salems durch
SS-Sturmbannführer Pein

_____1943_____

Frühjahr Erkrankung Dr. Blendingers; Vertre-
tung: Herr Maikowski (bis Juli 1943);
Leitung (intern): Dr. Theil vom
Hohenfels
Krise: Spaltung des Kollegiums

ab Januar Notabitur
Salemer in Flakhelfer-Lager in Karlsruhe, dann Friedrichshafen, von Salem
aus betreut

Dezember Dr. Blendinger (schwer erkrankt)
versucht Versöhnung

_____1944_____

Januar „Inspektion dt. Heimschulen" setzt für
Salem SS-Obersturmbannführer
Dr. Schmitt („Alei") als Anstaltsleiter
ein, zunächst als Stellvertreter für
Dr. Blendinger

März Dr. Kötke, von SS-Inspektion der
Heimschulen geschickt, beansprucht
Leitung Salems; „Alei" Schmitt obsiegt
Hohenfels von St. Lioba-Schwestern
übernommen; Schüler nach Salem;
Frl. Köppen und Frau Baum bleiben
auf dem Hohenfels

Oktober Hermannsberg von der Wehrmacht be-
schlagnahmt; Schüler nach Salem; Frau
Dr. Kupffer bleibt auf dem
Hermannsberg

Oktober/ Entlassung aller alten Salemer Lehrer,
Dezember auch Dr. Blendingers; Napolas Rufach
und Rottweil nach Salem

_____1945_____

Februar Spetzgart geschlossen; Spetzgarterinnen
z. T. nach Salem, z. T. bei Bauern und
Hausmeister Kneer untergebracht
Karlsruher Innenmin. sucht Unterschlupf in Spetzgarter Holzturnhalle

März Franzosen besetzen Spetzgart

1. April Leitung Salem: Herr Allgeyer
(ehem. NS-Kreisleiter im Elsaß)
Teile des Badischen Kultusministeriums
auf der Flucht im Langbau einquartiert

Anfang April Mgf. Bertold plant mit alten Salemer
Mitarbeitern Neugründung der Schule

21. April Franzosen besetzen Salem

Juli Auflösung der Schulen Schloß Salem
1. Besuch Kurt Hahns

September 2. Besuch Kurt Hahns

1. Oktober Erlaubnis zur Wiedereröffnung der
Schule — Vorbereitung durch die ersten
7 internen und einige externe Schüler

Ende Oktober Pädagogische Konferenz in Salem

12. November Mgf. Berthold von Baden: Feierliche
Wiedereröffnung Salems in Anwesenheit
von Vertretern der französischen Besatzungsbehörde und Badischer Kultusbehörde; Leitung: Frl. Marina Ewald
(bis 1948)
130 Schüler: 87 Jungen, 43 Mädchen
(45 Interne);
Studienleitung: Dr. Heinrich Altrogge
(bis 1951 mit gesundheitlich bedingten
Unterbrechungen);
Wirtschaftsleitung: Herr Zwingmann

Chronologie 1946 – 1952

_____1946_____

Ostern Wiedereröffnung Hohenfels; Leitung:
Frl. Maria Köppen
1. Abitur: 3 Abiturienten (Veit Waentig;
Elisabeth Williger; Ilse Fark)
Gründung des „Salemer Hilfsvereins"
der Münchner Altsalemer (wird
1949/50 zum ASV)

Juli Schloß Kirchberg wird Juniorenschule
(bis 1959); Leitung: Frl. Dr. Elisabeth
v. Levetzow

Oktober Min.Dir. Dr. Karl Ott in Salem tätig
(bis August 1948)

Weihnachten Erkrankung Dr. Heinrich Altrogges

_____1947_____

Sommer Studienleitung Salem: Min.Rat Dr. Ott
für den erkrankten Dr. Altrogge und
Studieninspektor aller Salemer Schulen
(von Karlsruhe aus)

_____1948_____

31. Januar Tod der Prinzessin Max (Maria Luise)

Mai Studienleitung Salem:
Dr. Heinrich Altrogge (bis 1951)

20.–26. Mai 30 Salemer Musiker bei Bayreuth-
Tagung „Die neue Musik im Unter-
richt" mit eigenem Veranstaltungs-
beitrag

10. Juni Neugründung des „Internatsvereins der
Schule Schloß Salem e. V." mit Geneh-
migung durch Gouvernement Militaire
Dépt. Überlingen

10. Juli _„am Geburtstag des Gründers der
Schule, Prinz Max v. Baden",_ eröffnet
Mgf. Berthold: 1. Ordentl. Sitzung des
neugegründeten Internatsvereins-Vor-
standes

ab September Leitung Salem: Prinz Georg Wilhelm
von Hannover (bis 1959)

Herbst Besuch Dr. Otts bei Kurt Hahn in
Gordonstoun

_____1949_____

März Wirtschaftsleitung: Helmut von
Lewinski (bis 1959)

9. Mai Wiedereröffnung Spetzgart: Realgym-
nasium bis Sekunda, Leitung: General
Fridolin v. Senger und Etterlin,
Studienleiter: Dr. Erich Wolf
Leitung Kirchberg (interim.):
Frl. Marina Ewald (bis 1950)

_____1950_____

Pfingsten Besuch Kgin. Friederike von Griechenland in Salem und auf dem Hohenfels

Sommer Gründung des Altsalemer Vereins
(A. S. V.); Stiftung der Totentafeln, den
Türen an der von den Eltern gestifteten
Orgel im Betsaal, zum Gedenken der im
Krieg gefallenen Altsalemer

Salemer Jungen: Arbeitseinsatz im
Flüchtlingslager Espelkamp

_____1951_____

September Wiedereröffnung Hermannsberg,
Leitung: Frau Dr. Elisabeth Otto
(geb. v. Levetzow)
Kirchberg Leitung: Heinz Lindenmeyer
(bis 1959)
Studienleitung Salem: OStD Hans
Knoth (bis Mai 1954)

_____1952_____

Ostern Salemer Teilnahme bei den Public-
School-Wettkämpfen in White City/
London

Chronologie 1953—1960

1953

Kurt Hahn nimmt seinen Ruhesitz auf dem Hermannsberg

1954

März Englandreise des Salemer Collegium Musicum und der Hockeymannschaft nach Marlborough-College und zur Mädchenschule Badminton bei Bristol

Sommer Erdbeben-Katastrophe-Einsatz auf Kephalonien/GR (30 Salemer unter 120 Jungen aus 7 Ländern) Roy McComish und Prinz Ludwig v. Baden drehen Film: „Salem 1954. Erdbebeneinsatz in Cephalonia, Griechenland"

September Studienleitung Salem: Dr. Günther Bullinger (bis 1957)

1955

25. März bis 6. April Konzertreise des Salemer Chores und Orchesters in Griechenland zugunsten griechischer Waisenkinder unter Schirmherrschaft von König Paul und Kgin. Friederike v. Griechenland mit den Stationen Athen, Patras, Thessaloniki

Leitung Spetzgart: Herr Marioth (1 Trimester), interim.: Frl. Marina Ewald Leitung Hermannsberg: Philip Surfleet (bis 1967)

1956

Ostern Leitung Spetzgart: Hans Möller (bis 1962) Leitung Kirchberg: Otto Kath (bis 1959/Auflösung)

Sommer ZIS von Frl. Ewald aus Frankreich übernommen

November Salems Blutspendeaktion für Ungarn-Aufstand; Rettung von 60 Flüchtlingskindern, 15 bleiben in Salem, z. T. bis zum Abitur

1957

April Studienleitung Salem: Otto Piper (bis August)

15. August Tod Dr. Blendingers

September Studienleitung Salem: Dr. Botho Petersen (bis April 1958)

1958

April Studienleiter Salem: Dr. Wilhelm Flörke (bis Oktober 1961)

Ostern Spetzgart wird einfache Realschule

Mai Assistent des Studienleiters: Dr. Botho Petersen (bis August 1960)

1959

Ostern Salem Leitung: Axel Frhr. v. d. Bussche (bis Erkrankung 1960); Wirtschaftsleitung: Horst Frhr. von Gersdorff (bis 1975)

Kirchberg geschlossen Spetzgart: Umbau Wiechehaus in Mädchenbau-Mittelbau

Neuer Status für „Schule Schloß Salem e. V." Leitung Hohenfels: Friedhelm Schramm (bis 1989)

1960

Februar Kommissarische Leitung Salem: Dr. Erich Meissner

Juni Leitung Salem: Axel Frhr. von dem Bussche

Chronologie 1960—1968

September Stellv. Studienleiter Salem: Dr. Heinz-Wilhelm Thiemer (bis April 1961)

1961

Ostern Kommissarische Leitung Salem:
Horst Frhr. von Gersdorff
Oberprimaner nach Kirchberg verlegt;
Spetzgart wieder Realgymnasium mit
Primanern
Studienleitung Salem: StD Dr. Gottlob
F. Schuon (bis März 1964)

1962

Mai Leitung Salem: Hartwig Graf v. Bernstorff (bis 1971); Leitung Spetzgart:
Helmut Münch (bis 1976)

1963

Ostern Spetzgart: Erstes Abitur
Gründung des Salemer Elternbeirates
Salem: Fertigstellung des Mädchenquartiers im Oberen Langbau

27. Oktober Tod des Markgrafen Berthold

30. November Vorsitzender des Internatsvereins:
Joachim von Lukowitz (bis 1971)

ZDF-Mainz Film über Kurt Hahn:
„Seiner Schwächen Herr werden"
(bis 1964)

1964

April—Mai Studienleitung Salem:
1. Dr. Heinz-Wilhelm Thiemer

ab Juni 2. OStD Dr. Karl Glunk
(bis Dezember 1968)
Internatsbereich: Jocelin Winthrop-Young
Spetzgart: Neubau Schulhaus
ASV gründet Stipendienfonds
(ab 1967 offiziell)

1965

22. Mai Gründung des Schularchives:
„Kurt-Hahn-Archiv"

Besuch Queen Elisabeth II. und Herzog
von Edinburgh bei Markgraf Max;
Schulfrei in Salem fürderhin
(„in perpetuity") nach handschriftlich
königlicher Urkunde

14. September Einweihung des neuen Schulhafens
Spetzgart (unter Kpt. Horst Briddigkeit
(1960 bis 1984)

1966

5. Juni Salem: Feier von Kurt Hahns
80. Geburtstag; Stiftung des
Kurt-Hahn-Preises durch ASV
Gründung der Round Square Conference (R. S. C.) durch 6 internationale
Kurt-Hahn-Schulen
Spetzgart: Neubau Lehrerhaus

1967

23. Februar Großbrand auf dem Hohenfels
Offizielle Gründung „Stiftung zur
Unterstützung der Salemer Schulen"
von ASV

17.—30. März Katastropheneinsatz nach Hochwasser
in Florenz
Salem: Neue Turnhalle im Langbau/
Zehntscheuer (alter Hockeyspeicher)

September Leitung Hermannsberg: M. Jacques
Doucet (bis 1974/Auflösung)

1968

Salem: Sprachlabor; Mittelbau (ehem.
Volksschule) zum Juniorenhaus
umgebaut
Spetzgart: Clubhaus

Chronologie 1969—1976

1969

Januar — Studienleitung Salem:
1. OStD Wolfgang Bötticher
(bis August)

September — 2. Frau Dr. Sibylle von der Schulenburg (bis Juli 1970)

1970

August — Studienleitung Salem: OStD Georg Mayr (bis 1982)

November — 50 Jahre Schule Schloß Salem
Rudi Reinbold, Salem-Schüler, dreht seinen „Salem"-Film

1971

Juni — Vorsitzender des Internatsvereins: Jürgen Schulte-Hermann (bis 1987)

September — Salem: Das Triumvirat; Leitung: Horst Frhr. von Gersdorff
Studienleitung: Georg Mayr
Internat: Jocelin Winthrop-Young (bis 1972)

1972

September — 1. Salemer Literaturwettbewerb-Preis verliehen: „Poeta Laureatus Salemensis" an Philipp Rusche
Leitung Salem: Frau Prof. Ilse Lichtenstein-Rother (bis 1974)
Spetzgart wird Oberstufen-Kolleg (Kurssystem für 12. und 13. Klasse)
Studienleitung: Dr. Krümmer
Salem Stufenleitung: Götz Plessing (bis 1985)

1973

Mai — Salem: Um- bzw. Ausbau von Haupt-, West- und Südbau; Bibliothek im Kapitelsaal; Studienleitung in umgebaute Alte Post; „Kraqu" im Oberen Tor

Sommer — Studienreise der Klasse 11 c nach Budapest — (gefilmt als „Bericht ü. die Reise" von Dr. Krümmer)

1974

Juli — Schließung Hermannsberg (später: Verkauf an Camphill Dorfgemeinschaft Düren) — Die Hermannsberger Schüler werden auf den Hohenfels verlegt

August — Leitung Salem: Dr. Bernhard Bueb
Spetzgart: Neuer Mädchenbau

7. Dezember — Salem: Einweihung Schwimmbad

14. Dezember — Tod Kurt Hahns auf dem Hermannsberg, Beisetzung auf dem Stefansfelder Friedhof

1975

Juni — Spetzgart: Erstes Abitur der Reformierten Oberstufe

29. August — 1. Kurt-Hahn-Gedächtnis-Konzert mit Y. Menuhin in der Klosterkirche Birnau
Wirtschaftsleitung Salem: Dr. Helmuth Poensgen (bis 1992)

Oktober — „Streik": Auszug der 110 Spetzgarter Kollegiaten — Forderung nach neuer Verfassung

Herbst — Erste Mitarbeitertagung in Hindelang

14. Dezember — Radio-Bremen zeigt in der TV-Reihe „Reservate" den Film „Salem — die Schule im Schloß"

1976

September — Leitung Spetzgart: Dr. Daniel Miscoll (bis 1978)
Umweltschutz als neuer Dienst
Spetzgart: Ausbau Hauptbau, Sportplätze

Chronologie 1976—1986

11. September 2. Kurt-Hahn-Gedächtnis-Konzert: St. Askenase in Salemer Turnhalle

14. September Tod Frl. Marina Ewalds

———————1977———————

Abitur: 1. Spetzgarter Jahrbuch „Spetzgarter Chronik

———————1978———————

April bis Mai Ölkatastrophen-Einsatz in der Bretagne

September Leitung Spetzgart: Dieter Plate (bis 1987)

30. September 3. Kurt-Hahn-Gedächtnis-Konzert mit W. Schneiderhan und H. Deutsch in der Bibliothek Schloß Salem Spetzgart: Neubau Chemiesaal

30. Oktober Hohenfels: Einweihung der umgebauten Zehntscheuer

———————1979———————

31. Mai Kurt-Hahn-Preis an Kim Shoel (Salem) und Aidan Brydan (Gordonstoun)

27. Juli bis 6. August Hohenfels: Internat. RSC-Sozialdienstlager/Sommercamp für Aussiedlerkinder, Salemer und Gordonstouner als Betreuer

September 1. „Politischer Stammtisch" in Spetzgart

———————1980———————

April 60-Jahr-Feier der Schulen Schloß Salem in Anwesenheit versch. Kgl. Hoheiten u. Kgin. Sophia v. Spanien; Festvortrag von Prof. Roman Herzog, Bad.-Württemberg. Kultusminister: „Marktwirtschaft im Bildungswesen"; Ansprache Max Mgf. v. Baden

1. November 4. Kurt-Hahn-Gedächtnis-Konzert mit R. Serkin u. Sinfonieorchester Saarbrücken unter Ltg. Pinchas Steinberg

———————1981———————

Mai Kurt-Hahn-Preis an Karl-Hermann Roesch (Salem) Salem: Einführung „Promi" (Projektunterricht u. a.)

Winter Erste Polen-Hilfsaktion

———————1982———————

September Studienleitung Salem: Wolfgang Frankenholz (bis 1987)

———————1983———————

20. Oktober 5. Kurt-Hahn-Gedächtnis-Konzert mit C. Arrau u. Sinfonieorchester Saarbrücken unter Ltg. J. Mercier in Salem

———————1984———————

24. Januar Gründung der „Kurt-Hahn-Stiftung" durch ASV und Förderverein, Vorsitz: Dr. Alfred Mauritz

———————1985———————

März Einführung des „Heinrich-Blendinger-Stipendiums" Stufenleitung Salem: Jörg Haubold (bis 1988)

18. Dezember Fristlose Kündigung des Miet- und Pachtvertrages durch Max Mgf. von Baden; Beginn des „Streits"

———————1986———————

Januar Anrufung des Schiedsgerichts (I)

14. Mai Wiederholung der fristlosen Kündigung Spetzgart: Neuer Speisesaal, Bibliothekserweiterung und Lounge

Chronologie 1986–1991

5. Juni und 11. Oktober 100. Geburtstag Kurt Hahns als Schulfeier und großes Fest mit 2000 Gästen, in Anwesenheit Kg. Konstantins (RSC), Ansprache des Bundespräsidenten Richard v. Weizsäcker, Festrede von Hildegard Hamm-Brücher: „Erziehung zur Verantwortung in der Demokratie", Stiftung des Theodor-Heuss-Stipendiums
Schüler der S. S. S. drehen einen Film über die Geburtstags-Feier

August Erstes Türkei-Projekt in Kazanci/Anatolien: Gewächshausbau

Oktober Urteil Schiedsgericht (I)

1987

Pfingsten ASV-Treffen und 100. Geburtstag Marina Ewalds

September Studienleitung Salem: Dieter Plate
Studienleitung Mittelstufe: Siegfried Utermark
Leitung Spetzgart: Rudolf Bewer (bis 1990)

November Tagung des Vereins Schule Schloß Salem e. V., Vorstandsvorsitzender: Levin von Wulffen (bis 1993)

1988

Februar Mgf. Max legt Schirmherrschaft ab und tritt aus sämtlichen Vereinigungen der Schule Schloß Salem aus. Eintrag der Markgräfl. Gründung der „Schule Salem GmbH" beim Überlinger Amtsgericht
Gründung der „Union of Round Square Alumni"(U. R. S. A.)

Sommer Zweites Türkei-Projekt

September Stufenleitung Salem: Dr. Werner Esser (bis 1993)

1989

Mai Spetzgart: Schüleraustausch mit Tiflis/Georgien

Juni Salem: Erstes Öko-Projekt der 11. Klassen auf Hallig Hooge/Nordsee

Sommer Drittes Türkei-Projekt: Hilfe zur Selbsthilfe

September Leitung Hohenfels: Gerhard Schallenmüller (bis 1993)
Kurt-Hahn-Preis an Andreas Pieroth (Salem) und Sindiswe Nxumalo (Box Hill)
Video-AG-Spetzgart dreht ihren „Spetzgart"-Film: „Bilder, die die Welt bewegen"; Salemer Film-Team dreht zwei Salem-Video-Filme

1990

Januar M. U. N. (Model United Nations) in Den Haag: Erste offizielle Teilnahme Salems

April Beginn des Projekts „Salem 2000"

Sommer RSC-Projekt in Mukoe/Kenia
Spetzgart: Einweihung des neuen Schulhauses „Westbau"

September Leitung Spetzgart: Dieter Plate (bis 1993)

1991

Februar Projekt der 9. Klasse: „Salemer von 1968", geschnittene Interviews
Foto-Innung Salem dreht Video-Film: „Die Werkstätten u. Innungen in Salem." (bis 1992)

Chronologie 1992—1994

1992

Frühjahr Anrufung des Schiedsgerichts (II)

September Spetzgart: Einführung des „International Baccalaureate" (IB)

Oktober Wirtschaftsleitung Salem: Wolfgang Ritscherle

1993

Februar Leitung Hohenfels: Dr. Otto Seydel
Einführung des „Hohenfels-Stipendiums"

Juni Urteil Schiedsgericht (II): Miet- und Pachtvertrag gilt bis 1999

September Stufenleitung Salem: Jürgen Metz
Leitung Spetzgart: Dr. Werner Esser

November Tagung des Vereins Schule Schloß Salem e. V., Vorstandsvorsitzender: Eberhard von Kuenheim

1994

30. Juni 75 Jahre Hockey-Club Salem
Hockey-Festturnier in Salem

Sommer Hohenfels: Erstes Summer-Camp
Schule Hohenfels dreht Film über „Summer-Camp Schule Burg Hohenfels 1994" (Arbeitsgruppen Wald — Reiten — Segeln)
Spetzgart: Erstes IB (Alle haben bestanden!)

September Salem: „Morgensprache" — ein gemeinsamer Tagesanfang

November Tagung des Vereins Schule Schloß Salem e. V.: Beschluß zum Bau des Salem-College in Überlingen, Dr. Hartmut Rahn als Supervisor der Planung

Zitatbelege

S. 11: Sal. Hefte 54 (1981); S. 13; S. 15: FS 50 Jahre Burg Hohenfels 1931—1981; S. 22: W. Kuchenmüller: Erinnerungen, Masch., im Schularchiv; S. 25: Brief Hahns an Warburg in: Knoll (1986); S. 27: Sal. Hefte 55 (1982—84); S. 28: Otto Glaesers Arbeiten zumeist in den Sal. Heften; S. 45: „Die Gesetze" der Schloßschule Salem". Ein Vortrag von Kurt Hahn in Hamburg, in: „Die Brücke", Beilage der „Konstanzer Zeitung" vom 27. 11. 1930; S. 48: Sonderdruck im Schularchiv; S. 51: „Der Schulstaat". Leitbilder des Pädagogen Dr. Kurt Hahn, in: „Internationale Scala" vom Januar 1966; S. 51: Golo Mann: Kurt Hahn. Der Glaube an das Gute im Menschen. Prinzipien, die weiterwirken, in: „DIE ZEIT" vom 6. Juni 1986; S. 52: Max Warburg: Notizen zu: „Menschen, die ich traf", Privatdruck, im Schularchiv; S. 58: Marina Ewald: Nachlaß, im Schularchiv; S. 59: Wilhelm Jensen: Briefe aus Salem 1920—1926, mit Kommentar vom Autor 1970 zum 50. Geburtstag der Schule eingerichtet, Masch., im Schularchiv; S. 61: Leopold Ziegler: Magna Charta einer Schule. Otto Reichl-Vlg. Darmstadt 1928; S. 64: Widmung, in: Sal. Hefte 30 (1950/51); S. 65: Ingrid Warburg-Spinelli: Die Dringlichkeit . . . Lebenserinnerungen, bearb. v. A. Kopetzki, Hamburg 1990; S. 69: Dokumentationsteil in: Paul Rohrbach (Hrsg.): „Reichskanzler von Papen — Lösen Sie auf!", September 1932, München (im Selbstvlg); S. 74: Tonband-Interview mit Marina Ewald, als Masch. im Schularchiv; S. 74: Die Erinnerungen von H. Maier-Leibnitz u. Tisa v. d. Schulenburg in: „Als Hitler kam . . .". 50 Jahre nach dem 30. Januar 1933. Erinnerungen prominenter Augenzeugen, Hrsg. F. Krause-Brewer. Herder TB, Freiburg i. B. 1982; S. 86: siehe S. 65; S. 87: Kurt Hahn in: Knoll (1986); S. 88 f.: Volker Merz in: Sal. Hefte 49 (1976); S. 94: Schülerakte Gerd Seufert in der Schul-Registratur; S. 94: H. Blendinger: Salem. Die neue u. die alte Schule. Lindau 1948; S. 95: Jürgen Hübener in: ASV-Mitteilungen 41 (1993) H. 1; S. 96: Marina Ewald in: Kurt Hahn. An appreciation . . ., ed. D. A. Byatt, Gordonstoun 1976; S. 96: C. v. Schnurbein: Salem. Idee u. Wirklichkeit im Dritten Reich. Ein Beitrag zur Schulgeschichte, F. A. im LK Geschichte, Spetzgart 1993; S. 96: „SÜD-KURIER" vom 5. Mai 1993; S. 100: „SÜDKURIER"

vom 26. Oktober 1945; S. 106 f.: Küchentagebuch 1947 in: Bericht über die Zeit von 1933—1948, Sonderheft der Sal. Hefte 28 (1949); S. 107: Fritz von Poellnitz: Meine Jahre in Salem. Teil I: 1946—1955. Masch., im Schularchiv; S. 109: G. Mayr in: Sal. Hefte 37/38 (1957); S. 114: siehe S. 107; S. 114: Kurt Hahn: Kurzschulen. Bericht über Outward Bound (1952), in: K. H.: Erziehung u. die Krise, hrsg. M. Knoll, 1986; S. 115: siehe S. 109; S. 116: Herbert v. Nostitz: Diplomat ohne Lorbeer; S. 117: siehe S. 107; S. 117: Peter Michaelis in: ASV-Mitt. 41 (1993) H. 1; S. 117: „Badische Neueste Nachrichten" vom 15. November 1952; S. 122: G. v. Medem (Hrsg.): Axel von dem Bussche. Mainz/München 1994; S. 125: Zs. „Twen"-Reportage: „Kennen Sie Salem?", Sommer 1962; S. 125: „Unser Mann in Salem" = „Underground Nr. 1" vom November 1968; S. 126: Kurt Hahn in: Knoll (1986); S. 127: Der Salemer Plan, 5. Juni 1966 zum 80. Geb. von K. Hahn, hrsg. Vorstand der Schule Schloß Salem, Sonderdruck; S. 128: „EPOCA" vom Juni 1967; S. 128/130: Golo Mann in: Sal. Hefte 42/43 (1964/65); S. 131: Kurt Hahn: Hoffnungen und Sorgen eines Landerziehungsheimes (1957), in: K. H.: Erziehung zur Verantwortung (1958); S. 140: „Düsseldorfer Nachrichten", vom 17. Oktober 1970; S. 142: K. H. Bohrer: Refugium der Elite? Landerziehungsheime zwischen Tradition und Experiment, in: „DIE WELT" vom 3. Oktober 1964; S. 142: Interview mit H. Graf von Bernstorff: „Schwimmer gegen den Strom". Bemerkungen über Salem, in: „Süddeutsche Zeitung" vom 11./12. Januar 1964; S. 142 f.: Botho Petersen in: Sal. Hefte 56 (1984/85); S. 144: Golo Mann: Kurt Hahn. Zum Tode eines großen Pädagogen, in: „Süddeutsche Zeitung" vom 21./22. Dezember 1974; S. 144: Alfred Schüler: Die Schule der Wohlstandsgeschädigten. Wurden mit dem Internatsgründer Kurt Hahn auch dessen Zielsetzungen begraben?, in: „Die Weltwoche" vom 31. Dezember 1974; S. 145: Golo Mann: Die Salemer Schulen — Dichtung und Wahrheit, in: „Die Weltwoche" vom 19. Februar 1975; S. 156: Michael Knoll: Kurt Hahn und wir. Vom „aristokratischen Ständestaat" zur „Demokratie der checks and balances", in: Spetzgarter Chronik, 1985, S. 75 f. S. 166: Friedbert Pflüger:

Richard von Weizsäcker. Ein Portrait aus der Nähe. Stuttgart 1990; S. 168: Rede Max Mgf. v. Baden „Zur 60-Jahr-Feier", in: Sal. Hefte 53 (1980); S. 169: O. Baumann-Zitat in: Sal. Hefte 55 (1982/84); Brief Lola Hahns in: Ansprachen und Festreden zum 100. Geb. v. Kurt Hahn 1986, Sonderdruck; S. 176: E. v. Kuenheim-Zitat, in: ASV-Mitt. 42 (1994) Nr. 1; Brief-Zitat Lola Hahn an R. v. Sandersleben, in: ASV-Mitt. 37 (1989) Nr. 1; „SÜDKURIER" vom 5. November 1986; S. 177: „SÜDKURIER" vom 18. Februar 1989; Wulf Reimer u. Axel Hacke: Alter Zwist in neuen Räumen?, in: „Süddeutsche Zeitung" vom 20. Februar 1989; S. 178: „SÜDKURIER" vom 13. April 1995; H. Rahn-Zitat aus FAZ, in: ASV-Mitt. 28 (1980) Nr. 1.
Anm.: Der Artikel von Dr. Bernhard Bueb (S. 183 ff.) ist die leicht überarbeitete Fassung seines Vortrags zum ASV-Treffen, Pfingsten 1995.
(Weitere Quellenangaben sind in den einzelnen Beiträgen enthalten.)

Bildnachweis:
Die meisten Fotos stammen aus dem Kurt-Hahn-Archiv, Archiv Schule Schloß Salem; ansonsten: Uli Bidingern (2); Foto-AG Salem (2); Friedhelm Krahwinkel (9); Siegfried Lauterwasser (6); Keith LeFever (4); Rupert Leser (3); Siegfried Ludwig (2); Hans-Jürgen Metz (1); Stephan Moses (1); Dietrich Schlak (1); Toni Schneiders (1); Fritjof Schultz-Friese (9); Spetzgarter Foto-Service (7); Felix Tiggeler (1); Hanspeter Walter (1); Jocelin Winthrop-Young, Privatarchiv (2).

Literaturtips — weiterführende Literatur in Auswahl

Eine Übersicht auf Literatur zu Kurt Hahn und Salem bis 1969 gibt:
Karl Schwarz: Bibliographie der deutschen Landerziehungsheime, Stuttgart 1970, S. 33—46

Aus Kurt Hahns vielfältigen Schriften seien folgende Sammelbände besonders erwähnt:
Kurt Hahn: Erziehung zur Verantwortung. Aufsätze, Stuttgart 1958

ders.: Erziehung und die Krise der Demokratie. Reden — Aufsätze — Briefe, hrsg. von Michael Knoll, Stuttgart, 1986

Zum Verständnis der Gründung der Schule Schloß Salem immer noch wichtig:
Prinz Max von Baden: Erinnerungen und Dokumente, Stuttgart 1927; neu hrsg. u. eingeleitet von Golo Mann, Stuttgart 1968

Einige weitere Werke von Interesse:
Michael Knoll: Salem — eine pädagogische Provinz?, in: Hermann Röhrs (Hrsg.): Die Schulen der Reformpädagogik heute, Düsseldorf 1986, S. 113—128

Werner Köppen: Die Schule Schloß Salem in ihrer geschichtlichen Entwicklung und gegenwärtigen Gestalt: Ratingen 1967

Golo Mann: Erinnerungen und Gedanken. Eine Jugend in Deutschland, Frankfurt a. M. 1986

Herbert von Nostitz: Diplomat ohne Lorbeer. Erinnerungen aus dem „Gehobenen Dienst", München 1992

Ruprecht Poensgen: Zur Geschichte der Schule Schloß Salem im „Dritten Reich", in: Vjh. f. ZG (im Druck) (1995/96)

Hermann Röhrs (Hrsg.): Bildung als Wagnis und Bewährung. Eine Darstellung des Lebenswerkes von Kurt Hahn. Hamburg 1966 (FS Kurt Hahn zum 80. Geb.), darin: Kap. II: Das Landerziehungsheim Salem, S. 108—188 (mit Beiträgen zur Geschichte der Schule 1919—1960 von M. Ewald, H. Kupffer, Georg Wilhelm Prinz von Hannover)

Otto Seydel: Zum Lernen herausfordern. Das reformpädagogische Modell Salem, Stuttgart, 1995

Robert Skidelsky: Schulen von gestern für morgen. „Fortschrittliche Erziehung" in englischen Privatschulen, Reinbek 1975 (Im Teil IV kritisch zu Hahns Erziehungsideen und seinen Gründungen)

Jocelin Winthrop-Young: Zur Geschichte Salems. Vortrag in Form einer Collage (Zum 60. Geburtstag der Schule), in: Salemer Hefte 53 (1980), S. 19 ff. (Auch als Sonderdruck)

Personenregister

Dank

Herzlich bedanken möchte sich das Autorenteam für wertvolle Informationen, Materialien und Anregungen, für klug begleitende Ratschläge und tatkräftige Mithilfe unterwegs zum Salem-Buch bei Dr. Hartmut Ferenschild, Salem; Inge Hubert, Überlingen; Herbert von Nostitz, München; Elisabeth Schüder, Salem; Sophie Weidlich, Kurt-Hahn-Archiv, Salem; Henning Winter, cand. phil., Überlingen; Jocelin Winthrop-Young, Sipplingen und Annegret Ziegler, Markgräflich Badische Museen, Salem.

Besonderer Dank gebührt Barbara Seidel, MA, die das Gesamtmanuskript erstellen half, und Peter Schmidt von Klett Druck, Korb, dessen unermüdliche Hilfe über das übliche Maß redaktioneller Betreuung weit hinausging.

Salem helfen —
unterstützen —
anregen — fördern.
Unter den vielen ...

... Mäzenen,
Ruth und George
Littmann (3. und
4. von links) mit
Schülern bei einer
Planungskonferenz
in Salem, 1986

... Altsalemern,
Dr. Alfred Mauritz,
Vorsitzender der
„Kurt-Hahn-
Stiftung",
beglückwünscht
hier das 2000. ASV-
Mitglied, die
Abiturientin
Valerie Maier, 1988

... Freunden,
Förderern,
Dr. Ing.
Carl-Jochen
Winter, seit 1974
Vorsitzender der
Förderer, mit Else
von Ruckteschell,
die hier ihr Buch
„Antike" signiert
(der Erlös fließt in
den Stipendien-
fonds!), 1985